Début d'une série de documents
en couleur

COUVERTURES SUPERIEURE ET INFERIEURE D'IMPRIMEUR

Fenimore Cooper

Le Colon D'Amérique.

Fin d'une série de documents
en couleur

LE COLON D'AMÉRIQUE

1re SÉRIE GRAND IN-8°

— Pitié, pitié! s'écria Ruth d'une voix étouffée, et elle tomba à genoux (page 91)

FENIMORE COOPER

LE
COLON D'AMÉRIQUE

TRADUCTION REVUE

Cinq gravures

LIMOGES
EUGÈNE ARDANT ET Cⁱᵉ
ÉDITEURS

LE COLON D'AMÉRIQUE

CHAPITRE PREMIER

Les allusions historiques contenues dans ce récit se rattachent à une période éloignée des annales américaines. Une colonie de réfugiés, avait débarqué sur le rocher de Plymouth. Moins d'un siècle avant l'époque à laquelle commence ce récit, eux et leurs descendants avaient déjà transformé une immense étendue de déserts en champs fertiles, clair-semés de joyeux villages. Les travaux des premiers émigrants s'étaient bornés au défrichement des côtes, qui par leur contact avec les eaux, semblaient établir un rapport plus intime entre les colons et le pays de leurs ancêtres où florissait la civilisation.

Bientôt cependant l'esprit d'aventures, le désir de trouver des terres plus fécondes, les attraits qu'offraient les régions inconnues du nord et de l'ouest, invitèrent les plus hardis à s'enfoncer dans les forêts, en renonçant ainsi à tout espoir de communiquer désormais avec ce qu'ils appelaient l'ancien monde.

C'est dans un de ces établissements, sorte d'avant-poste de la civilisation en Amérique, que nous voulons transporter en imagination nos lecteurs. Lorsque lord Say, lord Brooke et lord Seal, avec un petit nombre d'associés, obtinrent la concession du territoire qui compose aujourd'hui l'État de Connecticut, la configuration du continent américain était si peu connue que le roi d'Angleterre, par une patente revêtue de sa signature, les rendit propriétaires d'une contrée qui s'étend depuis l'Atlantique jusqu'à la mer du Sud. Malgré les obstacles presque insurmontables que présentait l'exploitation ou même l'occupation d'une superficie aussi considérable, des émigrants partis de la colonie mère de Massachusetts osèrent entreprendre ce travail d'Hercule quinze ans après avoir mis le pied pour la première fois sur le rocher de Plymouth. On vit bientôt s'élever le fort de Say-Brooke, les villes de Windsor, Hartford, New-Haven. Depuis ce temps la petite communauté, modèle d'ordre et de bon sens, a poursuivi sa tâche avec calme et avec succès. De cette ruche primitive est sorti un essaim de travailleurs industrieux, éclairés, infatigables, et ils se sont répandus sur une si vaste surface qu'on pourrait croire qu'ils aspirent encore à la possession des régions comprises dans leurs concessions originelles.

Parmi ceux que le découragement avait déterminés à s'exiler volontairement aux colonies, il y avait un assez grand nombre d'hommes remarquables par leur capacité et leur éducation. Les cadets, les militaires, les étudiants, les jeunes gens d'un caractère insouciant, s'étaient promptement jetés dans les provinces méridionales, où l'existence de l'esclavage les dispensait de travail et où la guerre leur promettait des émotions, des aventures et de l'avancement. Ceux qui avaient des idées plus graves et des sentiments de piété plus profonds s'étaient établis dans la Nouvelle-Angleterre. Une multitude de propriétaires s'y étaient transportés avec leurs biens et leurs familles, et ils imprimaient aux colonies naissantes ce caractère d'intelligence et d'élévation morale qui ne s'est point démenti. La nature des guerres civiles en Angleterre avait entraîné dans la carrière des armes des individus sincèrement religieux. Quelques-uns s'étaient retirés aux colonies avant que les troubles des métropoles eussent atteint leur apogée; d'autres arrivèrent successivement pendant la période révolutionnaire, et la restauration leur donna pour compagnons les nombreux mécontents auxquels la maison des Stuarts était antipathique.

Un soldat austère et fanatique, nommé Heathcote, fut des premiers à déposer son épée pour entreprendre les opérations que nécessitait la transformation d'un pays neuf. Nous ne chercherons pas à examiner si la jeunesse de sa femme fut pour quelque chose dans sa détermination ; mais, s'il faut en croire les documents d'après lesquels nous écrivons, il dut regarder la paix de son ménage comme mieux assurée dans les solitudes du nouveau monde qu'au milieu des camarades que sa première profession l'obligeait à fréquenter.

Il descendait, ainsi que sa femme, de ces hommes libres du moyen-âge qui, en augmentant par degrés la valeur et l'importance de leurs propriétés foncières, étaient parvenus à s'incorporer dans ce qu'on appelle en Europe la petite noblesse. Malgré la différence d'âge des deux époux, leur union avait été heureuse, et maintenant que le vieux soldat chrétien avait atteint un pays étranger aux discordes civiles et religieuses, il avait lieu de croire qu'une vie paisible le dédommagerait des dangers et des fatigues de sa jeunesse. Mais le bonheur domestique du capitaine Heathcote était condamné à recevoir un coup fatal, et le danger qui le menaçait provenait d'une circonstance imprévue. Le jour même où il arrivait dans un asile depuis si longtemps désiré, sa femme mettait au monde un beau garçon, et elle expirait dans les douleurs de l'enfantement. Le soldat retraité avait vingt ans de plus que celle qui l'avait suivi dans ces régions lointaines. Il s'était toujours préparé à payer le premier sa dette à la nature, et cette perte lui fut d'autant plus sensible qu'elle était inattendue. Elle augmenta la tournure sérieuse d'un caractère déjà modifié par les discussions théologiques, et de grave et réfléchi il devint par degrés sombre et austère. Toutefois il n'était pas homme à se laisser abattre par les vicissitudes. Sans rien changer à sa vie habituelle, il donna à ses voisins l'exemple de la sagesse et du courage ; mais, aigri par le malheur, déçu de toutes ses espérances, il se mit à l'écart, et s'abstint de remplir dans les affaires publiques du petit État des fonctions auxquelles sa fortune et ses services passés lui donnaient droit d'aspirer. Il donna à son fils autant d'éducation que le lui permettaient ses ressources et celles de la colonie de Massachusetts. Par une erreur de piété que nous ne chercherons pas à apprécier, il crut donner une preuve de sa résignation à la volonté de la Providence, il fit baptiser publiquement l'enfant sous le nom de Content ; lui-même s'appelait Marc, comme la plupart de ses ancêtres depuis deux ou trois siècles. A l'époque où son humilité n'excluait pas les pensées mondaines, il avait même entendu parler d'un sir Marc appartenant à sa famille qui avait suivi les drapeaux d'un des rois les plus vaillants de sa terre natale.

Il y a tout lieu de croire que le génie du mal regarda bientôt d'un œil d'envie l'exemple d'ordre et de moralité que les colons de la Nouvelle-Angleterre donnaient au reste du monde. Des discussions s'élevèrent entre eux, des schismes les divisèrent, et ces hommes qui avaient abandonné ensemble les foyers de leurs ancêtres pour chercher la liberté de conscience, ne tardèrent pas à se séparer afin de n'être pas contrariés dans leurs croyances respectives, par lesquelles ils s'imaginaient se rendre propice le Père tout-puissant et miséricordieux de l'univers. Si nous étions chargé d'une tâche théologique, nous pourrons intercaler ici avec quelque succès une dissertation sur la vanité et l'absurdité de l'espèce humaine.

A la suite de ces nouvelles altercations, Marc Heathcote crut devoir se séparer de ceux avec lesquels il vivait alors depuis plus de vingt ans; il leur annonça qu'il voulait pour la seconde fois établir ses autels au milieu du désert, afin de pouvoir adorer Dieu selon ce qui lui paraissait la justice. Cette déclaration faite d'un ton grave produisit une sorte de stupeur. Le respect et l'attachement involontares qu'avaient inspirés à tous les vertus réelles du capitaine et l'inflexible sévérité de ses principes firent oublier un instant les querelles dogmatiques. Les anciens de la colonie lui parlèrent affectueusement; mais la voix de la conciliation s'élevait trop tard pour être entendue. Il écouta avec déférence les raisonnements des ministres qui étaient venus de toutes les paroisses voisines; il prit dévotement part aux prières qu'ils adressèrent au ciel en cette circonstance pour demander à être éclairés; mais il avait trop de roideur et d'orgueil spirituel pour ouvrir son cœur à cette charité à laquelle devraient tendre surtout les disciples d'une religion douce et consolatrice. On tenta tout ce qu'il était possible et convenable de faire, mais la résolution de l'opiniâtre sectaire demeura inébranlable. Les paroles par lesquelles il termina la conférence méritent d'être rapportées :

— Ma jeunesse, dit-il, s'est passée dans la piété et dans l'ignorance, mais dans mon âge mûr j'ai connu le Seigneur. Depuis plus de vingt ans je cherche la vérité. J'ai passé tout ce temps à préparer ma lampe, de peur d'être surpris comme les vierges folles, et maintenant que mes reins sont ceints et que ma course est presque achevée, je reculerais! je renierais ma foi! Pour elle, vous le savez, j'ai quitté la demeure terrestre de mes pères; pour elle j'ai affronté les dangers de la terre et des eaux; plutôt que d'y renoncer, je vouerais au désert, s'il plaisait à la Providence, mon bonheur, ma vie et ma postérité!

Le jour du départ fut un jour de douleur sincère et universelle. Malgré la sévérité du vieillard, il avait laissé percer à travers sa rude écorce des lueurs de bonté qu'il était impossible de méconnaître. Presque tous les jeunes débutants qui fondaient péniblement un établissement d'abord improductif pouvaient se souvenir d'avoir reçu la secrète assistance d'une main que le monde croyait fermée par les calculs prévoyants de l'avarice. Aucun des fidèles des environs ne s'était engagé dans les liens du mariage sans que le capitaine lui prouvât plus efficacement que par de vaines protestations l'intérêt qu'il prenait au bonheur du nouveau ménage.

Voilà pourquoi tous les habitants d'un âge raisonnable à plusieurs milles à la ronde se trouvèrent groupés autour de Marc Heathcote dans l'importante matinée où les charrettes chargées de ses meubles prirent lentement la route qui menait au bord de la mer. Selon l'usage observé dans toutes les circonstances graves, les adieux furent précédés d'une hymne et d'une prière, puis l'aventurier embrassa ses voisins en essayant de conserver un sang-froid que menaçaient de détruire ses émotions intérieures. Les hôtes de toutes les maisons qui bordaient le chemin étaient sur leurs portes pour échanger avec l'exilé volontaire une dernière bénédiction. Plus d'une fois les hommes qui conduisaient ses attelages reçurent l'ordre de s'arrêter, et les assistants assemblés implorèrent le ciel en faveur de celui qui partait et de ceux qui restaient. On demandait moins les avantages terrestres que la lumière spirituelle, et les vœux qu'on adressait au Seigneur se ressentaient un peu des subtilités théologiques. Après de longs discours, lorsque les langues furent fatiguées, le vieux voyageur poursuivit sa route, suivi par les personnes dont le sort en ce monde dépendait de sa sagesse et de ses caprices. Ce fut de cette manière caractéristique que l'un des premiers colons du nouveau monde se rejeta dans une carrière de dangers, de souffrances et de privations.

Les moyens de transport au milieu du dix-septième siècle n'offraient point les mêmes facilités qu'à présent. Les routes étaient nécessairement courtes et en petit nombre ; les communications par eau étaient lentes, irrégulières et incommodes. Toutefois Marc Heathcote les préféra, car une immense barrière de forêts s'étendait entre la baie de Massachusetts, d'où il s'éloignait, et les rives du Connecticut, où il comptait s'établir. Mais, après avoir atteint la côte, il ne trouva pas immédiatement la possibilité de s'embarquer. Il fut obligé de séjourner quelque temps parmi les bons habitants de l'étroite péninsule où existait déjà le germe d'une ville florissante, et où les clochers d'une grande cité dominent actuellement les toits de tant d'habitations. Le fils du capitaine ne quittait pas le lieu de sa naissance avec autant de résignation que son père. Il y avait dans la ville de Boston une charmante fille qui lui convenait sous le rapport de l'âge, de la position, de la fortune, et qui plus est, du caractère. L'image de Ruth Harding se confondait depuis longtemps dans les pensées du jeune homme avec les tableaux plus sévères qu'une pieuse éducation lui mettait ordinairement devant les yeux. Aussi, regardant un retard comme favorable à ses vœux, il s'empressa de le mettre à profit. Il fut uni à sa douce fiancée une semaine seulement avant le jour où son père s'embarqua pour un second pèlerinage.

Nous n'avons pas à nous arrêter sur les incidents de la traversée. Quoique le génie d'un homme extraordinaire eût découvert le monde qui commençait à se remplir d'une population civilisée, la navigation n'avait pas fait de grands progrès. Le passage à travers les écueils de Nantuket inspirait encore de la terreur et présentait des dangers réels. On regardait aussi comme un exploit difficile de remonter le Connecticut. Mais la prudence, la résolution, la persévérance suppléaient à la science. Nos aventuriers triomphèrent des obstacles sans perte, sinon avec facilité, et vinrent s'arrêter au fort anglais de Hartford, où ils se reposèrent pendant une saison. Toutefois l'un des points essentiels des doctrines que professait le capitaine consistait à se croire obligé de s'écarter encore davantage de la demeure des autres hommes. Escorté de quelques compagnons dévoués, il partit pour un voyage d'exploration, et à la fin de l'été il se trouva établi dans un domaine qu'il avait acquis suivant les simples formalités usitées aux colonies, et au prix modique dont on payait alors la propriété absolue de terrains considérables.

Le puritain n'était pas complètement détaché des choses de la vie, mais il n'avait pour elles aucun amour exagéré. Il était sobre par habitude et par principes plutôt que par désir d'arrondir ses richesses. Il se contenta donc d'une terre dont la beauté et la qualité étaient plus remarquables que l'étendue. Elle était située près des limites septentrionales de la colonie, bien boisée et traversée par des cours d'eau. Avec quelques dépenses et avec ce bon goût qu'une vie d'abnégation n'avait pas complètement détruit chez le capitaine, il parvint à en faire un séjour qui joignait à ses charmes rustiques l'avantage inappréciable d'être à l'abri des tentations du monde.

Après s'être ainsi mis en paix avec sa conscience, Marc Heathcote passa plusieurs années au milieu d'une sorte de prospérité négative. Les nouvelles d'Europe lui arrivaient quand elles étaient déjà oubliées ailleurs depuis longtemps, et il avait à peine connaissance des désordres et des guerres qui troublaient les autres colonies. Cependant les bornes des établissements s'étendaient par degrés, et l'on commença à défricher des vallées voisines de celles qu'occupaient les solitaires. A cette époque, la vieillesse imprimait déjà ses stigmates sur la constitution de fer du capitaine. Les fraîches couleurs que la jeunesse et la santé donnaient à son fils quand il était entré dans les bois faisaient place aux nuances brunes que produisent le hâle et le travail. Nous disons le travail, car les habitudes du pays en imposaient l'obligation même aux plus favorisés de la fortune ; et il était impérieusement nécessité par les difficultés journalières de la situation.

Ruth demeura toujours fraîche et jeune, quoiqu'elle eût eu bientôt à remplir les devoirs de la maternité. Pendant longtemps rien ne put faire regretter aux colons la résolution qu'ils avaient prise et leur inspirer des craintes sérieuses pour l'avenir. Ils apprirent avec autant d'étonnement que de terreur la mort de Charles Ier, l'interrègne et la restauration du fils de celui que l'on qualifie de martyr. Marc Heathcote était trop soumis à la volonté de Dieu, aux yeux duquel les couronnes et les sceptres ne sont que de vains hochets, pour s'émouvoir vivement de l'inconstante destinée des monarques. Comme la plupart de ses contemporains, il était demeuré étranger aux passions désordonnées qui amenèrent insensiblement le peuple à méconnaître le prestige du trône et à le souiller de sang. De rares visiteurs amenés par le hasard dans ses domaines lui parlèrent du protecteur, dont la main de fer maîtrisait l'Angleterre ; les yeux du vieillard s'animèrent subitement pendant qu'il les écoutait ; et en méditant après sa prière du soir sur les vicissitudes du monde, il reconnut dans Cromwell un ancien compagnon de sa jeunesse. Il en conclut que les hommes ne pouvaient placer sûrement leurs affections, et il s'applaudit avec la modestie convenable d'avoir élevé son tabernacle dans le désert, au lieu d'affaiblir ses chances de gloire éternelle en aspirant aux vaines grandeurs d'ici-bas.

Néanmoins, Ruth elle-même, qui n'avait guère l'esprit d'observation, remarquait que les regards du vieux soldat s'enflammaient, que ses sourcils se fronçaient, que le sang montait à ses joues pâles et ridées, lorsque la conversation tombait sur les luttes sanglantes des guerres civiles. Il y avait des instants où il oubliait, pour ainsi dire, ses préceptes religieux, en expliquant à son fils et à son petit-fils la manière d'attaquer avec succès et de battre en retraite avec honneur. En ces occasions, sa main encore musculeuse s'armait d'une épée, dont il enseignait l'usage au jeune enfant; et il passa ainsi plusieurs longues soirées d'hiver à lui apprendre indirectement un art qui était en contradiction si formelle avec les commandements de son divin maître. Cependant il n'oubliait jamais de clore ses instructions par une requête spéciale qu'il intercalait dans sa prière du soir. Il demandait qu'aucun de ses descendants n'ôtât la vie à un être mal préparé à mourir, que pour défendre sa personne et ses droits légitimes. On verra que l'interprétation de ses réserves pouvait exercer la subtilité d'un homme disposé à se battre.

Peu d'occasions s'offrirent, dans ce pays lointain, de mettre en pratique les théories militaires si longuement développées par le vieillard. Les incursions des Indiens n'étaient pas rares, mais elles n'excitaient de terreur que dans le sein de Ruth et de son jeune nourrisson. On avait entendu parler quelquefois de voyageurs massacrés, de familles séparées par la captivité; mais, soit par un heureux hasard, soit par l'excessive prudence des colons de l'extrême frontière, on s'était peu servi du couteau et du tomahawk dans la colonie de Connecticut. La modération et la prévoyance des planteurs avait étouffé, dès le principe, une discussion dangereuse avec les Hollandais de la province voisine de New-Netherlands; et quoiqu'un puissant chef indigène eût constamment les yeux fixés sur les colonies de Massachusetts et de Rhode-Island, la famille de notre émigrant en était trop éloignée, pour avoir rien à craindre.

Les années se succédèrent paisiblement; le désert disparut lentement autour de la résidence des Heathcote, et ils se trouvèrent enfin en possession d'une aisance aussi complète que le permettait leur isolement.

Après ces explications préliminaires, nous allons commencer un récit moins sommaire et, nous l'espérons, plus intéressant. Peut-être cependant que les hommes dont l'imagination a besoin d'être excitée trouveront notre histoire trop intime et la situation de nos personnages trop naturelle.

CHAPITRE II.

A l'époque où commence notre action, une belle et productive saison tirait à sa fin. La fenaison et les petites récoltes étaient terminées depuis longtemps, et Content Heathcote avait passé la journée à enlever au maïs ses sommités feuillues, pour en faire du fourrage, et pour laisser l'air et le soleil durcir un grain qui est la plus importante production du pays. Pendant ce léger travail, le vieux Marc s'était promené à cheval au milieu des ouvriers. Il voulait jouir d'un spectacle qui promettait l'abondance à ses troupeaux et distribuer en même temps quelques préceptes salutaires, quoique plutôt inspirés par l'esprit de secte que par la raison éclairée. Les serviteurs de son fils, car il avait depuis longtemps abandonné au jeune homme la direction du domaine, étaient sans exception des enfants du pays, accoutumés à mêler les exercices religieux avec la plupart des occupations de la vie. Ils écoutaient donc avec respect les exhortations du vieillard, qui n'étaient cependant ni très-courtes ni très-originales, et pas un sourire d'impiété, pas un regard d'impatience n'échappaient même aux plus étourdis durant ses monotones homélies. Quant au jeune Heathcote, par une sorte de superstition presque inhérente à l'excès du zèle religieux, il était tenté de croire que le soleil brillait avec plus d'éclat, que la terre multipliait ses fruits dans les moments où les pieuses paroles sortaient des lèvres d'un père pour lequel il avait autant d'amour que de respect. Mais lorsque le soleil, dont aucun nuage ne cache l'orbe étincelant dans cette saison et sous cette latitude, descendit vers les cimes des arbres qui bordaient l'occident, le vieillard se sentit fatigué de ses exploits. Il acheva sa harangue et s'achemina, en rêvant, vers la maison. Ses pensées furent probablement occupées pendant quelques instants de la verve avec laquelle il traitait les sujets spirituels; mais quand son bidet s'arrêta de lui-même sur une petite éminence qui traversait le chemin tortueux qu'il suivit, le vétéran passa de la contemplation abstraite aux réalités de la vie. Comme le paysage qu'il avait sous les yeux sera en partie le théâtre de notre action, nous allons essayer de le décrire rapidement.

Une petite rivière tributaire du Connecticut partageait la campagne en deux parties presque égales. Les plaines fertiles qui s'étendaient à plus d'un mille de chaque côté de ses rives avaient été depuis longtemps débarrassées de leurs forêts. Elles formaient des prés tranquilles, des champs où la moisson était déjà faite, et que la charrue recommençait à transformer. Toute la plaine, qui montait en pente douce jusqu'à la forêt, était divisée par d'innombrables clôtures. Des grillages où le bois avait été prodigué s'allongeaient en zigzag, et opposaient aux incursions des bestiaux des barrières de six à sept pieds de hauteur.

Dans une partie de la forêt une vaste éclaircie venait d'être faite, et quoique la surface en fût encore assombrie par des souches à moitié brûlées, le sol vierge se couvrait rapidement d'une végétation luxuriante. Un peu plus loin, sur le penchant d'une petite montagne, on avait fait une semblable invasion dans le domaine des arbres; mais le caprice ou la convenance avaient déterminé l'abandon de cette clairière après une seule récolte, qui avait suffi pour payer les frais du défrichement. C'était un site remarquable par son encadrement de forêt et par les traces de culture qu'il portait encore. Il était encombré de piles de bûches, de troncs noircis, d'arbres morts, et couronné d'un taillis naissant au milieu duquel croissait çà et là le trèfle blanc, si abondant en ce pays. Les yeux de Marc furent attirés de ce côté par les tintements d'une douzaine de clochettes, qui, suspendues au cou d'autant de moutons, retentissaient au milieu des buissons.

La civilisation était plus apparente sur une éminence qui dominait les bords du cours d'eau, et qui présentait la forme d'un cône tronqué. Le vétéran expérimenté avait choisi le sommet de ce monticule pour y asseoir son établissement. La maison, construite en charpente, et couverte en planches, était longue, basse, irrégulière, et l'on pouvait remarquer qu'elle avait été graduellement agrandie, en raison de l'accroissement de la famille. La façade était tournée du côté de la rivière et précédée d'une espèce de cour. De lourdes cheminées dominaient diverses parties des toitures, et le désordre dans lequel elles étaient réparties prouvait qu'on avait plutôt consulté la commodité que le bon goût. Deux ou trois bâtiments détachés étaient disposés sur le sommet de la montagne, de manière à former les côtés d'une place carrée, dont l'ensemble était complété par de grossières constructions en troncs d'arbre qui n'avaient pas même été dépouillés de leur écorce.

Ces édifices primitifs servaient de magasins, et offraient aussi de nombreux logements aux domestiques de la ferme. A l'aide de quelques grandes et hautes portes, les parties des édifices qui n'étaient pas entrées dans le plan de la construction primitive y étaient assez unies pour fermer complètement la cour intérieure.

L'édifice le plus remarquable, tant par sa position que par sa régularité, était situé au centre du quadrilatère sur une éminence artificielle. Il était élevé, de forme hexagone, et couronné d'un toit anguleux, dont la cime portait un drapeau. Les fondations étaient en pierre. Mais à partir d'un pied au-dessus du sol, les murs se composaient de madriers équarris avec soin, solidement unis par une ingénieuse combinaison de leurs extrémités, et soutenus par des étais perpendiculaires. Cette citadelle ou blockhaus avait deux rangées de meurtrières longues et étroites, mais pas de fenêtres régulières. Cependant les rayons du soleil couchant, glissant sur les vitres de quelques baies de la toiture, prouvaient que l'étage supérieur n'était pas seulement destiné à la défense.

A mi-côte de l'éminence sur laquelle se dressait cette maison, était une ligne non interrompue de palissades, faite de jeunes arbres liés ensemble par des crampons et par des barres de bois horizontales. Toute la forteresse était bien entretenue, et d'une force assez imposante, si l'on réfléchit que le canon était inconnu dans ces forêts lointaines.

A peu de distance de la base de la colline étaient les granges et les étables, entourées de vastes hangars où l'on mettait ordinairement les bestiaux à l'abri contre les ouragans des hivers rigoureux. Les prairies qui avoisinaient immédiatement ces dépendances avaient un gazon plus touffu que les autres, et leurs barrières étaient construites avec plus d'art. Un grand verger planté depuis une quinzaine d'années contribuait à l'air d'aisance et de civilisation qui faisait contraster si agréablement cette riche vallée avec les forêts vierges des alentours. Il n'est pas nécessaire de parler de ces dernières. Elles formaient le dernier plan de ce tableau champêtre, et s'étendaient à perte de vue, coupées seulement par le défrichement dont nous avons parlé, ou éclaircies par ces furieuses bourrasques qui balayent parfois en une minute plusieurs acres de terrain. Les gelées perçantes connues dans la Nouvelle-Angleterre à la fin de l'automne avaient atteint déjà les feuilles larges et dentelées des érables, et le feuillage des autres arbres avait déjà subi des métamorphoses particulières aux contrées où la nature est si prodigue en été et si rigoureuse dans les changements de saison.

Les yeux de Marc Heathcote errèrent avec une joie mondaine sur ce spectacle de paix et de prospérité. Les sons mélancoliques des clochettes diversement accordées retentirent sous les arceaux des bois, et annoncèrent le retour volontaire des bestiaux qui paissaient dans ce pâturage illimité. On vit sortir des taillis le petit-fils du capitaine, bel enfant d'environ quatorze ans, chassant devant lui un petit troupeau de moutons que les nécessités domestiques forçaient la famille à entretenir dans des circonstances désavantageuses, et qu'on ne sauvait qu'avec les plus grandes difficultés des ravages des bêtes de proie. Un serviteur presque idiot que le vieillard avait recueilli par charité, déboucha d'un autre côté du milieu de la clairière, d'où il ramena des poulains aussi incultes et aussi indomptés que lui-même. Les deux jeunes gens venant de différentes directions s'offrirent presque en même temps aux yeux sévères du puritain, avec les animaux qui leur étaient confiés.

— Drôle! cria-t-il au dernier, est-ce ainsi qu'il faut traiter des chevaux, ne connais-tu pas la maxime : Ne fais pas aux autres ce que tu ne voudrais pas qu'on te fît? elle s'applique aux ignorants comme aux savants, aux faibles comme aux forts. En outre, pour faire d'un poulain une bête utile et docile, les attentions valent mieux que les mauvais traitements.

— Je crois que le démon s'est emparé d'eux, répondit le gardien; je leur ai parlé en ami, et ils n'ont pas voulu m'écouter. Il faut qu'il y ait ce soir quelque chose d'effrayant dans les bois, pour qu'ils n'obéissent pas à la voix de celui qui les a conduits tout l'été.

— Tes moutons sont-ils comptés, Marc? reprit le capitaine en s'adressant à son petit-fils d'un ton moins sévère mais toujours impérieux. Nos hivers sont rudes, et ta mère a besoin de laine pour te couvrir.

— Si son métier reste oisif, ce ne sera pas ma faute, répondit l'enfant avec confiance, mais mes vœux et mes calculs ne peuvent faire qu'il y ait ici trente-sept toisons quand je ne compte que trente-six têtes. Il y a une heure que je fouille les buissons sans trouver la moindre trace de l'animal que j'ai perdu.

— Tu as perdu un mouton? Cette négligence va désoler ta mère.

— Grand-papa, je ne me suis pas endormi, et j'avais l'esprit en repos; car depuis la dernière battue on ne voit dans le pays ni ours, ni loup, ni panthère. Le plus gros quadrupède qu'on ait aperçu était un daim assez efflanqué, et la plus rude bataille qu'on ait livrée est celle de Withal Ring avec une bécasse qu'il a poursuivie pendant une demi-journée.

— Et pourtant ton mouton ne se retrouve pas. As-tu bien cherché dans la nouvelle clairière où ces bêtes vont paître quelquefois? Que tournes-tu dans tes doigts, Withal?

— De la laine, provenant de la cuisse du vieux Corne-Droite; car je n'ai pas oublié le mouton qui donne à la tonte les poils les plus longs et les plus épais.

— C'est, en effet, un flocon de l'animal qui nous manque, s'écria le petit-fils; il n'a pas son pareil dans le troupeau. Où as-tu trouvé cela, Withal Ring?

— Sur une branche d'épine, et c'est un fruit assez étrange pour un arbre qui doit porter des prunelles.

— Trêve de réflexions! interrompit le vieillard. Reconduis tes chevaux et tâche de ne pas les effaroucher par tes cris. Il faut nous rappeler que la voix a été donnée à l'homme, d'abord pour implorer le ciel, en second lieu pour communiquer aux autres les bonnes pensées qu'on peut avoir, et enfin pour exprimer ses besoins.

Après cette exhortation le vétéran continua sa route, laissant son petit-fils et son jeune serviteur occupés de leurs troupeaux respectifs. L'approche des heures de ténèbres exigeait quelque prudence; cependant Marc Heathcote n'avait aucun motif de se hâter. Il s'avança donc lentement, s'arrêtant par intervalles pour examiner les blés verts, qui promettaient déjà une riche moisson, ou pour promener ses regards à la ronde, comme un homme habitué à une surveillance constante et infatigable. Une de ses nombreuses haltes dura plus longtemps que les autres, et ses yeux semblèrent fixés comme par un charme sur un objet perdu dans l'obscurité. Pendant quelques minutes sa figure exprima l'incertitude, mais son hésitation finit par disparaître; ses lèvres s'entr'ouvrirent, et peut-être, à son insu, il exprima tout haut ses pensées.

— Ce n'est pas une illusion, c'est bien une des créatures du Seigneur. Il y a longtemps qu'un étranger ne s'est montré dans cette vallée; mais, si mes yeux ne m'abusent, en voici un qui vient demander l'hospitalité, et sans doute aussi la communion fraternelle

Le vieil émigré ne se trompait pas. Un cavalier qui paraissait accablé de fatigue sortait de la forêt à l'endroit où des arbres marqués pour être abattus indiquaient une espèce de route. Cette route, que l'étranger avait dû parcourir assez vite pour n'être pas surpris par la nuit, conduisait aux établissements lointains des bords du Connecticut. Elle n'était fréquentée que par ceux qui avaient des affaires spéciales, ou des relations de confraternité religieuse avec les propriétaires de la vallée du Crapaud-Volant. On appelait ainsi le domaine, en mémoire du premier oiseau que les émigrants y avaient aperçu.

Le voyageur s'approcha d'abord avec des précautions excessives, et en quelque sorte d'un air de mystère; mais il reprit bientôt son assurance, et vint mettre pied à terre à peu de distance du capitaine, qui ne l'avait pas perdu de vue un seul instant. C'était un homme dont l'âge et surtout les fatigues avaient fait grisonner la chevelure, et dont la corpulence aurait accablé un coursier beaucoup plus solide que la mauvaise jument qu'il montait. Elle parut charmée d'avoir la bride sur le cou, et pendant que son maître se disposait à parler, elle se mit à brouter les herbes environnantes avec un empressement qui dénotait une longue abstinence.

— Je ne crois pas me tromper, dit le visiteur, en supposant que je me trouve enfin dans la vallée du Crapaud-Volant. Et en prononçant ces mots, il porta la main à un vieux castor râpé qui lui cachait à moitié le visage. Il s'était énoncé en anglais avec l'accent des comtés du centre de la mère-patrie; et le peu de mots qu'il avait prononcés suffisaient pour révéler en lui un réformé appartenant à la secte la plus rigide. Il avait ce ton méthodique et cadencé qui passait alors assez bizarrement pour caractériser l'absence de toute affectation dans le langage.

— Étranger, dit le capitaine, tu as atteint la demeure de celui que tu cherches, d'un humble serviteur de Dieu, d'un pèlerin qui accepte avec soumission son passage dans le désert du monde.

— Voilà donc Marc Heathcote? reprit l'étranger en fixant sur le capitaine un œil investigateur.

— Tel est le nom que je porte. Je suis devenu maître de ce domaine, grâce à mon travail et à ma confiance dans Celui qui sait transformer les déserts en habitations humaines. Que tu viennes ici pour passer une nuit, une semaine, un mois ou même plus longtemps, sois le bienvenu, car tu es mon frère par les tribulations, et tu marches sans doute avec moi dans le sentier de la justice.

L'étranger remercia son hôte par une lente inclination de tête; mais pour faire une réponse verbale, il était encore trop occupé de son observation, qui semblait réveiller en lui des souvenirs confus. Quant au capitaine, il ne reconnaissait aucunement le voyageur; il remarquait seulement avec plaisir que la toilette du visiteur, son chapeau à large bord, son pourpoint d'étoffe grossière et ses grosses bottes s'écartaient des vaines recherches de la mode.

— Tu arrives à propos, repartit le puritain; si la nuit t'avait surpris dans les bois, la faim et le froid t'auraient contraint à des soins corporels dont l'excès compromet notre salut.

Au regard rapide et involontaire que l'étranger jeta sur son humble costume, on peut juger qu'il était déjà familiarisé avec les privations dont parlait son hôte. Sans prolonger la conférence, et sur l'invitation du propriétaire, il passa le bras dans les rênes de sa jument et s'achemina vers la maison.

Withal Ring se chargea de fournir la litière et la provende à l'animal surmené, sous l'inspection et d'après les instructions de l'hôte et du voyageur, qui semblaient avoir tous deux une égale sympathie pour une jument aussi fidèle et aussi patiente. Lorsque ce devoir fut accompli, le vieillard et l'inconnu entrèrent ensemble au logis. L'hospitalité était alors pratiquée aux colonies avec franchise et sans ostentation. Jamais on n'hésitait à recevoir un homme de race blanche, surtout quand il parlait la langue de l'île qui envoyait des milliers d'hommes à la conquête du nouveau monde.

CHAPITRE III.

Quelques heures avaient apporté de grands changements dans les occupations de notre famille simple et isolée. Elle avait pris aux vaches leur tribut du soir; elle avait détaché du joug et conduit les bœufs à l'étable. Les moutons étaient dans leur parc à l'abri des assauts du loup dévorant, et les soins les plus minutieux avaient été pris pour la sûreté de tout être doué de la vie. On traitait, au contraire, avec la plus complète indifférence les objets mobiliers, qui auraient été gardés ailleurs avec une attention au moins égale. Les produits des métiers de Ruth étaient étendus sur le pré de la blanchisserie, exposés à la rosée de la nuit. Les charrues, les herses, les selles, les charrettes et autres instruments semblables étaient abandonnés çà et là, de manière à prouver que les hommes avaient des occupations trop urgentes et trop multipliées pour donner leur travail quand il n'était pas absolument nécessaire.

Content fut le dernier à quitter les champs et les dépendances extérieures. Quand il eut atteint la poterne ouverte dans les palissades, il appela ceux qui étaient déjà rentrés pour leur demander s'il y avait encore quelque retardataire au dehors. La réponse ayant été négative, il tira à lui la porte petite mais massive, la ferma à double tour, et la consolida par une barre transversale. Puis il alla prendre sa place au repas du soir, qui fut bientôt terminé, et la journée qui avait été bien employée fut close par une causerie, et par ces travaux secondaires particuliers aux longues soirées d'automne et d'hiver dans les familles des frontières.

Les opinions et les usages des colons se faisaient remarquer à cette époque par leur simplicité, et la plus grande égalité de condition régnait surtout parmi les puritains. Néanmoins les sympathies et les préférences avaient établi des distinctions naturelles au sein de la famille Heathcote. Un feu assez brillant pour rendre les chandelles ou les torches inutiles, brillait dans l'énorme foyer d'une vaste cuisine. Autour de l'âtre étaient assis sept jeunes gens robustes et athlétiques. Les uns préparaient des jougs, d'autres râclaient des manches de hache ou fabriquaient des balais de bouleau. Une jeune femme aux yeux baissés, à la tête tournée de côté, faisait mouvoir un grand rouet, d'autres servantes allaient et venaient. Une porte communiquait avec un appartement supérieur, où pétillait un feu d'un aspect non moins réjouissant, mais de dimension moins considérable. Le plancher avait été récemment balayé, tandis que celui de la cuisine était jonché de sable de rivière. Des chandelles de suif éclairaient une table de cerisier de la forêt voisine, des murs lambrissés de chêne noir indigène, et des meubles antiques qu'on reconnaissait à la richesse de leurs ornements comme étant d'origine européenne. Les armoiries des Heathcote et des Harding brodées à l'aiguille étaient suspendues au-dessus du manteau de la cheminée.

Les principaux personnages de la famille étaient assis autour de ce foyer. Un habitant d'une autre chambre entraîné par la curiosité s'était placé au milieu d'eux. Il n'indiquait l'infériorité de son rang ou de sa position que par la peine extraordinaire qu'il se donnait pour empêcher les copeaux du manche de hache qu'il polissait de salir le plancher de chêne.

Les devoirs de l'hospitalité et les rites de la religion empêchèrent d'abord tout entretien familier; et lorsque tous les devoirs du ménage eurent été accomplis, et que toutes les domestiques eurent pris leur rouet, la cessation du mouvement et de l'activité intérieure rendirent le silence froid et pénible. L'entretien, qui s'était borné jusqu'alors à des compliments ou à de pieuses allusions aux misères humaines, dut prendre un caractère plus général.

— Vous venez du Sud, dit Marc Heathcote, et vous apportez sans doute des nouvelles des villes qui longent le Connecticut. Les agents de nos colonies ont-ils obtenu quelque chose du ministère?

— Ils ont fait plus, répondit l'étranger; ils se sont concilié les bonnes grâces de l'oint du Seigneur.

— Alors Charles II vaut mieux que sa réputation. On nous avait dit que la fréquentation d'une mauvaise compagnie l'avait entraîné dans toutes les vanités du monde, et lui faisait oublier les hommes que la Providence l'appelle à gouverner. Je suis heureux d'apprendre que les arguments de notre ambassadeur ont triomphé de dispositions défavorables, et que la liberté de conscience sera probablement le fruit de nos démarches.

— En effet, Winthrop a rapporté une charte royale qui confirme tous nos priviléges. Aucuns sujets de la couronne britannique ne seront plus libres dans leurs croyances et moins soumis aux exigences politiques que les hommes du Connecticut.

— Il est convenable d'en rendre grâce au ciel, reprit le puritain en croisant les mains sur sa poitrine et en fermant les yeux comme pour communiquer avec un être invisible.

— Avez-vous quelques renseignements à nous donner sur les sauvages? demanda Content après un moment de silence. Un marchand qui a passé par ici il y a quelques mois, nous a dit qu'on craignait un mouvement parmi les hommes rouges.

— Oui, ajouta Ruth en regardant deux petites filles assises à ses pieds sur des tabourets ; nous avons des affections qui redoublent nos alarmes au moindre bruit de ce genre ; mais vous venez d'un pays où l'on connaît mieux que chez nous les intentions des indigènes, et ce qui me rassure, c'est que vous n'avez pas craint de le traverser sans armes.

L'étranger contempla la jeune mère avec une expression d'intérêt ; puis il se leva et alla fouiller dans un sac de cuir qu'il avait apporté sur la croupe de sa jument. Il tira des fontes une paire de pistolets d'arçon, et les posa résolûment sur la table.

— Quoique peu disposé à nuire à des hommes, dit-il, je n'ai pas négligé les précautions usitées par ceux qui entrent dans le désert. Voici des armes avec lesquelles un homme déterminé peut défendre sa vie ou menacer celle d'autrui.

Le jeune Marc s'approcha avec une curiosité enfantine, et il se permit de toucher l'une des platines en regardant sa mère à la dérobée pour savoir s'il faisait mal.

— Qu'est-ce que cela? dit-il avec un dédain que son éducation ne lui avait pas appris à dissimuler : une flèche indienne irait plus loin que la balle de ce petit fusil. A quoi servirait-il dans une lutte corps à corps contre le coutelas affilé que porte le méchant Wampanoag.

— Enfant, interrompit le grand-père avec sévérité, tu es bien hardi pour ton âge.

— Laissez-le dire, repartit l'étranger, qui semblait approuver les inclinations martiales de l'enfant. Penser sans crainte et sans peur aux batailles dans sa jeunesse, c'est annoncer qu'on sera plus tard indépendant et courageux. Regarde cette arme, mon ami, et tu verras que, s'il avait fallu en venir aux mains, le méchant Wampanoag aurait trouvé une lame aussi perçante que la sienne. En disant ces mots l'inconnu détacha quelques lacets de son pourpoint, et mit la main dans son sein. Cette action permit aux assistants d'entrevoir un autre pistolet moins grand que ceux qu'il avait volontairement exhibés. Personne n'en fit l'observation, car il retira immédiatement sa main, et rajusta son habit avec un soin étudié; mais l'attention générale fut attirée par le long couteau de chasse qu'il déposa sur la table. Marc en ouvrit la lame, et aperçut avec étonnement quelques fils de laine grossière qui se détachaient de la charnière et qui adhéraient à ses doigts.

— Ce n'est pas contre une épine que s'est frotté Corne-Droite, s'écria Withal Ring, qui était là en observateur. Le dos de cette lame peut servir de briquet, et avec quelques feuilles sèches et quelques branches, on aurait fait rôtir sans peine le chef même de mon troupeau !

En prononçant ces paroles, sur le sens desquelles il était impossible de se méprendre, le jeune pâtre se mit à rire, et éleva au-dessus de sa tête les brins de laine qu'il venait de prendre au jeune Marc.

— Ce garçon t'accuse d'avoir éprouvé la trempe de ton couteau sur un mouton qui nous manque, dit le capitaine avec calme et sans avoir recours à des circonlocutions que lui interdisait son inflexible droiture.

— La faim est-elle un crime capable d'éveiller la colère de ceux qui habitent si loin les demeures de l'égoïsme?

— Jamais je n'ai éconduit un chrétien; mais il ne faut pas prendre ce que je donne volontiers. Du haut de la colline où paissent mes moutons, on aperçoit les toits de cette maison, et il aurait mieux valu laisser languir ton corps que de charger d'un nouveau péché ton âme immortelle.

— Marc Heathcote, dit l'accusé avec une fermeté inébranlable, examine ces armes, que, si je suis coupable, j'ai eu tort de mettre en ton pouvoir. Tu y trouveras quelque chose de plus curieux que les débris d'une misérable toison, dont le fileur n'aurait pas voulu.

— Il y a longtemps que j'ai pris plaisir à manier des instruments de destruction, et puissé-je passer plus longtemps encore sans en avoir besoin dans ce séjour de paix! Ceux-ci ressemblent aux pistolets dont se servaient dans ma jeunesse les cavaliers de Charles Ier et de son père pusillanime. Il y avait beaucoup d'impiété et d'orgueil mondain dans les guerres que j'ai vues, mes enfants; et cependant l'homme charnel prenait plaisir à l'agitation de ces jours qui n'étaient pas consacrés au service de Dieu! Viens ici, jeune homme; tu m'as souvent demandé comment les cavaliers chargeaient, lorsque l'artillerie et une grêle de plomb avaient ouvert le passage à leurs coursiers. Je vais t'apprendre l'usage d'une arme qui paraît pour la première fois dans ces forêts.

— J'en ai manié de plus lourdes, dit le jeune Marc en soulevant d'une seule main le lourd pistolet, et d'une plus grande portée. A quelle distance peuvent tirer les cavaliers dont vous parlez?

Mais le vétéran semblait avoir perdu brusquement la puissance de la parole, et au lieu de répondre à la question de l'enfant, il regardait alternativement les armes placées devant lui et le visage de l'étranger. Celui-ci se tenait droit, immobile, comme s'il eût provoqué un examen rigoureux de sa personne.

Cette scène muette frappa Content. Il se leva, et, de ce ton d'autorité calme qu'on remarque encore dans le gouvernement domestique de ces contrées, il fit signe à tous les assistants de quitter l'appartement. Tous obéirent et le précédèrent à la porte, qu'il ferma avec une attention respectueuse. Les deux vieillards restèrent seuls, et leur secrète entrevue se prolongea sans qu'on osât la troubler; elle eut lieu d'abord à voix basse, puis on entendit le puritain faire une longue prière, dont il était difficile de saisir le sens. Il se tut ensuite, et le silence le plus complet régna, sans que la famille reçût l'ordre de rentrer. Content attendit encore, puis il arpenta avec impatience la vaste cuisine en se rapprochant de la cloison, pour surprendre au moins un signe de vie dans l'autre pièce. Aucun son ne parvenant à ses oreilles, il revint auprès de Ruth, la consulta sur ce qu'il devait faire.

— On ne nous a pas ordonné de nous retirer, dit sa douce compagne. Pourquoi ne pas rejoindre notre père, maintenant que nous lui avons donné le temps d'une explication?

Content se rendit à cette invitation, et toute la famille le suivit dans la chambre avec empressement, mais avec cette discrétion et cette réserve auxquelles les puritains ne renonçaient jamais.

Le vieux Marc Heathcote était gravement assis dans le fauteuil où on l'avait laissé. Mais l'étranger avait disparu. Il y avait deux ou trois issues par lesquelles on pouvait quitter la chambre et même la maison, à l'insu de ceux qui occupaient la cuisine, et la famille pensa d'abord que l'inconnu allait revenir par une de ces issues. Toutefois, Content lut dans les yeux de son père que l'heure de la confiance n'était pas encore arrivée; et la discipline intérieure de cette famille était si parfaite, que personne ne se permit d'adresser des questions dont le fils jugeait à propos de s'abstenir.

Avec l'étranger avaient disparu les traces de sa visite. Marc ne retrouva plus les pistolets qui avaient excité son admiration. Withal chercha en vain le couteau de chasse qui avait révélé le sort de Corne-Droite. Madame Heathcote ne vit plus les sacs de cuir qu'elle se proposait de faire transporter dans la chambre à coucher de son hôte; et l'une de ses filles déplora l'absence d'un éperon d'argent massif, dont elle avait admiré le curieux et antique travail.

L'heure était passée à laquelle se couchaient ordinairement ces hommes d'habitudes si simples et si paisibles. Le grand-père alluma un flambeau, et donna à ceux qui l'entouraient la bénédiction accoutumée, d'un air aussi calme que s'il ne fût rien arrivé d'extraordinaire. Cependant il semblait préoccupé. Il s'arrêta sur le seuil de la porte, et l'on crut un moment qu'il allait éclaircir le pénible mystère des incidents de la soirée; mais cette espérance ne naquit que pour être aussitôt déçue.

— Mes pensées n'ont pas suivi la marche du temps, dit le vieux Marc. A quelle heure de la nuit sommes-nous, mon fils?

— L'instant du repos est déjà passé.

— N'importe! il ne faut pas laisser perdre ce que la Providence nous a donné. Prends le cheval que je monte ordinairement, Content, et suis le sentier qui mène à la clairière de la montagne. Rapporte ce que tu apercevras au premier détour de la route des villes du Connecticut. Nous entrons dans l'arrière-saison; il faut redoubler de zèle, et être debout au lever du soleil : que le reste de la maison aille donc se livrer au repos.

Content jugea d'après le ton de son père qu'il devait suivre à la lettre les précédentes instructions. Il ferma la porte derrière lui, et fit signe à ses serviteurs de se retirer. Les bonnes de Ruth emmenèrent les enfants, et quelques minutes après il ne restait dans la cuisine que le fils soumis et sa compagne affectionnée.

— Je te suivrai, murmura Ruth aussitôt qu'elle eut couvert le feu. Je ne veux pas que tu ailles seul dans la forêt à une heure aussi avancée.

— Dieu sera avec moi. Il n'abandonne jamais ceux qui comptent sur sa protection. D'ailleurs, ma chère Ruth, qu'y a-t-il à craindre dans un désert comme celui-ci? Les bêtes fauves ont été chassées des collines, et l'on ne trouve à plusieurs lieues à la ronde d'autres hommes que ceux qui logent avec nous.

— Qui sait? où est l'étranger qui est venu ici au coucher du soleil?

— Je l'ignore, et mon père n'est pas disposé à me donner des renseignements sur ce voyageur; mais ne sommes-nous pas accoutumés à l'obéissance et à l'abnégation?

— Ce serait cependant pour moi un grand soulagement que de savoir au moins le nom de l'homme qui a mangé notre pain, et qui a partagé nos prières, avec l'intention de nous quitter immédiatement.

— Mon père ne veut pas que nous le demandions, reprit le mari moins curieux : mais j'ai plus d'un mille à faire, et je dois être sur pied demain avec mes laboureurs. Viens avec moi jusqu'à la poterne, afin de ne pas la laisser ouverte. Je ne te tiendrai pas longtemps en sentinelle.

Content et sa femme quittèrent la maison par la seule porte qui ne fût point barrée. Éclairés par la pleine lune, ils franchirent une porte charretière, et descendirent aux palissades. On enleva les barres et les verrous de la poterne; l'époux se mit en selle, et se dirigea au galop vers la partie des bois que son père lui avait désignée. Sa fidèle Ruth se plaça derrière le rempart de planches, tira l'un des verrous de la poterne, et attendit avec anxiété le résultat d'une démarche aussi inexplicable qu'extraordinaire.

CHAPITRE IV.

Ruth Harding avait été l'une des plus douces filles de ce monde, et le mariage ne l'avait point changée, tout en donnant une direction nouvelle aux qualités de son cœur. Elle s'était montrée pour son époux, comme pour ses parents, dévouée, soumise et désintéressée. Sa parfaite égalité d'humeur n'excluait point une tendre sollicitude en faveur du petit nombre d'êtres au milieu desquels elle passait son existence limitée. Cette sollicitude active et sans prétentions était le principal mobile de ses actions. Quoique le hasard l'eût jetée sur une frontière lointaine où la division ordinaire des fonctions était à peine praticable, Ruth avait conservé ses habitudes aussi bien que son caractère. L'aisance de son mari l'avait soustraite à la nécessité des travaux pénibles; et sans se dérober aux dangers du désert, sans négliger les devoirs de sa position, elle avait conservé sa délicatesse et son air de jeunesse.

On se figure aisément les émotions qu'éprouvait une pareille femme en suivant des yeux son mari qui s'éloignait. Les plus hardis coureurs de bois ne sortaient jamais après la chute du jour sans de sinistres pressentiments. C'était l'heure où les hôtes rugissants et affamés de la forêt se mettaient en campagne, et le frôlement d'une feuille, le craquement d'une branche morte, sous le pied léger du moindre animal, évoquaient l'image de la panthère aux yeux ardents, ou celle de l'indigène non moins sauvage et plus artificieux encore. A la vérité, des centaines d'individus avaient éprouvé ces poignantes sensations, et n'avaient jamais vu se réaliser les rêves terribles de leur imagination. Toutefois, on ne manquait pas de motifs pour justifier de sérieuses alarmes. Les légendes des habitants des frontières roulaient presque toutes sur des combats avec les bêtes fauves, ou sur des massacres commis par les Indiens. Le renversement des trônes, les révolutions des États européens, occupaient moins les colons isolés que les aventures qui nécessitaient de leur part autant de courage que d'intelligence. Les récits en passaient de bouche en bouche. Ils se conservaient traditionnellement; l'exagération s'y mêlait intimement à la vérité, et l'on y glissait de ces invraisemblances qui finissent par trouver place même dans l'histoire des sociétés plus développées.

Sous l'influence d'une crainte involontaire, et peut-être aussi par suite de la prudence qui ne l'abandonnait jamais, Content avait jeté sur son épaule un fusil dont il connaissait la portée. Au moment où il gravit le coteau, Ruth l'aperçut vaguement courbé sur le cou de son cheval, et glissant à travers une brume lumineuse, comme ces cavaliers fantastiques dont parlent les contes du continent oriental. Quelques instants plus tard, la vue et l'ouïe devinrent insuffisantes pour guider dans ses conjectures l'épouse attentive; elle écouta sans respirer, et crut distinguer deux ou trois fois le bruit des sabots qui frappaient la terre avec plus de force et de vitesse qu'à l'ordinaire;

mais elle ne revit son mari que, lorsque parvenu sur le plateau, il s'enfonça précipitamment dans les bois. Quoique familiarisée avec l'inquiétude, elle n'avait peut-être jamais ressenti plus d'angoisses qu'en ce moment. Sans avoir un but déterminé, elle ouvrit la porte, et se plaça en dehors des palissades, qui lui semblaient restreindre l'exercice de ses facultés visuelles. Son impatience lui faisait compter les minutes, et elle comprenait plus vivement qu'elle ne l'avait fait jusqu'alors le dangereux isolement de tous ceux qui étaient chers à son cœur. Emportée par la tendresse conjugale, elle se mit à suivre lentement le sentier que son mari avait pris, et ses pas furent graduellement accélérés par une appréhension toujours croissante. Elle ne s'arrêta que sur l'éminence où son père avait fait halte le soir même pour contempler les améliorations de ses domaines. Elle avait cru voir une forme humaine sortir de la forêt, à l'endroit par lequel son mari était entré; mais ce n'était que l'ombre d'un nuage, dont la masse ténébreuse couvrait les arbres et une partie du sol. Au même instant son esprit fut frappé de l'idée subite qu'elle avait imprudemment laissé la poterne ouverte, et le cœur partagé entre son mari et ses enfants, elle revint sur ses pas pour réparer sa coupable négligence, qu'elle se reprochait amèrement. Tels étaient ses regrets et son trouble, qu'elle ne regardait rien en descendant la montagne, et que les objets passaient devant ses yeux sans apporter une image distincte à son esprit. Mais, malgré ses préoccupations, un aspect inattendu vint la remplir d'une terreur qui allait jusqu'au délire. Elle s'enfuit instinctivement sans réfléchir, et ce ne fut qu'à plusieurs centaines de pas plus loin qu'elle s'arrêta une seconde pour examiner le parti qu'elle avait à prendre. L'amour fraternel l'emporta, et le daim des bois ne bondit pas avec plus d'agilité que cette mère courant au secours de sa famille endormie sans défense. Hors d'haleine et toute palpitante, elle atteignit la poterne, qu'elle franchit, et dont elle ferma la porte à double tour; ses mains agissant plutôt machinalement que sous l'impulsion de la pensée.

Pour la première fois depuis quelques minutes, Ruth respira sans difficulté; elle chercha à rassembler ses idées, afin de préserver Content du danger qu'elle avait elle-même évité. Son premier mouvement fut d'avoir recours au signal établi pour appeler des champs les laboureurs, ou pour réveiller la colonie en cas d'alarme. Mais plus de réflexion l'avertit qu'une pareille démarche pouvait être fatale à celui qui balançait dans ses affections le reste du monde. Ses combats intérieurs ne finirent que lorsqu'elle eut aperçu distinctement son mari sortant de la forêt à l'endroit même par lequel il était entré. Il devait malheureusement trouver sur sa route la place où une terreur subite s'était emparée de Ruth, et celle-ci aurait donné tout au monde pour lui faire connaître un danger dont elle avait l'imagination remplie, sans attirer l'attention de quelques secrets et terribles témoins.

La nuit était calme, et, quoique la distance fût considérable, elle n'était pas assez grande pour détruire toute chance de succès. La femme tremblante tenta un effort. Elle savait à peine ce qu'elle faisait; cependant, par une sorte de prudence instinctive, elle prit ces précautions que les périls incessants lui avaient rendues familières.

— Ami! s'écria-t-elle d'une voix plaintive qui s'éleva par degrés sous l'influence d'un sentiment énergique, ami! mets ton cheval au galop. Notre petite Ruth est au plus mal. Au nom de sa vie et de la tienne accours à toute bride; ne va pas aux écuries, mais reviens en toute hâte à la poterne, elle te sera ouverte.

C'était certainement un avis effrayant pour les oreilles d'un père, et il aurait produit certainement l'effet désiré, si les faibles organes de Ruth étaient parvenus à porter les paroles aussi loin qu'elle le désirait. Mais elle appelait en vain. Ses accents ne purent traverser un aussi vaste espace. Cependant elle eut lieu de croire qu'ils n'étaient pas entièrement perdus, car son époux s'arrêta un moment comme pour l'écouter; puis il précipita le pas de son cheval.

Ruth osait à peine respirer, son haleine s'échappait aussi doucement que celle d'un enfant endormi. Quand elle vit approcher Content avec toute l'insouciance de la sécurité, elle ne put réprimer son impatience; et ouvrant la poterne elle renouvela ses cris, qui furent enfin entendus. Le bruit du sabot sans fer retentit avec plus de vitesse, et Content fut bientôt auprès de sa compagne.

— Entre, lui dit-elle en saisissant la bride et en amenant le cheval dans l'intérieur des palissades; pour l'amour de tout ce qui t'appartient, entre et remercie le ciel.

— Que signifie cette terreur? demanda Content. Est-ce ainsi que tu as confiance dans Celui dont les yeux ne se ferment jamais et qui veille également sur la vie d'un homme et sur celle du passereau?

Ruth était sourde. Ses mains empressées tirèrent les verrous, laissèrent tomber les barres et donnèrent à la clef un triple tour. Ce fut alors seulement qu'elle se crut sauvée et qu'elle songea à rendre grâces du salut de son mari.

— Pourquoi ces précautions? Oublies-tu que mon cheval va souffrir de la faim, éloigné de son râtelier?

— Qu'il meure, plutôt que tu sois exposé!

— Ne sais-tu pas que c'est l'animal favori de mon père, qui apprendra avec déplaisir qu'il a passé une nuit dans les palissades?

— Mon ami, il y a quelqu'un dans les champs. J'y ai vu rôder un être humain qui menace notre tranquillité.

— Va, va, ma pauvre Ruth, tu n'es pas habituée à être si tard hors de ton lit. Le sommeil t'aura surprise et envoyé des rêves; quelque nuage aura jeté son ombre sur les champs, ou bien notre dernière chasse n'aura pas éloigné de nos défrichements toutes les bêtes fauves. Allons, puisque tu te cramponnes à mon côté, prends la bride du cheval pour que je le débarrasse de son fardeau.

Ces mots attirèrent l'attention de Ruth sur un objet qu'elle n'avait pas encore remarqué, et qui était en travers de la croupe de l'animal.

— C'est le mouton qui nous manquait! s'écria-t-elle.

— Oui, et il a été tué avec une rare dextérité, mais non pas à notre intention. Nous en profiterons toutefois, et son camarade, dont les jours étaient comptés, vivra encore pendant une saison.

— Où as-tu trouvé la bête égorgée?

— Sur une branche de coudrier. Eben-Dudley, notre boucher ordinaire, n'aurait pas montré plus d'adresse que l'auteur de ce meurtre. Tu vois qu'il ne manque à la chair qu'un seul morceau, et que la toison est intacte.

— Ce n'est pas l'œuvre d'un Indien, s'écria Ruth étonnée de sa propre découverte. Les hommes rouges ne prennent pas tant de précautions.

— Ce n'est pas non plus la dent d'un loup qui a ouvert les veines du pauvre Corne-Droite. Le coupable a tué avec discernement et consommé avec prudence. Il avait l'intention de rendre une seconde visite à sa victime.

— Et notre père t'a ordonné d'aller chercher cette bête à l'endroit où tu l'as trouvée! Pourquoi? Où est l'homme qui s'est mêlé à nos prières, qui a mangé notre pain, et qui après une longue conférence s'est évanoui comme un fantôme?

— C'est une question à laquelle il est difficile de répondre, répliqua Content d'un air rêveur. Cela ne nous regarde pas, et si l'expérience de notre père est en défaut dans cette circonstance, nous avons pour nous protéger l'éternelle et infaillible sagesse. Il faut que je ramène mon cheval à l'écurie; puis nous irons tranquillement nous reposer, après avoir imploré Celui dont les yeux sont toujours ouverts.

— Ne quitte pas les palissades cette nuit, dit Ruth en arrêtant son époux, qui avait déjà la main posée sur le verrou; j'ai le pressentiment d'un malheur. Je voudrais que l'étranger ne se fût pas arrêté parmi nous. Il a assouvi sa faim à nos dépens, quand il lui suffisait de nous adresser une demande pour tout obtenir; mais il est homme, comme il l'a prouvé par son appétit, et l'on peut réprimer ses inclinations perverses. Ce n'est pas un blanc, un chrétien que je redoute. Le païen est sur nos domaines.

— Tu rêves!

— Non; j'ai vu les yeux étincelants d'un sauvage. Dans une veille semblable, je ne pouvais me laisser abattre par le sommeil. J'ai pensé que votre père était bien vieux, qu'il pouvait avoir été induit en erreur, et qu'un fils obéissant ne devait pas être exposé..... Tu sais, Heathcote, que je ne puis voir avec indifférence le danger du père de mes enfants, et c'est pourquoi je t'ai suivi jusqu'au plateau des Noyers.

— Quelle imprudence! et la poterne?

— Elle était ouverte, car s'il avait fallu tourner la clef, comment nous serions-nous mis à l'abri en cas de péril imminent? Si j'ai manqué de prudence, c'était pour ta sûreté, Heathcote; mais sur ce plateau, dans le creux d'un arbre abattu, est caché un misérable païen, un être qui nous ressemble par la forme, mais qui diffère de nous par la couleur de la peau et par le don précieux de la foi.

— C'est impossible; si quelque ennemi était près d'ici, aurait-il laissé passer le maître du logis qui lui avait été livré sans défense, et que plus tard, je puis le dire sans vaine gloire, il trouvera prêt à se défendre? Va, ma bonne Ruth, tu as aperçu quelque ver luisant sur une souche noire, ou quelque ours attiré par l'odeur de nos ruches.

3

Ruth mit de nouveau la main sur le bras de son mari, le regarda fixement et reprit avec une solennité touchante :

— Crois-tu que les yeux d'une mère puissent s'abuser?

L'insistance de la jeune femme, le souvenir des tendres êtres dont le sort dépendait de lui, produisirent une nouvelle impression sur Content, et au lieu d'ouvrir la poterne il mit résolûment les verrous.

— Eh bien! dit-il après un moment de réflexion, je vais prendre un peu de précautions, et je ne les regretterai point si elles ont pour résultat de te rassurer. Reste donc ici à surveiller le plateau des Noyers; je vais réveiller Eben Dudley et Reuben Ring.

— J'aperçois de la lumière dans leur chambre, reprit Ruth avec empressement, et elle se mit aussitôt à son poste, heureuse d'un projet qui calmait momentanément ses angoisses.

— J'aurai bientôt fini; ne te tiens pas ainsi en évidence, ma femme. Place-toi ici, au-dessous des meurtrières, où l'épaisseur des planches te garantirait même d'un boulet.

Après avoir donné ce conseil contre un danger qu'il avait feint si récemment de mépriser, Content se rapprocha des bâtiments. Les deux ouvriers qu'il avait nominativement désignés étaient des jeunes gens vigoureux, endurcis non-seulement au travail, mais encore aux privations spéciales et aux dangers exceptionnels de la vie des frontières. Comme la plupart des hommes de leur âge et de leur condition, ils étaient familiarisés avec les artifices des tribus indiennes; et quoique le Connecticut eût moins souffert des incursions des sauvages que les autres provinces, tous les deux avaient des actions d'éclat à raconter pendant les longues soirées d'hiver.

Content traversa la cour d'un pas rapide, car, bien qu'il persistât dans son incrédulité, ses mouvements étaient accélérés par l'image de sa douce compagne placée en sentinelle. Il frappa brusquement et avec bruit à la porte de la chambre des deux ouvriers.

— Qui est là? dit une voix ferme et retentissante.

— Lève-toi vite et arme-toi pour faire une sortie.

— Ce sera bientôt fait, répondit Reuben Ring en se montrant tout habillé. Nous disions tout à l'heure que la nuit ne se passerait pas sans qu'on nous mandât aux meurtrières.

— As-tu vu quelque chose?

— Non, si ce n'est le diable, qui ne quitte jamais les hommes.

— Ta réponse est digne de Withal Ring. Allons, suis-moi ; viens relever ma femme, qui est de garde à la poterne, et n'oublie pas les cornets de poudre.

Reuben fit ses préparatifs, et son camarade l'imita. Il leur fallut peu de temps pour s'armer, puisqu'ils ne dormaient jamais sans avoir auprès d'eux des armes et des munitions. Ils suivirent leur maître et rejoignirent Ruth à son poste ; mais quand son mari l'interrogea sur ce qui s'était passé en son absence, elle fut forcée de convenir qu'elle n'avait rien vu de nature à justifier ses alarmes, quoique la lune se fût dégagée d'entre les nuages.

— Conduisons donc la bête à l'écurie, dit Content, et terminons nos opérations en posant un factionnaire. Reuben Ring gardera la poterne pendant qu'Eben et moi nous nous occuperons du cheval. Entends-tu, Dudley ? mets le mouton en croupe et partons.

— C'est un adroit boucher qui a fait le coup, dit Eben, qui s'y connaissait. J'ai tué bien des moutons, mais c'est la première fois que j'en vois un conserver toute sa toison, lorsqu'une partie de son corps est dans la marmite. Tu sais, Reuben, que je t'ai donné ce matin une pièce espagnole pour le raccommodage de mes souliers. As-tu cette pièce sur toi ?

Cette question faite à voix basse reçut une réponse affirmative.

— Donne-la-moi, mon gars ; je te la rendrai avec usure.

Reuben Ring donna la pièce d'argent, et, pendant que Content s'efforçait de calmer les appréhensions de sa femme, Dudley mit la piastre entre ses dents. Il parvint à lui donner une forme ronde par un travail de mâchoire qui dénotait une force prodigieuse. Il laissa ensuite glisser la pièce de monnaie dans le canon de son fusil et la maintint avec une bourre qu'il tira de la bordure de ses habits. Avec ce projectile enchanté, le superstitieux paysan se croyait invincible. Il continua sa route en sifflant, indifférent aux dangers d'une nature ordinaire, mais cédant malgré lui à des impressions d'un caractère moins terrestre.

Ceux qui habitent les plus anciens districts d'Amérique, nivelés depuis longtemps par le travail et l'art, ne sauraient concevoir les milliers d'objets qui, dans un nouveau défrichement, sont susceptibles d'accroître le trouble d'une imagination déjà alarmée. Les habitants de l'ancien monde, accoutumés à voir des champs aplanis comme la surface d'une eau limpide, peuvent encore moins concevoir l'effet produit par les restes d'une forêt abattue, épars sur un sol inégal. Bien qu'habitués à cette vue, Content et son compagnon prenaient chaque tronc d'arbre pour un sauvage, et au détour de toutes les haies ils s'attendaient à voir un ennemi se détacher de la masse épaisse et sombre du feuillage. Toutefois leur expédition s'accomplit sans encombre; ils remarquèrent seulement que le cheval de l'étranger n'était plus à sa place.

— Il faut que cet homme ait été bien pressé, dit Content, pour s'être mis en route au commencement de la nuit, quand une longue journée de marche le sépare de toute habitation chrétienne. Il a des motifs pour en agir ainsi, mais nous n'avons pas à les examiner. Gagnons notre vie, et mettons notre sommeil sous la garde de Celui dont la vigilance est infatigable.

L'homme de ces contrées ne se reposait qu'après s'être barricadé avec soin, mais les biens mobiliers y étaient pour ainsi dire abandonnés. La porte de l'écurie fut tout simplement fermée avec un loquet de bois, et les deux aventuriers rentrèrent précipitamment.

— Tu n'as rien vu? dit Content à Reuben Ring, qu'on avait mis en faction, à cause de la sûreté de son coup d'œil, et dont la sagacité était aussi remarquable que l'idiotisme de son frère.

— Rien de particulier; pourtant je n'aime pas ce tronc d'arbre étendu le long de la haie sur le versant du coteau. Si ce n'était évidemment une souche à demi consumée, on serait tenté de croire qu'il est vivant. Deux fois de suite il m'a semblé qu'il roulait vers le ruisseau, et je suis presque convaincu qu'il était au moins huit ou dix pieds moins bas, lorsque je l'ai remarqué.

— C'est peut-être un être vivant!

— C'en est un si j'ai de bons yeux, dit Eben Dudley; il y a moyen de le tenir en respect. Écartez-vous, madame Heathcote; laissez-moi passer mon fusil par cette meurtrière... Mais non : j'ai là-dedans une balle enchantée que je ne dois pas risquer mal à propos.

— Je payerai le prix de ta charge, Reuben Ring, si tu veux me prêter ton fusil.

— Arrêtez, dit le maître. Un ancien ami de mon père s'est assis ce soir à notre table. Il s'est éloigné sans cérémonie, cependant il ne nous a pas fait très-grand tort. Montons là-haut, et examinons la chose de près.

Cette proposition était trop conforme aux idées de droiture qui régnaient dans ces contrées pour n'être pas adoptée à l'unanimité. Content et Eben Dudley franchirent la poterne, et s'avancèrent vers l'objet suspect. Il était parfaitement immobile, et, quoique la lune tombât en plein sur lui, il était impossible d'en déterminer le caractère. Le maître persistait à y voir un tronc d'arbre, le domestique une bête fauve. Deux fois Content se mit en devoir de faire feu, deux fois il fut arrêté par sa répugnance à blesser inutilement même un quadrupède. Son compagnon aurait montré sans doute moins de patience, si la charge de son fusil n'eût été d'une espèce particulière.

— Attention! dit Content en tirant son couteau de chasse, nous approchons, et nous saurons bientôt à quoi nous en tenir.

Ils firent quelques pas, et le bout du fusil de Dudley touchait brutalement l'objet de leur défiance avant que celui-ci eût donné signe de vie. Alors, comme si toute dissimulation fût devenue inutile, un Indien d'une quinzaine d'années se leva résolûment et se montra dans la morne attitude d'un guerrier capturé. Content le saisit par le bras et l'entraîna vers les fortifications pendant qu'Eben le stimulait de temps en temps à coups de crosse.

— Je parie, s'écria Dudley en arrivant, que nous n'entendrons plus parler cette nuit des compagnons de cet homme rouge; les Indiens ne poussent jamais le cri de guerre lorsqu'un de leurs espions est tombé entre les mains de l'ennemi.

— C'est possible, répondit Content; néanmoins il faut faire bonne garde. Nous pouvons, avant l'aube, avoir besoin d'une faveur spéciale de la Providence, méritons-la en utilisant les forces qu'elle nous a données. Content parlait peu, mais il avait dans les moments de crise une inébranlable fermeté. Il savait qu'un jeune Indien, comme le prisonnier, ne pouvait s'être aventuré sur le territoire du Crapaud-Volant sans que sa présence fût justifiée par quelque importante conception : la jeunesse du captif faisait d'ailleurs supposer qu'il n'était pas seul; mais sa mésaventure devait probablement amener un retard dans l'exécution du plan d'attaque. Sur ce point, Content fut d'accord avec le boucher; mais il voulut parer à toutes les conjectures. Sans troubler le silence imposant qui régnait dans la maison, et qui était plus propre à repousser l'ennemi qu'une alarme tumultueuse, il réveilla quelques hommes énergiques, qu'il répartit aux différentes issues de la place. Les fusils furent visités avec soin, et l'on installa des sentinelles à l'ombre des bâtiments, dans les endroits d'où elles pouvaient observer la campagne sans s'exposer elles-mêmes aux regards.

Content se chargea du prisonnier, avec lequel il n'avait pas essayé d'échanger une seule syllabe, et il le conduisit dans le blockhaus. La porte qui communiquait avec la base de cette citadelle était toujours ouverte, afin d'offrir un asile contre un danger subit et imprévu. Content fit monter le jeune homme à l'étage supérieur, au moyen d'une échelle qu'il retira ensuite ; puis il ferma la porte, certain de lui avoir ôté tous les moyens de retraite.

Le jour allait paraître, lorsque le prudent époux s'étendit sur son lit. Il n'avait pris que les mesures indispensables, car il ne partageait pas les alarmes qui tenaient encore ouverts les yeux de son aimable compagne. Tous deux eurent quelque temps l'esprit agité par le souvenir de ce qui s'était passé ; mais enfin l'image en devint plus confuse, et ils s'endormirent profondément.

CHAPITRE V.

Le fer et le feu avaient été employés de bonne heure autour de la maison des Heathcote, autant pour faciliter la culture que pour diminuer le danger d'une surprise, en rejetant au loin les abris sous lesquels l'Indien prépare ses attaques.

La tâche d'Eben Dudley et de son compagnon était donc facile à accomplir et favorisée d'ailleurs par la beauté d'une nuit dont les splendeurs égalaient celles du jour. Les factionnaires arrivèrent à un tel degré de sécurité, que vers le matin ils cédèrent par intervalles à l'assoupissement. Ils n'avaient pu se rendre compte du temps qui s'était écoulé, lorsque le lever de l'aurore leur permit de regagner leur gîte.

Ce ne fut qu'après la prière du matin que Content, au milieu de la famille assemblée, communiqua les principaux événements de la nuit passée ; il garda le silence sur son excursion dans la forêt, mais il rendit compte de la capture du jeune Indien et de la manière dont il avait organisé une garde pour le salut de la famille. On devine aisément que ces nouvelles causèrent un vif émoi. La physionomie froide et réservée du puritain devint rêveuse. Les jeunes gens parurent grares mais résolus ; les jeunes servantes pâlirent, frissonnèrent et chuchotèrent avec vivacité. La maîtresse de la maison n'ayant rien à apprendre, s'était donné un air d'impassibilité que démentait le trouble de son âme. La petite Ruth et une enfant du même âge nommée Marthe, se serraient contre elle comme pour chercher un refuge dans son sein.

Le vieux capitaine ne manqua pas en cette occasion d'avoir recours à de nouvelles prières ; il appela la miséricorde divine sur les hommes qui cherchaient des victimes dans le désert et que les dons de la grâce pouvaient seuls arracher à la barbarie ; il demanda le secours des lumières célestes et le triomphe de la famille sur tous ses ennemis charnels. Fortifié par ces pieux exercices, le vieux Marc interrogea son fils sur les particularités de l'arrestation du jeune sauvage.

— Tu as agi sagement, lui dit-il ensuite ; mais ta sagesse et ton courage seront encore mis à l'épreuve. Nous savons que les païens s'agitent du côté des plantations de la Providence. Ne nous endormons pas, bien que nous soyons séparés d'eux par plusieurs jours de marche. Amène ton prisonnier, je vais l'interroger sur l'objet de sa visite.

Content reçut avec joie les félicitations d'un père pour lequel il avait encore presque autant de déférence que dans les premières années de sa vie. Il se hâta d'obéir sans s'attendre toutefois au succès de l'épreuve, car il savait que la perfidie et l'inébranlable résolution d'un Indien étaient de nature à rendre inutile toute espèce d'interrogatoire. La clef de la porte basse du blockhaus était suspendue à l'endroit où elle avait été déposée. Content replaça l'échelle et monta tranquillement dans la chambre du prisonnier. C'était la première des trois qui s'élevait au-dessus de ce qu'on pouvait appeler le soubassement. Celui-ci, n'ayant d'autre ouverture que la porte, était un hexagone rempli d'objets qui pouvaient servir en cas d'alarme, et qui étaient employés journellement aux usages domestiques. Au centre était un puits protégé par un mur de pierres, qui contribuait à la solidité de la forteresse de bois et permettait d'amener l'eau dans les pièces supérieures. Les madriers équarris du premier étage surplombaient la base de l'édifice, et ils étaient percés à leur extrémité de quelques meurtrières par lesquelles on pouvait tirer verticalement sur les assiégeants ; d'autres meurtrières, longues et étroites, laissaient pénétrer le jour dans les chambres qu'on avait meublées simplement, mais de manière à offrir un refuge commode à la famille, dans le cas où elle serait menacée. Le belvédère ménagé sous la toiture était éclairé par des fenêtres vitrées; mais il renfermait un canon, dont les indigènes avaient pu voir pendant quelques années la gueule menaçante sortir par l'une des ouvertures, et cet aspect avait sans doute contribué à garantir la sécurité de la vallée. Elle n'avait été troublée qu'une seule fois, mais il avait suffi au vieux Marc de prendre position dans son blockhaus pour intimider l'ennemi et remporter une victoire pacifique, plus en harmonie avec les principes actuels du puritain qu'avec les écarts de sa jeunesse. Après la retraite des assaillants, il avait rendu grâces à Dieu avec sa famille rassemblée autour du canon protecteur; et depuis cette époque cette chambre haute était devenue la retraite favorite du capitaine. Il y montait souvent, même pendant la nuit, pour s'y livrer en secret à ses exercices spirituels, qui formaient la principale consolation et presque la plus grande occupation de son existence. Par suite de cette habitude, le belvédère avait été regardé à la longue comme exclusivement consacré au maître de la vallée. Content y avait placé, les uns après les autres, divers objets, et entre autres un matelas, sur lequel le vieillard s'accoutuma à s'étendre toutes les nuits.

Il y avait dans l'austère piété de Marc Heathcote quelque chose qui favorisait ses méditations d'anachorète. Les jeunes gens de l'habitation éprouvaient pour lui un respect mêlé de terreur, qu'inspiraient son attitude inflexible et son imperturbable gravité. Ce sentiment facilitait l'isolement du puritain, et la violation du sanctuaire qu'il s'était choisi aurait passé presque pour un sacrilége.

L'objet de la visite que faisait Content au blockhaus le dispensait de monter jusqu'au faîte. En soulevant la trappe, il aperçut le jeune Indien calme et les yeux fixés sur la forêt lointaine, où il errait la veille en liberté.

—Enfant, dit-il avec douceur, sors de ta prison. Peu importent les intentions que tu avais en rôdant autour de cette demeure, tu es homme et tu dois connaître les besoins de la nature humaine; viens manger, on ne te fera pas de mal.

Le langage de la commisération est universel; et quoique l'Indien ne sût point l'anglais, le sens des paroles lui fut révélé par leur intonation. Il détourna lentement les yeux du spectacle des bois, pour regarder en face son vainqueur. Celui-ci s'aperçut qu'il s'était exprimé dans une langue inconnue, et par des gestes bienveillants il invita le jeune sauvage à descendre. Ces ordres furent suivis en silence et sans résistance; mais au milieu de la cour la prudence de l'habitant des frontières l'emporta sur sa compassion.

— Apporte des cordes, dit-il à Whital Ring, qui passait pour se rendre aux écuries; si nous voulons garder ce jeune sauvage, il est essentiel de le serrer de près.

L'Indien souffrit tranquillement qu'un de ses bras fût attaché; mais lorsque la corde toucha l'autre, il se dégagea sans effort et jeta les liens avec dédain. Néanmoins cet acte de résistance ne fut suivi d'aucune tentative d'évasion. Le jeune homme avait sans doute supposé qu'on voulait le garrotter, parce qu'on le croyait incapable de supporter la douleur avec le courage d'un guerrier. Dès qu'il fut libre, il se tourna fièrement vers son ennemi, dont ses regards semblèrent braver la colère.

— Soit, dit Content avec calme. Puisque tu n'aimes pas les liens, quoique malgré l'orgueil de l'homme ils soient souvent salutaires, conserve la liberté de tes membres, mais garde-toi bien d'en abuser. Whital, veille à la poterne, et souviens-toi qu'il est défendu d'aller aux champs avant que mon père ait interrogé ce païen.

Là-dessus il conduisit le sauvage dans l'appartement où son père l'attendait. Un des traits caractéristiques des familles puritaines était une discipline domestique invariable. On y apprenait de bonne heure à témoigner par des dehors austères qu'on avait la conscience d'un état de chute et d'épreuve. Comme cette secte voyait dans toute espèce de joie une coupable légèreté, chacun de ses membres prenait pour point de départ de la vertu l'habitude de se commander à lui-même. Mais quel que fût sous ce rapport le mérite particulier de Marc Heathcote et des siens, il devait être surpassé par le sang-froid du jeune homme qui était si singulièrement devenu leur captif.

Nous avons déjà dit que cet enfant des forêts pouvait avoir une quinzaine d'années. Quoiqu'il eût poussé comme une plante vigoureuse et avec la liberté d'un plantard, dont les branches se dressent vers la lumière, sa taille n'avait pas encore atteint celle de l'homme. Ses formes et ses attitudes en faisaient le type d'un enfant plein de grâce, de naturel et d'activité; mais ses membres, malgré la parfaite régularité de leurs proportions, n'annonçaient pas de force musculaire. L'aisance de ses mouvements n'était point contrariée par la roideur factice qui provient des fausses idées de l'âge mûr. Le tronc lisse et arrondi du frêne des montagnes n'est pas plus élancé, plus élégant que l'était le jeune Indien. Le cercle de curieux s'était ouvert à son entrée, et se referma pour lui barrer la retraite. Le sauvage s'avança avec la fermeté d'un homme fait pour juger les autres, et non pour entendre sa propre sentence.

— Je vais le questionner, dit Marc Heathcote. J'arracherai peut-être de ses lèvres l'aveu du mal que lui et les siens ont médité contre moi et les miens.

— Il ne connaît pas notre langue, répondit Content, car les paroles de colère ou d'amitié le laissent également impassible.

— Commençons donc par nous assurer l'assistance de Celui qui a le secret d'ouvrir tous les cœurs.

Le puritain fit alors une prière par laquelle il conjurait le maître du monde de faire en sa faveur une espèce de miracle, en lui servant d'interprète. Après ce préambule, Marc procéda à l'interrogatoire, mais sans aucun résultat visible. Tant qu'il parlait, l'enfant le regardait fixement, pour promener ses regards sur l'assemblée aussitôt que ses paroles avaient cessé de se faire entendre. Il semblait demander à la vue plutôt qu'à l'ouïe la révélation du sort qui lui était réservé. Il fut impossible d'obtenir de lui aucun renseignement sur le but de sa visite équivoque, son propre nom et celui de sa tribu.

— J'ai vécu chez les Peaux-Rouges des plantations de la Providence, dit enfin Eben Dudley. Leur langage ne m'est pas inconnu, quoique ce soit un jargon baroque et déraisonnable. Avec la permission de la société, je vais questionner le jeune homme, de manière à lui donner envie de répondre.

Le puritain, désigné seul par le terme général de société, fit un signe d'assentiment, et Dudley prononça des sons gutturaux et incohérents, sous prétexte de saluer le prisonnier suivant la mode indienne. Celui-ci n'eut pas l'air d'entendre, et son attitude détruisit les idées favorables qu'on avait pu concevoir de la science du boucher.

— C'est un Narragansett, reprit Eben en rougissant de dépit et en lançant au sauvage un regard assez peu courtois ; vous voyez qu'il a des mocassins bordés de coquillages, et qu'en outre il rappelle un chef qui fut tué par les Péquodes dans une affaire à laquelle les chrétiens prirent part, et où je jouais moi-même un rôle.

— Et comment appelait-on ce chef? demanda Marc.

— Il prenait différents noms suivant les circonstances. On l'avait surnommé la Panthère-Bondissante. D'autres l'appelaient l'Invulnérable, et prétendaient que ni balles ni épées ne pouvaient le blesser; erreur que sa mort a complètement démentie. Mais son véritable nom était Miantonimoh.

Quoique la prononciation de ce mot fût loin d'être parfaite, il frappa l'oreille du captif. Ruth recula et serra sa fille contre son cœur en voyant les yeux du sauvage étinceler et ses narines se dilater brusquement; ses lèvres se contractèrent avec plus de force que n'en comportait la gravité indienne, et elles se séparèrent pour donner passage à un murmure doux et plaintif, dont la mère effrayée ne put s'empêcher de reconnaître le charme mélancolique.

— Miantonimoh! répéta-t-il distinctement, mais avec un accent profondément guttural.

— Il pleure son père, s'écria Ruth. La main qui a tué ce guerrier peut avoir fait une mauvaise action.

— Je vois ici les calculs d'une sage Providence, dit le capitaine avec solennité. Ce jeune homme a été privé de celui qui l'aurait retenu dans les chaînes du paganisme, et il a été amené ici pour être placé sur la bonne voie; il habitera parmi les miens, et nous lutterons contre le mal jusqu'à ce que l'instruction l'ait emporté. Qu'on le nourrisse donc également des choses du monde et des choses de la vie spirituelle, car nous ne connaissons pas les intentions de la Providence à son égard.

Il y avait plus de foi que de logique dans l'opinion du vieux puritain; cependant personne n'osa la contredire ouvertement.

Pendant cette enquête, des ouvriers du domaine avaient examiné avec soin les environs. Ils revinrent annoncer qu'ils n'avaient pas aperçu la moindre trace d'embuscade; et comme le prisonnier lui-même n'avait pas d'armes, Ruth commença à croire que les pieuses suppositions de son père n'étaient pas complètement illusoires. On fit prendre au captif quelques aliments, et le vieux Marc allait inaugurer la tâche qu'il avait entreprise par quelque acte de piété, lorsque Whital Ring s'introduisit brusquement dans la salle.

— Prenez les faux et les faucilles, s'écria-t-il. Voilà les cavaliers aux pourpoints de buffle qui envahissent les champs du Crapaud-Volant.

— Je ne m'étais point trompée, s'écria Ruth. Il est certain qu'un danger nous menace.

— En effet, dit Content, des hommes débouchent de la forêt. Mais comme ils sont en apparence de notre race et de notre religion, nous avons plutôt sujet de nous réjouir que de nous alarmer.

Marc Heathcote eut un moment de surprise, et peut-être même d'inquiétude; mais il avait appris à réprimer ses émotions et à tenir ses pensées secrètes. Il ordonna de reconduire le captif en haut du blockhaus, et se prépara à recevoir ses hôtes, dont les chevaux piétinaient déjà dans la cour. Il se présenta pour s'informer de ce qu'ils désiraient.

— Sommes-nous chez le capitaine Marc Heathcote? demanda celui qui paraissait être le chef du détachement, composé seulement de trois cavaliers.

— Je suis le propriétaire de céans.

— En ce cas vous êtes un sujet loyal, et vous ne fermerez pas votre porte aux agents de votre maître.

— Il y en a un autre plus grand qui nous a enseigné l'hospitalité. Veuillez donc mettre pied à terre et accepter tout ce que nous pourrons vous offrir.

Les cavaliers répondirent à cette invitation courtoise, et entrèrent dans la maison, après avoir confié leurs coursiers à la garde des valets de ferme. Pendant que les servantes préparaient un repas, Marc et son fils eurent le temps de dévisager les nouveaux venus. Leur extérieur grave et compassé était en harmonie avec celui des propriétaires du Crapaud-Volant, et certaines particularités de leur costume indiquaient qu'ils étaient soumis à la mode de l'autre hémisphère.

Les puritains, de même que les aborigènes d'Amérique, considéraient l'indiscrétion comme une faiblesse indigne de l'homme. Aussi se gardèrent-ils bien de questionner ceux qui s'étaient annoncés comme officiers du roi. Ce ne fut qu'au dessert que le chef prit la parole en ces termes:

— Connaît-on la faveur que Sa Majesté Charles II vient d'accorder à cette colonie lointaine?

— Pas encore, répondit Marc Heathcote.

— C'est une charte royale, en vertu de laquelle les habitants de New-Haven et du Connecticut pourront se constituer un gouvernement colonial. La liberté de conscience leur est en outre assurée.

— Un don semblable est digne d'un roi. Charles II l'a-t-il vraiment octroyé?

— Sans doute, et sa bienveillance ne s'arrêtera pas là. C'est un bon prince qui n'est pas comme son père le martyr appesanti par l'étude, mais qui se distingue par la vivacité de son esprit.

Marc s'inclina en silence, sans vouloir entamer une discussion sur les qualités de son maître temporel; l'officier désirait évidemment savoir jusqu'à quel point ses éloges étaient agréables à son hôte, mais sa tentative fut déjouée par le flegme du puritain.

— As-tu encore d'autres nouvelles à nous communiquer? dit Content, qui jugea à propos d'intervenir.

— Oui, je suis porteur d'un ordre royal qui m'a été remis par un messager récemment arrivé dans la baie sur une frégate de l'État. J'espère que l'exécution de cet ordre ne rencontrera point d'obstacles de la part d'un sujet aussi fidèle que le capitaine Marc Heathcote.

En disant ces mots, il remit à son hôte un parchemin revêtu du sceau de Charles II.

CHAPITRE VI.

Pendant que le capitaine lisait cet acte, l'étranger fixait sur lui des yeux pénétrants, mais il ne put découvrir aucun signe de trouble sur la physionomie du vieux Marc, qui, après avoir pris connaissance de l'acte, dit tranquillement à son fils :

— Il faut ouvrir toutes les pièces du Crapaud-Volant. Ce cavalier est chargé de faire des perquisitions dans toutes les habitations de la colonie.

Puis se tournant avec dignité vers l'agent de la couronne, il ajouta :

— Tu feras bien d'entrer immédiatement en fonction, car nous sommes nombreux et nous occupons un vaste espace.

L'étranger ne put s'empêcher de rougir, soit qu'il fût honteux de son emploi, soit qu'il fût piqué d'entendre son hôte insinuer qu'on désirait se débarrasser de lui le plus tôt possible.

Toutefois il ne se montra pas disposé à renoncer à son entreprise. Au contraire, il quitta le ton de réserve qu'il avait pris pour mieux sonder les opinions du rigide puritain, et montra une gaieté plus en harmonie avec les inclinations du roi qu'il servait.

— Allons! cria-t-il à ses compagnons. Puisque les portes sont ouvertes, la politesse exige que nous ne fassions pas de difficulté pour entrer. Le capitaine a servi, et il excusera en nous la franche allure des camps, qu'il doit parfois regretter au milieu de cette vie rustique.

— Hum! c'est dommage qu'il ne soit pas plus facile d'aller de ces colonies en Angleterre. Avec tout le respect que je dois à votre âge, mon digne Monsieur, je vous engagerais à profiter de l'occasion. Vous verriez que les idées ont bien changé dans la mère-patrie. Il y a au moins un an que j'ai entendu un homme raisonnable citer une ligne des psaumes ou un verset de saint Paul.

— Ce changement doit être plus agréable à son seigneur terrestre qu'à celui qui est dans les cieux, dit Marc d'un ton sévère.

— Fort bien, dit l'étranger en riant tout à son aise. Je ne te chicanerai pas sur les textes, afin d'éviter le sermon.

Les trois cavaliers partagèrent l'hilarité de l'officier, sans égard pour le caractère des propriétaires du logis. Une tache d'un rouge vif se montra sur la joue pâle du puritain, et disparut aussitôt comme un effet passager du jeu de la lumière. Les yeux de Content lui-même s'enflammèrent; mais il avait, comme son père, l'habitude de l'abnégation et la conscience de ses propres défauts.

— Si tu cherches des proscrits, dit-il d'un ton ferme, si tu as plein pouvoir pour visiter nos habitations, acquitte-toi de ta mission.

La manière dont ces mots furent prononcés rappela à l'officier que, quoique protégé par une commission de Charles Stuart, il était à l'extrémité de l'empire, où l'autorité du roi lui-même perdait un peu de sa valeur. Feignant de reconnaître son indiscrétion, il se mit en devoir d'opérer sa visite domiciliaire.

— On éviterait beaucoup de remue-ménage, dit-il, si l'on assemblait tout le monde dans un lieu déterminé. Le gouvernement de la métropole apprendra avec joie des nouvelles des sujets qu'il possède en ces contrées lointaines. N'as-tu pas pas une cloche pour appeler tes ouailles à certaines heures?

— Nos gens sont encore près d'ici, répondit Content. Puisque tu le désires, personne ne manquera au rendez-vous.

Là-dessus il s'approcha de la porte, et plaçant une conque à ses lèvres, il en tira un de ces sons qu'on entend souvent dans les forêts, et qui rappellent les familles à leurs demeures. Bientôt tous les habitants du Crapaud-Volant furent rassemblés dans la cour.

— Hallam, dit le principal agent du roi en s'adressant à son adjudant, qui avait l'air d'un dragon déguisé, je t'abandonne cette pieuse réunion. Tu peux passer le temps à discourir sur les vanités du monde, dont tu es apte à parler par expérience; tu peux aussi laisser tomber utilement de tes lèvres quelques touchantes exhortations. Mais aie soin que personne ne s'écarte; il faut que tous restent immobiles jusqu'à ce que j'aie fouillé la maison de fond en comble.

Après cette allocution déplacée, l'étranger commença sa visite, précédé par Marc Heathcote, qui en connaissait seul les motifs. Ils se rattachaient sans doute aux événements qui avaient si profondément modifié le gouvernement de la mère-patrie, et le personnage dont on voulait s'emparer était probablement un redoutable ennemi du trône, car la perquisition fut minutieuse. Toutes les grandes habitations construites à cette époque avaient des cabinets secrets où l'on pouvait cacher des objets précieux et même des personnes. Les étrangers semblaient connaître parfaitement la nature et la situation ordinaire de ces retraites. Pas un coffre, pas même un tiroir n'échappa à leur vigilance. Dès que la moindre planche sonnait creux, des explications étaient demandées au maître de la vallée. Deux fois même on enleva des cloisons, et les cavités qu'elles couvraient furent explorées avec une attention qui augmentait en raison directe de l'insuccès.

Les étrangers paraissaient furieux. Ils avaient commencé leurs recherches avec la certitude de réussir, comme on avait pu en juger par l'arrogance du chef et par ses allusions ironiques au royalisme de la famille. Quand il eut parcouru toutes les chambres depuis la cave jusqu'au grenier, sa mauvaise humeur lui fit oublier la discrétion qu'il avait jusqu'alors affichée.

— N'as-tu rien vu, Hallam? cria-t-il à celui qui surveillait la cour. Les traces que nous avons suivies étaient-elles fausses? Capitaine Heathcote, vous avez pris connaissance de mes pouvoirs, et j'ajouterai que l'individu qui nous est signalé.....

Il s'arrêta comme s'il eût outrepassé les lois de la prudence, et demanda à quoi servait le blockhaus sur lequel s'étaient fixés ses yeux.

— C'est, comme tu le vois, une citadelle, répondit le vieux Marc, où l'on peut se réfugier en cas d'invasion des sauvages.

— Ah! les forteresses de ce genre ne me sont pas inconnues, j'en ai vu plusieurs pendant mon voyage, et je n'en ai pas trouvé d'aussi formidables que celle-ci; elle a pour gouverneur un soldat, et pourrait au besoin soutenir un siége. Comme c'est une place importante, il importe d'en pénétrer les mystères.

Content ouvrit la porte sans hésitation, et l'officier du roi entra dans l'édifice.

— J'ai fait des campagnes, s'écria-t-il, les moyens de défense de ce fort sont parfaitement combinés. Tu n'as pas oublié ton art, capitaine Heathcote; mais pourquoi avoir encombré de meubles un poste disposé pour la guerre?

— Tu oublies, répondit Content, que des femmes et des enfants peuvent être obligés d'y chercher un asile.

— Est-ce que les sauvages vous inquiètent? demanda l'étranger avec une certaine précipitation. On m'avait dit qu'il n'y avait rien à craindre de ce côté.

— Qui sait l'heure que choisiront pour se soulever ces êtres indisciplinés? Il est bon de prendre ses précautions.

— Silence! interrompit l'étranger après avoir monté l'échelle; j'entends des pas au-dessus de moi. Holà! maître Hallam, cria-t-il par l'une des meurtrières, rends-toi vite à la tour; il y a de l'ouvrage pour un régiment peut-être, car nous ignorons à quelle espèce d'hommes nous avons affaire.

Hallam appela ses camarades, et tous se précipitèrent vers le blockhaus dans l'espoir d'atteindre enfin la proie qu'ils poursuivaient depuis plusieurs jours.

— Digne serviteur de notre gracieux maître, dit le chef d'un ton d'assurance, mettez-nous à même de grimper là-haut

Content, sans manifester d'émotion, tira par la trappe l'échelle légère et la plaça convenablement. Ensuite il invita du geste les étrangers à monter; mais ils se regardèrent avec hésitation, et aucun d'eux n'osa prendre l'initiative.

— Faut-il nécessairement passer par cette route escarpée? demanda l'officier.

— Assurément, et l'échelle n'est pas difficile, ayant été faite pour des femmes et des enfants.

— Fort bien, murmura l'officier; mais vos femmes et vos enfants ne sont pas chargés d'affronter un républicain farouche, un diable sous la forme humaine. Vos armes sont-elles en bon état, mes amis? Il nous faudra du courage pour appréhender au corps... Écoutez! par le droit divin de Sa Majesté, il y a vraiment quelqu'un là-haut. Conduis-nous, toi qui connais si bien le chemin.

Content obéit sans se déconcerter, et l'agent de la couronne le suivit avec empressement. Les trois autres s'élancèrent sur l'échelle comme des assiégeants qui franchissent une brèche; ils ne s'arrêtèrent que pour se mettre en bataille, la main sur leurs pistolets ou sur le pommeau de leurs épées.

— Qu'est-ce? s'écria le principal personnage. Je ne vois ici qu'un Indien sans armes.

— Que t'attendais-tu donc à trouver? demanda Content.

— C'est mon secret et celui du vieillard qui est en bas. J'ai mes ordres et je puis te les montrer. Le roi Charles ne saurait souffrir que les colonies donnent asile aux hypocrites dont la vieille Angleterre s'est débarrassée. Tu es soupçonné d'avoir reçu un de ces rebelles endurcis, et tu seras forcé d'en convenir, dussions-nous mettre la maison sens dessus dessous. Tu essayerais en vain de nous tromper.

— La fourberie n'est guère pratiquée ici, répliqua Content. Je ne sais qui vous cherchez, et je n'ai point l'intention de vous induire en erreur.

— Tu l'entends, Hallam! il raisonne dans une affaire qui intéresse le salut de l'État! Mais pourquoi cet homme rouge est-il prisonnier? Comment oses-tu traiter en maître les indigènes de cette contrée et les enfermer dans tes donjons?

— J'avoue que cet Indien est captif; mais si je le retiens, c'est pour défendre ma vie.

— J'examinerai ta conduite. Quoiqu'une autre mission m'amène en ce lieu, il est de mon devoir de protéger les opprimés; nous allons peut-être, Hallam, faire des découvertes dignes d'être communiquées au conseil des ministres.

— Ce qui s'est passé dans ce domaine, répondit Content, ne mérite guère d'occuper les hommes auxquels sont confiées les destinées d'une nation. Ce jeune païen a été trouvé la nuit dernière aux environs de notre demeure, et si nous le gardons, c'est pour qu'il n'aille pas faire son rapport à ses compatriotes, qui épient le moment de nous attaquer.

— Que dis-tu? s'écria vivement l'officier en pâlissant malgré lui. Les sauvages seraient-ils cachés dans la forêt?

— C'est presque certain. Un enfant comme celui-ci s'éloigne rarement des guerriers de sa tribu, et ce qui prouve qu'il est leur émissaire, c'est qu'on l'a trouvé en embuscade.

— J'espère au moins que tes gens sont en armes, qu'ils sont pourvus de munitions, et que les palissades sont solides.

— Nous ne nous endormons point, car sur les frontières nous sommes exposés à être attaqués d'un moment à l'autre. Des hommes sûrs sont restés en faction toute la nuit, et nous aurions déjà poussé une reconnaissance dans les bois, si ta visite n'avait contrarié nos projets.

— Et pourquoi parles-tu si tard de cet incident? demanda l'agent du roi en descendant l'échelle avec la rapidité d'un homme inquiet. La prudence n'exige point de retard. Je m'engage à ordonner tout ce qui est nécessaire à la protection des habitants plus faibles qui peuvent se trouver en ce pays, et je vais m'en occuper de ce pas. Nos chevaux sont-ils repus, Hallam? Le devoir nous rappelle au cœur de la colonie. Allons, enfants, préparez tout pour le départ.

Les trois soldats ne manquaient pas de bravoure, mais ils ne pouvaient se défendre d'une vague terreur en songeant à ces sauvages mystérieux et terribles. Pendant qu'ils s'apprêtaient à fuir, leur chef changea tout à coup de langage et d'allure; il montra de la courtoisie pour tout le monde et presque du respect pour le vieux puritain; il fit même des excuses à Marc en lui disant qu'il fallait comprendre jusqu'à quel point une manière d'agir imposée par de secrètes obligations pouvait s'écarter des règles ordinaires; mais ni Marc ni son fils ne tenaient assez à leurs hôtes pour leur faire répéter des explications qui mettaient dans l'embarras ceux qui les donnaient et qui étaient parfaitement inutiles aux auditeurs.

Quoique pressés de s'éloigner, les étrangers ne se souciaient point de s'aventurer dans la forêt avant d'avoir la preuve convaincante qu'elle ne recélait point d'ennemis. Ils engagèrent donc leurs hôtes à faire une battue comme ils en avaient manifesté l'intention. En conséquence, la maison fut confiée à la garde du puritain, ayant sous ses ordres la moitié des ouvriers de la ferme et les Européens, dont le chef déclara formellement qu'il était toujours prêt à risquer ses jours en rase campagne, mais qu'il éprouvait une répugnance insurmontable à combattre au milieu des taillis. Content, Eben Dudley, Reuben Ring et deux autres jeunes gens, tous bien armés quoique à la légère, pénétrèrent dans la forêt en marchant avec les précautions qu'exigeait la nature du danger. Ils décrivirent un circuit autour de la partie défrichée en étendant leur ligne aussi loin qu'ils pouvaient le faire sans s'isoler les uns des autres. Tous leurs sens étaient en éveil, et cependant leur perquisition fut aussi inutile que celle qui avait été faite dans la maison : ils ne trouvèrent d'autres traces que celles des quatre agents du roi et de l'inconnu dont ils avaient reçu la visite.

— Voici l'indice de son départ, dit tout à coup Reuben Ring à voix basse; l'empreinte est dans une direction opposée à celle de la ferme, et elle est faite par des sabots ferrés, tandis que tous nos chevaux ont la corne nue.

— Suivons cette piste, dit Content.

Les éclaireurs firent quelques pas et aperçurent bientôt la carcasse démembrée d'un cheval. Les bêtes fauves en avaient dévoré les chairs encore fraîches; mais à la couleur du poil, aux débris de l'équipement, il était facile de reconnaître l'infortuné quadrupède sur lequel était venu l'hôte mystérieux.

— Ce morceau a été entamé par les loups, dit Eben Dudley après s'être penché pour examiner une blessure faite au cou du cadavre : cette autre tranche a été enlevée avec un couteau, mais je ne saurais dire si c'est par un homme rouge ou par un blanc.

Le cheval mort fut l'objet de la curiosité générale, mais sans que cet examen aboutît à aucun résultat. Seulement il fut constaté que c'était bien le coursier de l'inconnu. Qu'était devenu celui-ci? rien ne le faisait soupçonner. Les batteurs d'estrade poursuivirent leur marche, et ne songèrent au retour qu'à la nuit tombante. Ruth, en embuscade auprès de la poterne, jugea sur la physionomie de son époux que les alarmes de la veille n'étaient pas confirmées, mais qu'en même temps aucune circonstance nouvelle n'établissait qu'elles fussent dénuées de fondement.

CHAPITRE VI.

Le rapport fait à la famille assemblée ne rassura pas complètement les Européens ; ils ne parlèrent plus de partir, quoiqu'ils eussent évidemment renoncé à l'objet primitif de leur expédition. Au contraire, le chef entra en pourparlers avec Marc Heathcote, et lui demanda la permission de s'installer pour quelque temps dans le blockhaus, à la défense duquel, disait-il, les rendait propres leur habitude de discipline militaire. On fut obligé de les laisser faire, et ils s'établirent dans la chambre du premier étage. Une garde régulière fut organisée aux palissades, mais elle revit poindre le jour sans que la tranquillité eût été troublée.

Le soleil se coucha et se leva trois fois sur le domaine du Crapaud-Volant, et la paix ne cessa d'y régner. Les émissaires de Charles II reprirent courage par degrés, et vers le soir du troisième jour, leur chef vint annoncer à Marc Heathcote qu'ils allaient enfin se mettre en route.

— J'ai fait la guerre en Europe, dit-il, et j'ai cru devoir t'accorder le secours de mon expérience tant que ta demeure a été menacée par les sauvages. Il me siérait mal de me vanter ; mais si l'heure du combat avait sonné, j'aurais su défendre vaillamment le blockhaus ! Je dirai à ceux qui m'ont envoyé que Charles II a dans le capitaine Marc Heathcote un loyal et dévoué serviteur. Des bruits mensongers qui proviennent de quelque méprise nous avaient amenés jusqu'ici ; mais nous nous chargeons de les dissiper. De ton côté, si l'on te demande des détails sur la dernière alerte, j'espère que tu n'oublieras pas de signaler l'empressement avec lequel nous t'avons rendu service.

— Je ne dis jamais de mal de mes semblables, répondit le puritain, et je ne dissimule jamais ce qui est à leur avantage. Tant que tu as voulu rester parmi nous, tu as été le bienvenu ; si ton devoir t'appelle ailleurs, que la paix soit avec toi ! Il est bon de te joindre à nous pour demander à Dieu de veiller sur toi spécialement, pendant ton voyage à travers le désert...

— Non ! non ! je suis trop pressé, répliqua l'officier d'un ton léger, il faut que je dirige en personne les mouvements de ma petite troupe ;

mais que cela ne t'empêche pas, digne capitaine, de prier pour nous pendant que nous serons en selle. Nous ne nous en trouverons pas plus mal, et l'allure de nos chevaux n'en sera pas ralentie.

En disant ces mots, l'étranger salua son hôte d'un air à la fois grave et dégagé; car le mépris habituel qu'il avait pour les choses sérieuses était combattu par le respect qu'un homme comme le puritain devait infailliblement inspirer.

Tous les habitants du Crapaud-Volant virent avec une joie intérieure la disparition des étrangers. Les jeunes filles elles-mêmes furent enchantées d'être débarrassées d'inconnus aussi frivoles et aussi indifférents en matière de religion.

Les jours suivants s'écoulèrent sans alarmes. Jusqu'à la fin de la saison, les troupeaux purent être impunément conduits dans les champs les plus éloignés. L'inquiétude causée par les sauvages et la visite des envoyés de Charles II n'étaient plus, aux approches de l'hiver, qu'à l'état de tradition, et fournissaient un aliment aux joyeuses causeries du foyer. Cependant il existait dans la famille un vivant souvenir des événements que nous avons racontés.

Le vieux Marc Heathcote s'imaginait qu'il existait chez tous les hommes, à l'état latent, des germes de régénération spirituelle. Aussi avait-il entrepris la conversion du jeune Indien, que l'on ne manquait jamais de faire venir à l'heure de la prière, et qu'on traitait avec une infatigable bienveillance, tout en le surveillant de près. Mais on essaya vainement de donner au sauvage quelques-unes des habitudes de l'homme civilisé. Lorsque le froid devint plus vif, Ruth essaya de lui faire adopter les vêtements qui semblaient indispensables à des hommes plus vigoureux et plus endurcis. On lui prépara des habits arrangés de manière à le séduire, et l'on employa tour à tour les instances et les menaces pour le décider à s'en couvrir. Un jour même, Eben Dudley, après l'avoir habillé de force, le conduisit en présence du capitaine, qui adressa au ciel une prière spéciale, afin que le jeune homme pût comprendre les avantages de cette concession faite aux principes des chrétiens. L'expérience ne réussit point; une heure après, l'Indien avait repris sa couverture bigarrée et ses jambières de peau de daim. Eben Dudley affirma cependant que la prière inspirée par la circonstance aurait suffi pour faire cesser la nudité d'une tribu tout entière.

Toutes les épreuves tentées dans le même sens démontrèrent combien il est difficile de soumettre un individu élevé dans l'indépendance à la contrainte exigée par un ordre de choses dont on vante toutefois la supériorité. Toutes les fois que le prisonnier fut maître de ses actions, il repoussa dédaigneusement les usages des blancs, et persista dans ceux de ses compatriotes avec une opiniâtreté presque héroïque. Il évitait de prendre part aux divertissements des enfants, et lorsqu'on le laissait errer dans la cour, il passait des heures entières à regarder les interminables forêts où il était né. Il ne lui était pas permis de s'en approcher, depuis qu'ayant été conduit dans les champs, il avait tenté de s'enfuir, et qu'il avait soumis à une épreuve des plus rudes l'agilité d'Eben Dudley et de Reuben Ring. Lorsque les ouvriers sortaient, le captif était invariablement installé dans sa prison, où l'on supposait que pour le dédommager de sa détention, il avait de longues communications avec Marc Heathcote.

Ruth s'était efforcée de capter la confiance de l'Indien et de lui enseigner des occupations capables de le distraire; mais il ne voulait point s'exposer à oublier son origine. Il semblait comprendre les bonnes intentions de sa douce maîtresse, profondément touchée du chagrin qu'il exprimait avec une silencieuse éloquence. Il se laissait parfois emmener par la mère au milieu du joyeux cercle de la famille; mais il y conservait son indifférence, et se hâtait de retourner aux palissades, son poste d'affection. Malgré cette antipathie pour la société des blancs, on s'apercevait à certains indices qu'il avait appris insensiblement leur langue. Ainsi, quand on parlait de lui, ses yeux noirs s'animaient d'un rayon d'intelligence; et par intervalles on y voyait une expression de colère et d'orgueil humilié, pour peu qu'Eben Dudley s'avisât de raconter les victoires des blancs sur les indigènes. Le puritain suivait avec intérêt les développements graduels de cet esprit inculte. Il les considérait comme une ample indemnité de ses pieux travaux, et ils lui faisaient oublier la répugnance qu'il éprouvait, malgré son zèle, à tenir dans les fers un enfant qui, en définitive, ne lui avait causé aucun préjudice.

A l'époque où se passe cette histoire, le climat des colonies différait essentiellement de celui que nous connaissons. La neige tombait en abondance dans la province du Connecticut, et finissait par couvrir le sol d'un épais manteau. Des dégels accidentels et des pluies d'orage auxquels succédait la froide bise du nord-ouest, contribuaient à former un verglas compacte, sur lequel on pouvait glisser en traîneau comme sur la surface d'un lac glacé. Les bêtes fauves étaient alors réunies par la faim dans certains endroits des bois, où elles devenaient la proie d'habiles chasseurs, tels qu'Eben Dudley et Reuben Ring. Le jeune Indien surveillait toujours avec le plus touchant intérêt les préparatifs de ces parties, et il passait des journées entières aux meurtrières de sa prison, pour écouter les détonations lointaines des fusils. Il ne sourit qu'une seule fois pendant une captivité de plusieurs mois, ce fut en examinant la gueule ensanglantée et les griffes acérées d'une panthère qui était tombée sous les coups de Dudley. La patience et la dignité avec laquelle le sauvage supportait son sort avaient éveillé la compassion de tous les colons, et ils l'auraient volontiers conduit à la chasse, s'il avait été possible de le faire sans inconvénient. Dudley s'était même offert à le mener comme un chien en laisse; mais c'eût été lui imposer une humiliation incompatible avec les sentiments d'un guerrier indien.

Émue par les aspirations du captif, Ruth essaya d'en obtenir la promesse qu'il reviendrait à la fin du jour, si on lui permettait de se joindre aux chasseurs. Elle était convaincue qu'il avait appris l'anglais, quoiqu'il ne se mêlât jamais aux occupations de la famille, et qu'il écoutât rarement la conversation. Cependant il n'eut pas l'air de comprendre les propositions de Ruth, et ce fut en vain qu'elle le conjura dans un langage affectueux de lui accorder un signe d'intelligence. Ruth désespérée avait donc renoncé à son projet, lorsque le puritain, qui avait silencieusement observé les efforts de sa bru, annonça qu'il avait confiance dans la probité du jeune homme, et qu'il lui permettrait d'accompagner la première bande qui sortirait des habitations.

La cause de ce brusque changement dans les idées du capitaine fut un mystère comme la plupart des mouvements de son cœur. En écoutant parler Ruth, il avait paru sympathiser avec ses efforts, mais il espérait que son jeune captif serait un jour l'instrument de la conversion de toutes les tribus, et leur salut futur avait trop d'importance pour le sacrifier témérairement, en courant les risques d'une évasion. Il était donc impossible de deviner pourquoi le puritain avait si brusquement renoncé à une surveillance rigoureuse. Peut-être, disaient les uns, a-t-il reçu du ciel un mystérieux avertissement; peut-être, prétendaient les autres, veut-il juger des résultats qu'il a obtenus, en abandonnant son jeune élève à lui-même. Tous étaient d'avis que si le captif rentrait, ce serait un véritable miracle. Néanmoins la résolution de Marc était prise, sans doute après bien des combats spirituels qu'il avait livrés dans sa retraite accoutumée. Un éclair de plaisir impossible à comprimer illumina les traits sombres du captif, lorsque Ruth lui mit entre les mains l'arc de son propre fils, et qu'elle lui fit entendre par des signes et des paroles qu'il avait la permission d'aller dans la forêt. Mais cette expression de plaisir disparut aussi vite qu'elle était venue. Il reçut les armes plutôt comme un chasseur accoutumé à s'en servir, que comme un homme aux mains duquel elles avaient été si longtemps étrangères. Lorsqu'il franchit les portes du Crapaud-Volant, les servantes de Ruth se groupèrent autour de lui, étonnées de voir libre celui qu'on avait gardé si longtemps et avec tant de soin. Malgré la confiance qu'on avait dans la haute sagesse du puritain, on présumait généralement qu'on voyait pour la dernière fois le jeune homme, dont la présence était si nécessaire à la sécurité de tous. Il ne semblait pas ému lui-même. Cependant en mettant le pied sur le seuil de l'habitation, il regarda Ruth et ses enfants avec une sorte d'intérêt, puis ses regards redevinrent vagues et froids. Il prit l'air calme d'un guerrier indien, et suivit d'un pas agile les chasseurs qui étaient déjà dans la campagne.

CHAPITRE VIII.

Les poètes, pour se conformer à des désirs naturels, ont donné au printemps une réputation qu'il mérite rarement. Quoique leur imagination se soit exercée sur les tièdes haleines, les tapis de fleurs et les brises odoriférantes de cette saison, elle n'en est pas moins presque partout assez rude et assez capricieuse. C'est la jeunesse de l'année, et comme ce temps d'épreuve de la vie, elle ne contient guère le bien qu'en espérance.

Dans cette période perfide dont le développement lent et variable nous induit souvent en erreur, il y a une opposition constante entre l'attente et la réalité.

Ainsi, quoiqu'on fût au moins d'avril le jour où l'Indien suivit les chasseurs, les rigueurs de l'hiver étaient brusquement revenues. La neige avait succédé au dégel, et l'âpre vent du nord-ouest avait flétri les fleurs naissantes. Le sol glacé offrait une surface si ferme que le pied le plus lourd n'y laissait point de traces. Plusieurs heures se passèrent sans qu'on eût des nouvelles des chasseurs. On entendait parfois les détonations retentir sous les arceaux des bois et rouler d'échos en échos. Mais ces indices de la présence des chasseurs diminuèrent insensiblement, et avant midi la forêt était replongée dans son silence morne et solennel.

Cette circonstance était trop commune pour causer la moindre préoccupation. Ruth travailla tranquillement au milieu de ses femmes, et, si elle pensa par intervalles à ceux qui erraient loin d'elle, ce fut parce qu'elle leur préparait de quoi les sustenter après un long jour de fatigue.

— Ton père nous remerciera de nos soins, dit-elle à sa jeune image en tirant des provisions du garde-manger. La maison est plus agréable après une longue course.

— Marc doit être déjà bien las, répondit la jeune Marthe; il est bien petit pour aller dans le bois avec des chasseurs aussi grands que Dudley.

— Le païen est du même âge que Marc, ajouta Ruth, la seconde fille. Il serait possible qu'il ne revînt jamais parmi nous.

— Cela affligerait notre vénérable père, car tu sais, Ruth, qu'il a l'espoir de dompter cette nature sauvage. Mais le soleil descend, et la soirée devient aussi froide qu'en hiver. Va à la poterne, et regarde si tu aperçois ton père dans les champs.

Pendant que l'enfant accomplissait cet ordre, Ruth monta dans le blockhaus et elle examina les environs. L'ombre des arbres s'allongeait déjà sur la vaste nappe de neige glacée, et le refroidissement subit de la température annonçait l'approche rapide de la nuit. C'était l'heure à laquelle revenaient d'ordinaire les chasseurs, et la jeune femme commença à s'inquiéter. De légères observations qu'elle avait faites tendaient à justifier ses alarmes. Le bruit des armes à feu s'était fait entendre dès le matin dans diverses directions, preuve certaine que les chasseurs s'étaient séparés dans la forêt. Il n'était pas difficile à l'imagination d'une femme et d'une mère qui éprouvait aussi pour l'un des chasseurs une affection fraternelle, de se représenter les dangers sans nombre auxquels étaient exposés d'ordinaire les héros de ces expéditions.

— Je crains que la chasse ne les ait entraînés trop loin de la vallée, dit Ruth à ses servantes, car le plus grave devient irréfléchi comme un enfant lorsqu'il est emporté à la poursuite du gibier... Mais quelles plaintes indiscrètes ! En ce moment peut-être mon mari s'efforce de réunir ses hommes afin de revenir ici. N'a-t-on pas entendu sa trompe sonner le rappel?

— Les bois sont muets, répondit Foi; j'ai cru un moment entendre chanter Dudley, mais c'était tout simplement un de ses bœufs qui mugissait.

— Tu plaisantes toujours ce pauvre garçon, répondit Ruth, avec une légèreté malséante. Quoiqu'il ait des allures un peu lourdes, ne pourrais-tu le traiter un peu plus favorablement?

— Je ne fais pas attention à ses allures, repartit Foi, jeune sœur de Reuben Ring; mais n'est-ce pas lui-même qui descend la colline par le chemin du verger?

— C'est évidemment quelqu'un de la bande. Va à la poterne et fais-le entrer. J'ai ordonné qu'on tirât les verrous, car il ne fallait pas laisser ouvertes à cette heure les portes d'une forteresse qui n'a qu'une garnison de femmes. Je vais veiller aux préparatifs du souper, car nous ne tarderons pas à revoir le reste de la troupe.

Foi obéit et arriva à la poterne au moment où Dudley frappait à coups redoublés.

— Doucement, maître Dudley ! dit la jeune fille. Nous connaissons la puissance de ton bras. Cependant tu n'es pas un Samson, pour renverser sur nous les poteaux.

— Ouvre, dit le boucher, et nous causerons plus à notre aise.

— Avant de t'admettre, dit la jeune fille en ouvrant la porte, j'aurais dû te demander compte de tes écarts de la journée. Je suis sûre que tu as mangé plus que ta part des provisions, et que tu as laissé tuer le daim par Reuben Ring.

— Tes plaisanteries sont hors de saison, reprit Dudley, et je n'ai pas le temps d'y répondre. Il faut que je parle sans retard au capitaine ou à son fils.

— Tu peux parler au capitaine, pourvu qu'il consente à t'écouter ; mais si tu veux conférer avec son fils, tu feras bien de rester à la porte : car il n'est pas encore de retour.

— Pas encore de retour! s'écria Dudley d'un air étonné.

— Tu es le premier des chasseurs que nous ayons vu ; si tu crains

Le puritain Marc Heathcote

quelque chose pour les autres et pour nous, va vite avertir Madame.

— C'est inutile, murmura Dudley après avoir rêvé un moment. Reste en sentinelle, ma chère Foi, pendant que je vais retourner au bois. Un signal de ma conque, un appel de ma voix peuvent hâter le retour de nos amis.

— Quelle folie, Dudley! songes-tu bien à sortir seul à cette heure avancée, surtout s'il y a quelque danger?

— Ah! j'entends marcher dans la prairie. La neige craque; ils ne tarderont pas.

Malgré cette affirmation, le jeune homme, au lieu d'aller à la rencontre de ses compagnons, recula d'un pas et tira lui-même le verrou que Foi l'avait prié de fermer. En même temps il laissa tomber une barre de bois mobile qui contribuait à la solidité de la poterne. Les alarmes qui avaient pu déterminer à prendre ces mesures étaient au reste peu motivées, car avant qu'il eût eu le temps de réfléchir, la voix de Content se faisait entendre au dehors. Les chasseurs entrèrent chargés de venaison, pendant que Foi s'éclipsait pour aller avertir sa maîtresse.

On conçoit la satisfaction qu'éprouva Ruth en revoyant son mari et son fils. Les mœurs sévères du Connecticut n'admettaient point de manifestation extérieure des émotions passagères; cependant une joie secrète faisait briller les yeux et colorait les joues de cette femme aimante. Après avoir interrogé les chasseurs sur leurs exploits, elle demanda des nouvelles du jeune Indien.

— Il doit être ici, dit Content; il nous accompagnait lorsque nous sommes sortis de la forêt. Je lui adressais des éloges pour le féliciter de l'adresse avec laquelle il avait découvert les bouges où se cache le daim.

— J'ajouterai, dit Reuben Ring, qu'il était auprès de moi lorsque nous avons traversé le verger, et je serais prêt à le jurer sur l'Évangile, si ce n'était un péché de faire un serment solennel dans une affaire aussi peu importante.

Malgré ces assertions, l'absence de l'Indien était positive, et elle jeta la consternation dans l'assemblée, tant était grande la terreur qu'inspiraient les sauvages.

— Peux-tu nous donner de ses nouvelles? demanda Content à Dudley, qui semblait distrait et préoccupé; tu nous as quittés pendant quelque temps sur le versant de la montagne.

— En effet, répondit le boucher; mais le sauvage ne m'accompagnait pas, et je puis affirmer qu'il n'était pas du nombre de ceux auxquels j'ai ouvert la porte.

— Tu n'as aucun renseignement sur le jeune homme? demanda Ruth alarmée.

— Aucun. Depuis la chute du jour, je n'ai pas rencontré d'être vivant; à moins qu'on n'appelle ainsi un personnage mystérieux que j'ai trouvé dans la forêt.

Dudley prononça ces paroles avec tant de gravité, qu'il excita une curiosité générale, et que, pour lui demander des explications, on oublia un moment le principal objet de l'entretien. Il allait parler, lorsque Marc Heathcote entra dans la salle, et s'assit après avoir fait lentement le tour du cercle silencieux et attentif

CHAPITRE IX.

Fidèle narrateur de cette histoire nationale, il est de notre devoir de n'oublier aucune des circonstances propres à jeter quelque lumière sur le caractère de nos personnages. Nous croyons donc nécessaire de faire une courte digression, pour rappeler que les hommes de cette époque étaient sous l'influence de certaines idées religieuses toutes particulières. Aussi l'allusion qu'avait faite Eben Dudley fut-elle prise au sérieux par tous ses auditeurs, et on le pressa de s'expliquer, après avoir attendu respectueusement que le capitaine fût installé. Le boucher promena ses regards autour de lui, les arrêta quelque temps sur les yeux noirs de Foi, qui l'observait d'un air ironique, puis il s'exprima en ces termes :

— Vous savez qu'arrivé sur le sommet de la montagne, nous avions étendu notre ligne afin de ne laisser échapper ni ours, ni daim, ni élan. Pendant les deux premières heures, je vis plusieurs pistes entrelacées qui ne conduisaient à rien; mais tout à coup un magnifique daim partit du milieu d'un taillis, et je fis environ deux lieues à sa poursuite dans la direction du désert.

— Et dans ce trajet, tu n'as pas trouvé d'occasion de l'ajuster? demanda Content.

— Pas du tout ; s'il s'en était présenté une occasion, j'aurais eu l'audace de la saisir.

— Qu'avait donc ce daim d'extraordinaire qui pût le préserver de la balle d'un chasseur?

— Il y avait en lui des singularités capables d'inspirer à un chrétien de sérieuses réflexions.

— Fais-nous-en une description exacte, s'écria Content avec une animation inusitée, pendant que les jeunes gens et les jeunes filles se rapprochaient en témoignant une vive émotion.

Dudley réfléchit un instant avant d'entamer la partie merveilleuse de son récit.

— Premièrement, dit-il, on ne remarquait aucune piste autour de l'endroit d'où l'animal était parti; en second lieu, quand il se leva, loin d'avoir l'air inquiet, il se mit à faire des bonds joyeux en se tenant toujours hors de portée, mais sans se dérober à ma vue. Il me mena ainsi sur la cime d'un tertre, où il aurait été facile de viser un animal de taille beaucoup moindre. Tout à coup... N'avez-vous pas entendu un bruit étrange dans la saison des neiges?

Les auditeurs se regardèrent avec curiosité, et essayèrent de se rappeler quelque son inaccoutumé qui vînt à l'appui d'un récit où commençait à prédominer l'attrait du merveilleux.

— Est-il bien sûr, Charité, que le hurlement que nous avons entendu partir de la forêt fût celui d'un chien battu? demanda une servante de Ruth à sa compagne, qui semblait également disposée à témoigner en faveur de toute légende dramatique.

— C'était peut-être autre chose?

— Les échos répétèrent un bruit pareil à celui de la chute d'un arbre, dit Ruth d'un air pensif. Je me souviens que j'ai demandé si quelque bête fauve n'avait pas provoqué une décharge générale de mousqueterie; mais mon père fut d'avis que c'était un chêne qui tombait sous le poids des ans.

— A quelle heure est-ce arrivé? dit Dudley.

— C'était vers le déclin du jour.

— C'est bien cela, mais le tumulte ne provenait pas de la chute d'un arbre. Il avait retenti dans les airs, bien au-dessus de toutes les forêts. Si des gens plus habiles que moi avaient été là...

— Ils auraient dit qu'il tonnait, interrompit Foi Ring, qui, contrairement au reste de l'auditoire, n'avait guère la qualité exprimée par son nom. En vérité, Eben Dudley a fait des merveilles dans cette chasse. Il a reçu un coup de tonnerre sur la tête, et n'a pas apporté de daim sur les épaules.

— Parle respectueusement de ce que tu ne comprends pas, jeune fille, dit Marc Heathcote d'un ton sévère. Les prodiges se manifestent également aux ignorants et aux hommes instruits, et quoique des philosophes vaniteux affirment que la lutte des éléments tient à des causes purement physiques, nous savons toutefois par d'anciens textes que des puissances surnaturelles y prennent part. Satan peut disposer des arsenaux de l'air et de l'artillerie des cieux. Un des plus sages écrivains de notre siècle a démontré que le prince des ténèbres était pour beaucoup dans la composition de ce qu'on appelle en chimie l'or fulminant.

Personne n'osa contredire une déclaration qui annonçait tant de science. Foi se cacha à la hâte au milieu de l'essaim des servantes craintives, et Content, après un moment de silence, invita le boucher à continuer.

— Pendant que je cherchais l'éclair qui aurait dû accompagner le coup de tonnerre, s'il avait été naturel, le daim disparut, et je me trouvai brusquement en face d'un homme qui était monté sur le tertre par le versant opposé. Il avait l'extérieur d'un voyageur qui se rend à travers le désert aux établissements lointains de la Baie ; mais n'est-il pas surprenant que cette rencontre ait été amenée par un daim ?

— As-tu revu cet animal ?

— Au premier moment, il me sembla le voir s'enfoncer dans les fourrés ; mais c'était sans doute une illusion. Il est plus probable qu'il s'est éclipsé, après avoir rempli sa commission.

— Et l'étranger, qu'a-t-il fait ?

— Il est entré en conversation avec moi. Il m'a raconté que les chrétiens qui habitent le bord de la mer étaient soumis à de cruelles épreuves, et que l'esprit du mal s'y manifestait d'une manière horrible. Il m'a parlé de certains signes qui présageaient la persécution des croyants par les invisibles, entre autres du grand nombre de temples que la foudre avait frappés pendant l'été dernier.

— Le pèlerinage des justes dans ces déserts, dit Marc Heathcote d'une voix imposante, devait exciter l'envie des démons que notre persistance désespère. Ayons recours à la seule arme qui soit entre nos mains pour les combattre; lorsqu'on l'emploie avec zèle, elle ne manque jamais d'assurer la victoire.

En disant ces mots, sans attendre la suite du récit, le vieux Marc se leva, et se redressant suivant l'usage de sa secte, il se prépara à implorer la miséricorde divine. Il entr'ouvrait les lèvres, lorsqu'un murmure pareil aux vibrations d'un instrument à vent vint frapper d'étonnement la famille assemblée. Il semblait partir de la poterne, à laquelle était suspendue une trompe, à l'usage de ceux que le hasard ou leurs occupations retenaient dans les champs après la fermeture des portes. L'effet qu'il produisit fut instantané. Les jeunes gens coururent à leurs armes, tandis que les femmes se serraient les unes contre les autres comme un troupeau de biches effarouchées.

— C'est certainement un signal du dehors ! dit Content lorsque le bruit se fut perdu dans les recoins de l'édifice. C'est quelque chasseur égaré qui demande l'hospitalité.

Eben Dudley secoua la tête comme s'il n'eût pas été de cet avis; mais quoiqu'il eût pris son fusil, il parut en proie à l'irrésolution. Elle aurait pu durer longtemps, si la trompe n'avait de nouveau retenti avec plus d'éclat et plus de force, ce qui annonçait qu'elle était embouchée par un homme habitué à s'en servir. Le puritain ordonna à son fils d'aller voir de quoi il s'agissait, et celui-ci, qui s'était déjà levé, s'achemina vers la poterne avec Dudley et Reuben Ring.

— Qui sonne à ma porte? demanda Content après avoir placé ses deux compagnons derrière un monticule de terre élevé pour défendre l'entrée; qui vient troubler une famille paisible à cette heure de nuit?

— Un homme qui a besoin de ce qu'il demande, répondit l'inconnu. Ouvre sans crainte, maître Heathcote, c'est un compatriote, un coreligionnaire qui réclame cette faveur.

— Entre, dit Content sans hésitation, et sois le bienvenu, puisque tu es chrétien.

Un homme de haute taille, enveloppé d'un grand manteau, se courba immédiatement sous le linteau de la poterne, et s'arrêta à quelque distance, pendant que les jeunes gens, sous les ordres de leur maître, replaçaient avec soin les barres et les verrous. Content rejoignit son hôte, et après avoir fait d'inutiles efforts pour l'examiner à la lueur des étoiles, il dit avec sa tranquillité ordinaire :

— Tu dois avoir froid et faim ; il y a loin de cette vallée à l'habitation la plus voisine, et l'on doit être épuisé de fatigue après avoir fait un si long voyage par une saison aussi rigoureuse. Suis-moi, et dispose de tout ce que nous avons comme si c'était à toi.

L'étranger ne répondit que par un salut, et s'avança d'un pas tranquille, sans témoigner l'impatience qu'on aurait pu attendre d'un homme qui avait parcouru une route aussi pénible.

— Voici une chambre bien close, ajouta Content en introduisant son hôte au milieu de la famille inquiète, bientôt nous te donnerons de quoi te rassasier.

Lorsque l'étranger se trouva en pleine lumière, exposé à tant de regards, il éprouva un moment d'hésitation, puis s'approchant avec calme, il se débarrassa du manteau qui lui cachait le visage, et l'on reconnut les traits sévères et les formes athlétiques de celui qui avait déjà visité l'habitation, et qui en était sorti si mystérieusement. Le puritain, qui s'était levé gravement pour recevoir le visiteur, parut saisi d'une émotion inaccoutumée.

— Marc Heathcote, dit l'étranger, ma visite est pour toi. Sera-t-elle aussi courte ou plus longue que la dernière, cela dépend de la manière dont tu recevras les nouvelles que j'apporte. Il est de la plus grande importance que tu m'écoutes sans le moindre retard.

Les assistants eurent à peine le temps de remarquer la surprise du capitaine : il reprit presque aussitôt son expression habituelle de réserve, et fit signe à l'étranger de le suivre dans une autre pièce, en lui témoignant la confiance qu'inspire un ami. L'inconnu salua Ruth en passant, et entra dans la chambre choisie pour une entrevue qui devait évidemment être secrète.

CHAPITRE X.

La compagnie n'eut guère qu'une minute pour observer cet hôte inattendu. Cependant on put voir que ses pistolets massifs étaient encore à sa ceinture, ainsi que le poignard à manche d'argent qui avait autrefois séduit le jeune Marc.

— Il a encore ses armes, s'écria l'enfant. Je voudrais qu'il les laissât à mon grand-père, et je repousserais loin d'ici le perfide Wampanoag.

— Tu ne songes qu'à la guerre, au lieu de profiter des leçons de paix qu'on te donne! dit Ruth, qui s'était remise à son travail avec un calme propre à rassurer les domestiques.

— Est-ce un péché de désirer une arme pour vaincre nos ennemis et pour rendre à ma mère la sécurité?

— Ta mère ne craint rien, repartit Ruth en remerciant son fils par un regard furtif. La raison m'a déjà prouvé combien on avait tort de s'alarmer parce qu'on frappait le soir à notre porte. Déposez vos armes, mes amis; vous voyez que mon mari n'a déjà plus les siennes. Soyez sûrs qu'il nous avertirait s'il appréhendait quelque danger. Seulement, allez jeter un coup d'œil sur les palissades de l'ouest : vous y trouverez peut-être l'Indien honteux d'être en retard, et n'osant demander à entrer. Je ne puis croire que cet enfant veuille nous abandonner sans nous avoir dit adieu.

— Je ne saurais dire, répondit Eben Dudley, s'il se croit tenu d'agir avec beaucoup de cérémonie envers le maître de la vallée; mais s'il n'est pas déjà parti, il s'en ira certainement un de ces jours aussi aisément que la neige au dégel. Viens avec moi, Reuben Ring, toi dont la vue est si perçante, la nuit comme le jour. Si ta sœur Foi voulait être de la partie, il ne serait pas facile au Peau-Rouge de traverser les champs sans être aperçu.

— Va, va, répondit précipitamment la jeune fille, il est plus convenable que je m'occupe de pourvoir aux besoins du voyageur harassé. Si l'enfant échappe à ta vigilance, il n'aura guère à craindre celle des autres.

Quoique Foi refusât si positivement d'être de l'expédition, son frère accepta sans répugnance. Les jeunes gens allaient sortir ensemble, lorsque le loquet sur lequel Dudley avait déjà posé la main, se leva spontanément. La porte s'ouvrit, et l'Indien, qu'ils se préparaient à chercher, se glissa entre eux pour aller prendre sa place accoutumée dans un des coins les plus retirés de la chambre. A la manière silencieuse dont il entra, on aurait pu s'imaginer qu'il faisait sa visite habituelle sans avoir jamais quitté la maison; mais on n'oublia pas longtemps les circonstances de son départ et de son inexplicable retour.

— Il faut examiner les piquets, s'écria Dudley; un ennemi peut escalader l'endroit par lequel a passé cet enfant.

— En vérité, dit Content, ceci a besoin d'explication; l'Indien n'est-il pas entré lorsque nous avons ouvert la porte à l'étranger?

— Oui, dit celui-ci, qui revenait en ce moment de l'autre pièce, j'ai trouvé cet indigène près de ta porte et j'ai pris sur moi de l'introduire, certain que la bienveillante maîtresse de la maison ne s'en formaliserait pas.

— Il n'est pas étranger à notre foyer, à notre table, répondit Ruth. Quand même il en eût été autrement, tu aurais bien fait.

Eben Dudley eut l'air de ne pas croire à cette simple explication. Son esprit avait été fortement agité par des visions, et d'ailleurs la manière dont le jeune homme avait effectué sa rentrée était à peine vraisemblable.

— Il sera bon de consolider la poterne, murmura-t-il; maintenant que les puissances invisibles sont déchaînées dans les colonies, il ne faut pas trop s'endormir.

— Va donc te mettre en sentinelle, et restes-y jusqu'à minuit, dit le puritain, dont l'aspect grave prouvait qu'il avait des sujets d'inquiétude moins vagues. Avant que le sommeil t'accable, un autre ira te relever.

Marc Heathcote parlait rarement sans qu'un silence respectueux permît d'entendre ses moindres accents. En la circonstance actuelle, une tranquillité si profonde s'était établie, qu'il acheva sa phrase au milieu du bruit presque imperceptible de la respiration des auditeurs. Alors on entendit venir de la porte un son de trompe qu'on aurait pu croire l'écho de celui qui avait déjà fait tressaillir les colons. Tous se levèrent, mais aucun ne prit la parole. Content jeta un regard rapide sur son père, qui, à son tour, fixa des yeux inquiets sur l'étranger. Celui-ci avait une main crispée sur le dos de la chaise d'où il s'était levé, et l'autre serrait la crosse d'un des pistolets qu'il portait à sa large ceinture de cuir.

— Celui qui sonne n'est pas habitué à se servir d'instruments terrestres, dit un de ceux que le récit de Dudley avait préparés à croire au merveilleux.

— De quelque part que vienne cet appel, il faut y répondre, repartit Content. Prends ton fusil, Dudley. Cette visite est si inattendue, qu'il faut plus d'un homme pour faire l'office de portier.

Content fut interrompu par un nouveau son de trompe plus éclatant, plus long et plus accentué. On conçoit que la trompe se moque de nous, reprit Content en s'adressant à son hôte; ce bruit ressemble exactement à celui que tu as fait entendre quand tu as demandé l'hospitalité.

L'étranger parut frappé d'une idée subite, et s'avançant au milieu du cercle, il réclama le silence avec l'aisance que lui aurait donnée une longue familiarité plutôt qu'avec la timidité d'un nouveau venu.

— Que personne ne bouge, dit-il, excepté ce robuste chasseur, le jeune capitaine et moi; nous nous chargeons de veiller à la sûreté de tous.

Malgré la singularité de cette proposition, on ne songea point à la combattre, puisqu'elle ne rencontrait ni surprise ni opposition de la part du puritain.

L'étranger s'approcha de la torche qui éclairait l'appartement, et examina avec une attention scrupuleuse l'état de ses pistolets.

— La lutte sera peut-être plus terrestre que celle que les puissances nous suscitent d'ordinaire, dit-il tout bas au vieux Marc. En ce cas, il est bon de prendre les précautions d'un soldat.

— Ce son de trompe a quelque chose d'ironique, répondit le puritain; on dirait le défi d'un démon. Nous avons vu dernièrement dans cette colonie des exemples tragiques de ce que pouvait tenter Azazdel lorsque sa malice est désappointée, et il faut nous attendre à ce que les mauvais esprits soient désolés de la présence de mon cher Béthel, de mon ancien compagnon d'armes.

Quoique l'étranger écoutât les paroles de son hôte avec déférence, il prévoyait des dangers moins vagues et moins surnaturels. Il s'arma d'un pistolet, fit un signe aux deux compagnons qu'il avait choisis, et les conduisit dans la cour. Les ombres de la nuit s'étaient épaissies; et quoique l'heure ne fût pas encore avancée, il était presque impossible de distinguer les objets, même de près. Les ténèbres exigeaient un surcroît de précaution, et les trois hommes de patrouille se postèrent derrière le monticule de planches et de terre qui commandait l'entrée, avant d'interroger ceux qui s'y présentaient. Une fois à l'abri, Content demanda qui avait sonné de la trompe; mais il ne reçut point de réponse. Le silence était si profond, qu'on put entendre ses propres paroles répétées très-distinctement par les échos de la montagne.

— Homme ou diable, dit l'étranger, l'ennemi veut nous surprendre par trahison. Comment déjouer ses artifices? Habitué aux ruses des sauvages, tu es plus capable que moi de donner un conseil, car je n'ai jamais fait la guerre qu'à des chrétiens.

— Qu'en penses-tu, Dudley? demanda Content, faut-il risquer une sortie ou attendre un autre signal?

— Mon avis, répondit Dudley après avoir un instant réfléchi, c'est que vous vous en alliez tous deux à la maison en causant assez haut pour être entendus du dehors. Les assaillants se présenteront de nouveau, et ils trouveront en moi un portier prêt à leur demander ce qu'ils veulent.

— A merveille, dit Content; et pour que tu ne sois pas exposé, je vais faire sortir par la porte secrète d'autres jeunes gens qui se tiendront en embuscade et te prêteront main-forte en cas de violence. Au revoir, Dudley, et garde-toi bien d'ouvrir la poterne sous aucun prétexte.

Après cette injonction, le fils du capitaine et l'étranger s'éloignèrent en s'entretenant à haute voix pour faire croire à ceux qu'on supposait être aux écoutes que la patrouille s'était retirée. Le boucher, resté seul, se mit en observation dans une espèce de guérite, et réfléchit sur la nature des hôtes qui pouvaient survenir. Le retour de l'étranger semblait présager celui des cavaliers qui avaient été autrefois envoyés à sa poursuite; cependant Dudley était plutôt disposé à penser que les derniers sons de la trompe n'avaient pas une origine terrestre; il repassa dans son esprit toutes les légendes qui avaient cours dans les colonies de la Nouvelle-Angleterre, et dans lesquelles il était question des tours que les mauvais esprits jouaient aux fidèles. Encore préoccupé de sa conversation avec le voyageur de la montagne, il s'attendait à être d'un moment à l'autre témoin de quelque manifestation diabolique. Au reste, le crédule factionnaire était trop matériel, malgré ses tendances ascétiques, pour se dérober longtemps aux faiblesses de l'humanité. Fatigué de ses contemplations, il se laissa peu à peu dominer par l'influence de son organisation physique. Ses pensées devinrent confuses, au lieu de conserver la netteté que la circonstance eût exigée. Il s'appuya contre le fond de la guérite, moitié debout, moitié couché, et ne se releva que par intervalles pour jeter un coup d'œil sur les environs. Ses moments de réveil furent de plus en plus rares, et au bout d'une heure il cédait à la lassitude et s'endormait profondément, aussi immobile dans son étroit asile que les chênes dans la forêt. Il demeura dans cet état de torpeur jusqu'à ce qu'il sentit une main s'abattre pesamment sur son épaule. Il se leva aussitôt et murmura des paroles incohérentes.

— Si le daim a reçu une balle à la tête, dit-il, je conviens qu'il appartient à Reuben Ring; mais je le réclame s'il a été frappé ailleurs.

— Voilà un partage équitable, dit Foi Ring, car c'était elle; tu ne permets à mon frère de viser qu'à la tête, et tu gardes pour toi le reste de l'animal.

— Qui t'envoie à cette heure à la poterne? ne sais-tu pas qu'il y a des étrangers qui veillent dans les champs?

— Il y en a d'autres qui ne veillent guère au dedans, repartit Foi Ring. Quelle honte pour toi, Dudley, si le capitaine et ceux qui prient en ce moment avec lui soupçonnaient le peu de soin que tu prends de leur sûreté!

— Ils n'ont rien à dire, reprit Dudley. Le capitaine doit reconnaître lui-même que je n'ai laissé passer par ici aucun individu capable de troubler ses occupations spirituelles. Depuis qu'on m'a mis en faction, je n'ai pas quitté un seul instant la guérite.

— Je le crois bien, autrement tu aurais été le plus fameux somnambule du Connecticut. Paresseux! la trompe ne fait pas plus de vacarme que tu n'en fais quand tu as les yeux fermés.

— De quel droit m'adresses-tu ces reproches? est-il de droit que des soldats en jupon viennent faire la ronde et visitent les sentinelles? Pourquoi n'es-tu pas à ton travail?

— Madame m'a envoyée à la laiterie, et tes ronflements m'ont attirée de ce côté. Tu es maintenant réveillé, et grâce à moi tu ne serviras pas de jouet aux jeunes gens de la métairie. Si tu ne te trahis pas, le capitaine pourra encore te féliciter de ta vigilance, et que Dieu lui pardonne ce mensonge involontaire!

En disant ces mots, la jeune fille s'éclipsa. Dudley, un peu honteux, promena ses regards autour de lui, examina si la poterne était bien fermée, et alla faire son rapport à la famille, qui, absorbée par de pieux exercices, n'avait pas remarqué l'absence prolongée du factionnaire.

— Quelles nouvelles? demanda Content.

Avant de répondre, Dudley étudia un moment la physionomie malicieuse de Foi, qui était revenue prendre sa place parmi les domestiques. Les traits de la jeune personne n'exprimant qu'une gaieté sans fiel, il se sentit rassuré, et commença son rapport.

— La faction a été paisible, et rien ne peut vous empêcher d'aller vous coucher; mais il importe que des yeux pénétrants, comme ceux de Reuben Ring et les miens, restent ouverts jusqu'au matin.

— Cette alarme s'est heureusement dissipée, dit le puritain en se levant. Allons poser nos têtes sur l'oreiller et rendons grâces à la Providence. Tes services ne seront pas oubliés, Dudley, car tu t'es exposé pour nous à un danger qui pouvait être réel.

— Certes, nous nous en souviendrons, murmura Foi, et nous tiendrons note aussi de son empressement à renoncer au sommeil pour nous assurer une nuit paisible.

— Ne parle pas de cette bagatelle, se hâta de répondre Dudley; je suis convaincu que la trompe n'a été touchée ce soir que par cet étranger. Nous avons été dupes d'une illusion.

— Cette illusion se répète! s'écria Content; et l'on entendit la trompe résonner de nouveau faiblement, mais de manière à rendre toute méprise impossible.

— Cela tient du prodige, dit le vieux Marc au milieu de la consternation générale. Ne sais-tu rien qui puisse expliquer ce mystérieux appel?

Eben Dudley, comme la plupart des assistants, était trop interdit pour répondre. Tous attendaient avec anxiété le second signal, plus long et plus sonore, qui devait compléter l'imitation de celui qu'avait donné l'étranger. On n'eut pas longtemps à attendre, car, après un intervalle presque égal à celui qu'on avait remarqué entre les deux premiers sons de l'instrument, son étrange harmonie fit vibrer les cloisons de l'édifice.

CHAPITRE XI.

En tout temps le puritain était disposé à croire à l'intervention surnaturelle de la Providence. Il s'écria avec une solennité qui produisit une vive impression sur la plupart des auditeurs :

— Puisse cet avertissement n'être pas un de ceux que Dieu nous donne en sa miséricorde, et dont l'histoire des colonies offre tant d'exemples !

— Il faut le considérer comme tel, répondit l'étranger, auquel cette apostrophe était spécialement adressée. Tâchons donc d'abord de découvrir le danger qui nous est signalé ; que le nommé Dudley nous donne encore l'appui de son bras et de son courage, et j'aurai bientôt l'explication de cette musique inexplicable.

— Eh quoi ! Soumission, s'écria le capitaine, tu songes à t'exposer encore le premier? Il importe de réfléchir mûrement avant de rien entreprendre.

— C'est moi qui dois aller à la découverte, dit Content. Je suis accoutumé à ces bois et à tous les signes habituels de la présence de ceux qui peuvent nous nuire.

— Non ! reprit celui qu'on avait appelé pour la première fois Soumission, et dont la qualification peignait l'enthousiasme religieux de l'époque; je me charge de tenter l'aventure. Tu es époux et père. L'existence de plusieurs personnes dépend de ta conservation, tandis que je n'ai plus de famille sur la terre. Tu sais, Marc Heathcote, que j'ai souvent affronté le danger, et qu'il est inutile de me recommander la prudence. Viens, brave jeune homme, et prépare-toi à faire preuve de courage, si l'occasion s'en présente.

A ces mots, Soumission se dirigea vers la porte ; mais se ravisant tout à coup, il fixa des regards pénétrants sur le jeune Indien.

— Peut-être, dit-il, y a-t-il ici quelqu'un qui serait capable de me donner des éclaircissements, s'il consentait à parler.

Cette observation attira tous les yeux sur le captif, qui soutint l'examen avec l'imperturbable sang-froid de sa race. Sa physionomie exprimait le dédain et la fierté; mais il n'avait pas cet air de défi qu'on avait remarqué tant de fois dans ses regards étincelants, lorsque l'attention des colons se portait sur lui. Au contraire, ses traits basanés dénotaient plutôt l'affection que la haine; et il y eut même un moment où il contempla Ruth et ses enfants avec un touchant intérêt. Une émotion de ce genre ne pouvait échapper à l'œil vigilant d'une mère.

— L'enfant s'est montré digne de notre confiance, dit-elle, et au nom de Celui qui lit dans tous les cœurs, je demande qu'il lui soit permis de vous accompagner.

Ses lèvres se fermèrent, car la trompe annonçait de nouveau l'impatience de ceux qui désiraient entrer. Ces accents lugubres firent tressaillir tout le monde, comme l'annonce de quelque redoutable jugement. Soumission demeura seul impassible. Il regarda un instant le sauvage, dont la tête s'était penchée sur sa poitrine au dernier son de la trompe, puis il sortit suivi de Dudley.

L'isolement de la vallée, la nature du mystérieux appel, les ténèbres qui enveloppaient l'habitation comme un linceul, étaient susceptibles de troubler même des hommes aussi braves que ceux qui allaient chercher la solution d'un pénible problème. L'étranger, que nous appellerons désormais Soumission, s'achemina vers un endroit d'où l'œil embrassait l'enceinte de palissades qui régnait au pied du monticule. Il fallait avoir mené longtemps la vie des frontières, pour contempler avec indifférence le paysage qu'une lueur confuse et nébuleuse permettait d'entrevoir. L'interminable forêt circonscrivait la vallée dans des limites étroites, comme une oasis au milieu du désert. Les objets étaient plus distincts dans la partie défrichée ; cependant la nuit en rendait les contours indécis.

— Je ne vois que des troncs immobiles et des haies chargées de neige, dit Soumission après un examen attentif. Avançons, et rapprochons-nous des champs.

— La poterne est de ce côté, dit Dudley en voyant son compagnon prendre une direction opposée. Mais un geste d'autorité lui imposa silence, et il suivit docilement l'étranger. Celui-ci longea un chantier de bois à brûler, établi à l'endroit où la pente du monticule était la plus escarpée. Quoique ce côté fût naturellement presque inexpugnable, on n'avait pas négligé d'y prendre quelques précautions. Les piles de bois avaient été placées assez loin de l'enceinte pour ne pas faciliter l'escalade. Elles formaient des plates-formes et des ouvrages avancés qui auraient utilement secondé des défenseurs de cette partie des fortifications. Soumission, suivant un dédale de sentiers ménagés entre des monceaux de bois, atteignit l'espèce de chemin de ronde qui les séparait des palissades.

— Il y a longtemps que je suis venu ici, dit Eben Dudley en tâtonnant le long d'une route que son compagnon parcourait sans hésitation. C'est ma main qui a élevé ces dernières piles plusieurs hivers avant celui-ci, et je suis certain que depuis personne ne les a dérangées. Cependant, pour un homme qui vient d'outre-mer, tu te diriges assez bien.

— Il suffit d'avoir de bons yeux pour établir une distinction entre une place vide et des bûches de bouleau, répondit Soumission en s'arrêtant dans un endroit fortifié par une triple barrière de bois. L'étranger tira de sa ceinture une clef, l'introduisit dans une serrure artistement cachée à hauteur d'homme, et fit tourner sur ses gonds un pieu, qui masquait une ouverture pratiquée dans la palissade.

— Voici une porte de sortie, dit-il froidement en faisant signe à Dudley de passer le premier. Celui-ci obéit et l'étranger le suivit, puis il ferma avec soin la porte secrète.

— Maintenant, reprit-il, nous voilà dans la campagne sans que personne y soupçonne notre présence.

Et passant sa main dans les plis de son pourpoint pour chercher une arme, il se mit en devoir de descendre la pente escarpée qui le séparait du pied du coteau. Eben Dudley hésitait à l'accompagner. Son entrevue avec le voyageur de la montagne se représentait à son imagination échauffée, et l'idée d'une intervention surnaturelle le poursuivait avec une nouvelle force. Le mystère dont s'enveloppait l'étranger, l'étrangeté de ses manières, n'étaient pas propres à rassurer son esprit troublé.

— On prétend, murmura le boucher, que les invisibles sont déchaînés, et il est possible que ces esprits du mal s'abattent sur la vallée du Crapaud-Volant, faute d'une meilleure occupation.

— Tu dis vrai, répondit Soumission, mais la puissance qui tolère leurs malices peut avoir des agents capables de les repousser. Allons du côté de la poterne.

Dudley obéit, non sans émotion, et s'avança avec assez de précaution pour déjouer la vigilance de toute créature humaine. Les deux éclaireurs s'embusquèrent dans une cachette d'où ils pouvaient tout observer sans être vus. Les dépendances de la métairie étaient plongées dans un calme profond. Les haies accidentées, les arbres éparpillés çà et là, les souches surmontées de petites pyramides de neige étaient également immobiles. Entre la poterne et la lisière de la forêt s'étendait une blanche nappe de neige qu'il était impossible de traverser sans être vu. La coquille qui servait de trompe pendait à l'un des poteaux, aussi muette et aussi inoffensive qu'à l'époque où elle était encore lavée par les vagues sur les sables de la plage.

— Attendons ici, murmura Soumission, les messagers du ciel ou de la terre.

— Avons-nous le droit d'être les agresseurs? demanda Dudley; il serait peut-être prudent de frapper le premier coup si nous avions affaire à quelque galant d'outre-mer.

— En ce cas, reprit Soumission, n'hésite pas à frapper. S'il paraît un envoyé du roi d'Angleterre...

Il s'arrêta, car les sons de la trompe, grandissant par degrés, remplirent tout à coup la vallée de leur sinistre harmonie.

— Les lèvres humaines n'ont point touché cet instrument! s'écria l'étranger avec une surprise dont il ne put réprimer l'expression. Cela surpasse les visitations les plus merveilleuses!

— C'est en vain que nous prétendons élever notre faible nature au niveau du monde invisible, repartit le boucher. Dans cette occurrence, des pécheurs comme nous doivent se retirer et aller chercher auprès du capitaine des secours spirituels.

L'étranger ne fit point d'objections, et les deux aventuriers retournèrent à la porte secrète sans prendre les précautions qui avaient signalé leur sortie.

— Entre, dit l'étranger en faisant tourner le morceau de bois sur ses gonds; entre, au nom du ciel, car il faut nous réunir tous pour implorer l'appui du Seigneur.

Dudley se baissait, lorsqu'une ligne sombre fendit l'air en sifflant entre sa tête et celle de son compagnon, et une flèche à pointe de caillou s'enfonça dans les palissades.

— Les païens! s'écria Dudley recouvrant tout son courage en présence d'un danger qu'il connaissait : aux palissades, mes amis! les cruels païens nous attaquent!

— Les païens! répéta l'étranger d'une voix imposante qui avait dû se faire entendre en des circonstances plus terribles encore.

Dudley déchargea son fusil, et Soumission, d'un coup de pistolet, fit tomber à genoux un ennemi dont la sombre figure se dessinait sur la neige. Un profond silence succéda au tumulte qui avait troublé le calme de la nuit; puis d'effroyables clameurs partirent d'un large cercle qui environnait presque complètement le monticule. Au même instant, tous les objets sombres, épars dans les champs, semblaient revêtir une forme humaine, et l'air fut sillonné de flèches. Dudley entra, mais la retraite de l'étranger eût été coupée par une bande de sauvages si une décharge de mousqueterie partie du haut du monticule n'avait fait reculer les assaillants. Une seconde après, la porte secrète était refermée, et les deux fugitifs étaient à l'abri des piles massives du chantier.

CHAPITRE XII.

Ce cri terrible : les païens! fut répété par tout le monde, même par la fille de Ruth et sa jeune compagne, et, pendant quelques instants, la surprise et la terreur jetèrent les assiégés dans un désordre inextricable. Néanmoins le calme ne tarda pas à se rétablir. Dirigés par Content, les jeunes gens volèrent au combat, et la famille agit avec ensemble pour repousser une attaque à laquelle il fallait toujours être préparé quand on habitait les frontières.

La riposte immédiate des colons produisit l'effet qu'en attendaient ceux qui avaient quelque expérience de la guerre avec les Indiens. Le tumulte de l'assaut fit place à une tranquillité si complète qu'il eût été facile de s'imaginer qu'on avait été le jouet d'une affreuse illusion. Pendant ces moments de silence, les deux hommes de patrouille quittèrent le chantier et gravirent du côté où Dudley s'attendait à rencontrer Content.

— Notre retraite a hâté l'attaque, dit Soumission en rejoignant ce dernier : les sauvages ont été séduits par la perspective d'entrer dans la place sur le passage que nous avions frayé ; mais d'après ce que je sais des artifices de nos ennemis, nous aurons le temps de respirer. Mon expérience de vieux soldat me fait un devoir de m'assurer du nombre et de la position des Indiens afin d'y proportionner notre résistance.

— Comment faire? demanda Content : tu vois que la nuit règne autour de nous. Il nous est impossible de compter les sauvages, et une sortie exposerait à une mort certaine quiconque franchirait les palissades.

— Tu oublies que nous avons un otage dont nous pouvons tirer des renseignements, si nous nous servons à propos de notre autorité sur sa personne.

— Tu te flattes, reprit Content. Depuis que le jeune Indien a si singulièrement reparu parmi nous, je l'ai observé avec la plus grande attention, et je crois qu'il ne doit nous inspirer aucune confiance.

— Aussi, reprit l'étranger, aurons-nous besoin de toute notre sagacité pour découvrir s'il est d'intelligence avec nos ennemis. L'âme d'un sauvage ne trahit pas ses secrets comme la surface d'un miroir.

Comme il disait ces mots, l'étranger passait le seuil de la porte, et il se trouva bientôt avec ses compagnons en présence de la famille. Le péril constant de la situation des colons les avait habitués à un ordre de défense méthodique et sévèrement réglé. Les corps les plus faibles et les cœurs les plus timides avaient, en cas d'alerte, leurs fonctions déterminées; et pendant la courte absence de son mari, Ruth avait assigné un poste à chacune de ses servantes.

— Charité, dit-elle, rends-toi au blockhaus, examine l'état des seaux et des échelles, pour que nous ne manquions ni d'eau ni de moyens de retraite, si les païens nous forcent à nous réfugier dans cet asile. Foi, monte au premier et éteins les lumières qui pourraient servir de point de mire aux flèches indiennes. Les pensées viennent trop tard, quand les traits ou les balles ont déjà pris leur vol. Maintenant que le premier assaut est donné, mon fils, et que notre prudence peut déjouer la ruse de l'ennemi, je t'autorise à accompagner ton père. C'eût été audacieusement tenter la Providence que de jeter un jeune homme sans expérience au milieu du désordre d'un combat imprévu. Viens ici, mon enfant; reçois la bénédiction et les prières de ta mère, et va te placer à ton rang, avec l'espérance de la victoire. Souviens-toi que tu es d'âge à faire honneur à ton nom, mais que tu es cependant trop jeune pour parler ou pour agir le premier dans une nuit aussi terrible.

Une rougeur passagère, qui fit ressortir la pâleur dont elle fut suivie, colora les traits de la pieuse mère. Elle imprima un baiser sur le front du jeune homme impatient, qui attendit à peine ce témoignage de tendresse pour se mêler aux défenseurs de la place.

— Maintenant, dit Ruth en détournant les yeux avec un stoïcisme affecté, nous allons veiller à la sûreté de ceux qui ne peuvent rien pour nous. Foi, tu mèneras les enfants dans la chambre secrète, d'où ils pourront regarder les champs, sans craindre les flèches des sauvages. Tu te rappelles, ma petite Ruth, mes fréquentes recommandations. Garde-toi de sortir, quand même tu entendrais les plus effrayantes clameurs. Tu es plus en sûreté dans cette chambre que dans le blockhaus même, que son apparence de force expose aux coups des assiégeants. Si nous y cherchons un refuge, tu seras avertie à temps, ne descends que si tu vois l'ennemi escalader les palissades du côté qui domine le ruisseau, car nous y avons peu de monde pour surveiller leurs mouvements. Sur les autres points, nous sommes en force, et il est inutile que tu t'exposes, en essayant de voir ce qui se passe dans la campagne. Allez, mes enfants, et que Dieu vous protége !

Ruth se pencha pour baiser la joue que sa fille lui tendait. Elle embrassa également la compagne de la petite Ruth, orpheline qu'elle avait recueillie et dont elle avait aimé la mère comme une sœur. Mais autant elle avait montré de fermeté en congédiant son fils, autant elle témoigna d'émotion quand il fallut se séparer de sa fille. Un mouvement subit de tendresse maternelle lui fit rappeler auprès d'elle l'enfant qui s'éloignait.

— Tu répéteras l'oraison faite spécialement pour implorer l'appui du Seigneur contre les dangers du désert, reprit-elle avec solennité. N'oublie pas dans ta prière celui auquel tu dois la vie, et qui expose ses jours pour nous. Appuie-toi sur le Christ, inébranlable rocher des chrétiens.

— Les hommes qui veulent nous tuer, demanda l'enfant, sont-ils aussi au nombre de ceux pour lesquels il est mort?

— On n'en saurait douter, quoique les voies de Dieu nous soient mystérieuses. Barbares dans leurs habitudes, implacables dans leurs inimitiés, ce sont pourtant des créatures comme nous, et ils sont également l'objet de la sollicitude éternelle.

Les cheveux blonds qui ombrageaient en abondance le front de l'enfant ajoutaient à l'éclat d'un teint qu'avaient respecté les brises ardentes de cette latitude. Les yeux bleus et limpides de la petite Ruth, à demi cachés par des boucles ondoyantes, s'arrêtèrent sur le noir visage du captif indien, pour lequel elle semblait éprouver une secrète horreur, et qui s'attachait à montrer l'indifférence la plus absolue.

— Ma mère, murmura l'enfant, pourquoi ne pas le laisser retourner dans la forêt? Je n'aime pas...

— Nous n'avons pas le temps de causer, mon enfant. Monte à la cachette, et souviens-toi de mes recommandations.

Ruth s'inclina de nouveau. Ses traits furent un moment cachés par les tresses blondes de sa fille, sur la joue de laquelle elle laissa, en se relevant, une larme brillante. L'enfant reçut presque machinalement ce tendre baiser, car ses regards étaient fixés sur le jeune Indien, et ils s'y arrêtèrent tant qu'elle resta dans la chambre.

— J'approuve les dispositions que tu as prises, dit alors Content, et je vois avec plaisir que tes domestiques s'empressent d'exécuter tes ordres. Tout est rentré dans le calme au dehors, et nous venons ici pour délibérer.

— Faut-il aller chercher notre père, qui est au blockhaus, près de la pièce d'artillerie?

— C'est inutile, interrompit l'étranger. Le temps presse. Cette tranquillité apparente recèle sans doute un orage. Interrogeons le prisonnier.

Content fit signe à l'Indien d'approcher, et le mit en présence de l'étranger.

— Je ne connais ni ton nom ni celui de ta tribu, dit Soumission après avoir étudié longtemps la physionomie du jeune homme; mais malgré les mauvaises pensées dont ton esprit peut être assiégé, je suis sûr qu'il n'est pas étranger à la noblesse des sentiments. Parle : sais-tu quelque chose des dangers qui nous menacent? Ta contenance m'a donné certaines indications, mais il est temps que tu t'expliques de vive voix.

Le captif contempla fixement son interlocuteur; puis il chercha des yeux la figure inquiète de Ruth. L'orgueil et la sympathie semblaient se partager son cœur. Ce dernier sentiment l'emporta, et surmontant une profonde répugnance, le sauvage, pour la première fois depuis sa captivité, s'exprima dans la langue d'une race détestée.

— J'entends les cris des guerriers, répondit-il avec calme. Les oreilles des hommes pâles sont-elles fermées?

— Tu t'es entretenu dans les bois avec des jeunes gens de ta tribu, et tu as eu connaissance de leurs projets.

Le jeune homme ne répondit pas, et Soumission devinant qu'il lui serait impossible d'obtenir un aveu, modifia son système d'interrogatoire.

— Peut-être, dit-il, n'est-ce pas une grande tribu qui s'avance dans le sentier de la guerre? De vrais guerriers auraient passé sur les poteaux des palissades comme sur des poteaux flexibles! Ce sont des Péquods qui ont violé leurs traités avec les chrétiens, et qui rôdent comme des loups pendant la nuit.

Une expression farouche anima les traits basanés de l'Indien, et il murmura avec un mépris amer :

— Les Péquods sont des chiens!

— Ce n'est pas ce que je pensais; cependant un Narragansett ou un Wampanoag est un homme et dédaigne les ténèbres. Il ne se montre qu'en plein jour, tandis que le Péquod se glisse dans l'ombre, de peur que les guerriers l'entendent marcher.

Il n'était guère facile de découvrir si le captif était sensible à la louange ou à la critique, car les muscles de son visage avaient l'immobilité du marbre. L'étranger chercha vainement à deviner les impressions qui agitaient l'Indien, et s'approchant assez pour poser la main sur son épaule nue, il ajouta :

— Enfant, tu as souvent entendu parler des mystères de la foi chrétienne. On a fait pour toi plus d'une fervente prière. Il est impossible que tant de bons grains n'aient pas fructifié. Parle, puis-je encore me fier à toi?

— Que mon père regarde sur la neige l'empreinte de mes mocassins, va et vient.

— C'est vrai. Jusqu'à présent tu t'es montré honnête; mais lorsque le cri de guerre réveillera ta jeune ardeur, pourras-tu résister au désir de rejoindre tes guerriers? As-tu quelques garanties à nous donner, pour que nous te laissions partir?

L'Indien eut l'air de ne pas comprendre.

— Je voudrais savoir si tu peux me donner un gage de ton retour dans le cas où les portes te seraient ouvertes. Faute de ce gage, tu es capable de céder à l'intimidation et d'oublier le chemin de la maison.

Le captif comprit les doutes de Soumission, mais il ne daigna pas répondre. Content et sa femme avaient écouté ce court dialogue avec surprise, car ils concevaient à peine comment le sauvage était parvenu à apprendre l'anglais. Ruth crut remarquer qu'il avait quelque reconnaissance des bontés qu'il avait reçues d'elle, et avec l'empressement d'une mère elle se rattacha à cette chance de salut.

— Qu'il parte, dit-elle, je lui servirai d'otage, et s'il ne répond pas à mon attente, son absence est moins dangereuse que sa présence.

Cet argument parut avoir plus d'influence sur Soumission que l'insignifiante garantie d'une femme.

— C'est assez raisonnable, reprit-il. Va donc dans les champs, et dis à tes compatriotes qu'ils se sont trompés de chemin : celui qu'ils ont pris les a menés à la demeure d'un ami. Il n'y a ici ni Péquods, ni Manatthoes, il n'y a que des chrétiens qui ont toujours pratiqué la justice envers les indigènes. Pars donc, et quand tu feras entendre un signal à la porte, il te sera permis de rentrer.

En prononçant ces mots, l'étranger fit signe à l'Indien de le suivre, et le conduisit hors de la chambre, en lui donnant des instructions sur la manière d'accomplir sa mission pacifique.

Quelques minutes après, Soumission revint seul et se promena à grands pas dans l'appartement d'un air préoccupé. Il s'arrêtait parfois pour écouter les bruits qui pouvaient lui révéler ce qui se passait dans la campagne. Au milieu d'une de ces pauses, un cri de joie sauvage s'éleva sur le versant du coteau voisin, et il fit place à ce calme terrible qui, depuis l'attaque, semblait plus alarmant que le danger. L'attention soutenue de toute la famille ne recueillit aucun autre indice des démarches de l'ennemi. Pendant près d'un quart d'heure rien ne troubla le silence de la nuit, mais tout à coup le loquet de la porte se leva, et le messager se glissa sans bruit dans la chambre.

— Tu as rencontré les guerriers de ta tribu ? demanda précipitamment l'étranger.

— Le bruit n'a pas trompé les Anglais. Ce n'était pas une jeune fille qui riait dans les bois.

— Et tu as dit à tes compatriotes : Nous sommes amis !

— Les paroles de mon père ont été répétées.

— L'ont-elles été assez haut pour s'introduire dans les oreilles de tes jeunes gens ?

L'enfant garda le silence.

— Parle, ajouta l'étranger en se redressant fièrement comme pour affronter un choc. Tu as des hommes pour auditeurs : la pipe des sauvages est-elle bourrée ? la fumeront-ils en signe de paix, ou vont-ils s'armer du tomahawk ?

Le prisonnier trahit une émotion rare chez un Indien, et contempla Ruth avec mélancolie ; puis, de dessous la robe légère qui le couvrait en partie, il tira un paquet de flèches enveloppé dans la peau lustrée d'un serpent à sonnettes, et le laissa tomber aux pieds de Soumission.

— Voilà un avis qui n'est pas équivoque ! dit Content en montrant à sa compagne l'emblème bien connu d'une guerre implacable. Enfant, que t'ont fait les hommes de ma race pour que tes guerriers aient soif de leur sang ?

La colère s'alluma comme une étincelle électrique dans les yeux noirs de l'Indien, qui rutilèrent un moment comme ceux d'un reptile, mais il redevint promptement maître de lui-même par un énergique effort, et répondit avec hauteur en mettant un doigt sur la poitrine de celui qui l'interrogeait :

— Vois ! ce monde est bien grand ; il y a place pour la panthère et pour le daim ; pourquoi les Anglais sont-ils venus chercher les hommes rouges ?

— Nous perdons de précieux instants à discuter avec un païen, s'écria Soumission. Les intentions de ses compatriotes sont positives, et il faut songer à les déjouer. Assurons-nous d'abord de ce jeune homme, et marchons aux palissades.

Il n'y avait rien à opposer à cette proposition, et Content était sur le point d'enfermer le captif dans un cellier lorsque sa femme intervint. Malgré la fureur passagère qu'il avait montrée, Ruth avait échangé avec lui des regards de sympathie, et elle hésitait à renoncer aux secours qu'elle s'en promettait.

— Miantonimoh ! dit-elle, quoique tu sois en butte aux soupçons, j'aurai confiance en toi ; viens avec moi, et en te garantissant ta sûreté personnelle, je te demande de protéger mes enfants.

L'Indien, sans répondre, suivit passivement sa conductrice dans les chambres du premier étage ; mais Ruth s'imagina que la loyauté était peinte dans les yeux expressifs du sauvage. Au même instant, Content et Soumission allaient reprendre leur place aux palissades.

CHAPITRE XIII.

L'appartement dans lequel Ruth avait placé ses enfants était au dernier étage, du côté du bâtiment qui faisait face au ruisseau. Cet appartement n'avait qu'une seule fenêtre saillante, d'où l'on apercevait la forêt. Quelques petites ouvertures pratiquées sur les côtés permettaient aux yeux de s'étendre à droite et à gauche. La toiture et la charpente massive mettaient cette retraite à l'abri des traits ; elle avait été la chambre à coucher des enfants pendant leurs premières années, et l'on n'y avait renoncé que lorsque la famille ayant agrandi et fortifié graduellement sa demeure, avait cru pouvoir se tenir sans danger dans un logement plus commode.

— Je sais que tu connais les obligations d'un guerrier, dit Ruth en introduisant le sauvage auprès de ses enfants. Tu ne me tromperas pas : la vie de ces tendres créatures est sous ta garde. Veille sur eux, Miantonimoh, et le Dieu des chrétiens se souviendra de toi à l'heure de l'agonie. Le jeune Indien ne répondit point, mais la douce expression de son visage fut favorablement interprétée par la mère. Avec la délicatesse naturelle aux Indiens, le jeune homme se mit à l'écart pour laisser à ceux qui étaient liés d'aussi près la faculté de s'abandonner sans témoins aux épanchements de leur cœur.

— Encore une fois, dit Ruth à sa fille, je t'ordonne de ne pas montrer une vaine curiosité. Les païens ont réellement des intentions hostiles; jeunes ou vieux, il faut montrer le courage qui convient à des croyants.

— Et pourquoi cherchent-ils à nous nuire? demanda l'enfant; est-ce que nous leur avons fait du mal?

— Je l'ignore : Celui qui a fait la terre nous l'a donnée pour notre usage, et la raison semble nous enseigner que nous avons le droit d'en occuper les parties vacantes.

— Le sauvage! murmura l'enfant en se serrant avec force contre le sein de sa mère inclinée, son œil brille comme l'étoile qui est au-dessus des arbres.

— Silence! ma fille; il rêve à nos prétendues offenses.

— Nous avons la justice pour nous. J'ai entendu souvent dire à mon père que lorsque le Seigneur lui a donné cette vallée elle était couverte de bois, et qu'il a fallu beaucoup de travail pour la rendre telle qu'elle est.

— Je crois du moins que nous avons le bon droit pour nous; mais, à ce qu'il paraît, les sauvages ne sont pas de cet avis.

— Et où demeurent ces cruels ennemis? ont-ils comme nous une vallée, et les chrétiens y viennent-ils pour verser le sang pendant la nuit?

— Les sauvages ont des habitudes bien différentes des nôtres, ma chère Ruth. Les femmes n'y sont pas aimées comme parmi les peuples de la race de ton père, et la force l'emporte sur tout.

La petite fille frissonna, et sa jeune intelligence comprit plus que jamais les douceurs de l'amour maternel. Après avoir parlé, Ruth donna à chacun des enfants le baiser d'adieu, implora pour eux le Seigneur à haute voix, et alla remplir les devoirs qui exigeaient des qualités bien différentes. Avant de quitter la chambre, elle approcha de l'Indien, et tenant la lumière en face de lui, elle lui dit avec solennité :

— Je confie mes enfants à la garde d'un jeune guerrier.

Le sauvage ne répondit point ; ses regards étaient froids, mais ils n'avaient rien de décourageant, et Ruth pouvait espérer encore que la bienveillance qu'elle lui avait constamment témoignée ne resterait pas sans récompense. Elle songeait d'ailleurs qu'il avait deux fois tenu sa parole, et elle avait pris la résolution de le laisser seul avec les enfants, lorsque des cris épouvantables annoncèrent un nouvel assaut. Elle se rendit à la hâte dans la cour. Aux clameurs des guerriers se mêlait le sifflement des balles et des flèches, et par intervalles l'explosion des armes à feu illuminait toute la vallée. Une tentative d'escalade avait déjà été repoussée, et la garnison résistait avec courage.

— Quelqu'un de nous a-t-il été frappé ? où est mon mari ? où est mon fils ? demanda-t-elle à deux individus trop occupés pour avoir remarqué sa venue.

— Il a plu au diable, répondit Eben Dudley avec une irrévérence peu ordinaire chez un puritain, d'envoyer une flèche indienne entre la peau et la chair de mon bras. Doucement, Foi ! prends-tu ma peau pour celle d'un mouton, dont on peut arracher la laine impunément ? Que le Seigneur pardonne au coquin qui m'a blessé ! il a besoin de miséricorde, vu qu'il est passé dans l'autre monde. Maintenant je te remercie, et je te pardonne les mauvais propos que tu tiens quelquefois.

— Souffres-tu encore, Dudley ?

— Une flèche à tête de caillou n'est pas une paille et ne s'enlève pas comme une plume de l'aile d'un poulet.

— Ne vas-tu pas perdre ton temps à te plaindre quand les sauvages sont à nos portes ! Quelle idée donnerais-tu à Madame, si tu laissais aux autres jeunes gens le soin de battre les Indiens ?

Le boucher sentit ce reproche, et saisissant son fusil, qui était appuyé contre le mur du blockhaus, il courut se jeter dans la mêlée.

— A-t-il donné des nouvelles des palissades? demanda Ruth.

— Les sauvages ont été punis de leur audace, et personne de nous n'a été blessé, excepté ce grand maladroit qui s'est arrangé pour recevoir une flèche dans le bras.

— Écoute, ils se retirent, dit Ruth; les cris s'éloignent, et le Seigneur va peut-être détourner de nous ce fléau.

L'oreille de Ruth ne l'avait point trompée. Les assaillants s'étaient écartés des fortifications et semblaient renoncer à emporter la place par surprise. Ruth profita de cette suspension d'armes momentanée pour chercher ceux dont la vie lui était particulièrement chère; elle s'approcha rapidement d'un groupe d'hommes qui tenaient conseil sur le penchant du monticule.

— Es-tu blessé, Heathcote, demanda-t-elle, y a-t-il parmi vous quelqu'un qui réclame les soins d'une femme?

— La Providence a veillé sur nous, répliqua Content; mais j'ai peur que quelques-uns de nos jeunes gens ne se soient imprudemment avancés hors de leurs cachettes.

— Marc n'a pas oublié mes recommandations?

— Non, ma mère, répondit l'enfant en posant la main sur son front pour cacher le sang qui s'échappait du sillon laissé par une flèche.

— Mon fils, reprit Ruth, tu n'as pas oublié tes devoirs au point de marcher devant ton père?

— Je me suis tenu près de lui, répondit Marc, mais les ténèbres m'ont empêché de voir si c'était devant ou derrière.

— L'enfant s'est bien comporté, dit Soumission, et il s'est montré digne de son grand-père. Ah! quelle est cette lueur? Une sortie est nécessaire pour sauver les récoltes et les troupeaux.

— Aux granges! aux granges! crièrent plusieurs sentinelles.

— Le feu est au bâtiment, répéta une servante qui était également chargée de veiller sur les constructions extérieures, où se trouvaient les greniers, les écuries et les étables.

Les assiégés dirigèrent une décharge générale sur les incendiaires, et les brandons qu'ils portaient s'éteignirent tout à coup.

— Mon père, s'écria Content, voici le moment de déployer toutes nos forces.

A cet appel, un jet de flamme partit du sommet du blockhaus; le canon, si longtemps muet, retentit, et un boulet fit voler en éclats la charpente d'un hangar. A la lueur passagère qui accompagna l'explosion, et qui traversa la sombre vallée comme un courant électrique, on vit une cinquantaine de figures noires sortir des bâtiments extérieurs dans un désordre proportionné à leurs alarmes. Le moment était propice. Content fit un signe à Reuben Ring, et tous deux passèrent la poterne en prenant la direction des granges. On juge aisément de l'anxiété que causa leur absence à Ruth, et même à ceux dont les nerfs étaient moins impressionnables. Toutefois les aventuriers ne tardèrent pas à revenir sains et saufs. Le but de leur périlleuse expédition fut annoncé par le piétinement des bestiaux sur la neige, par le hennissement des chevaux et par les beuglements sinistres des animaux, qui couraient effrayés dans les champs.

— Entre, murmura Ruth, qui tenait la poterne d'une main tremblante; entre, au nom du ciel! As-tu donné la liberté à tous, afin qu'aucune créature vivante ne périsse dans les flammes?

— A tous, et il était temps... vois, l'incendie recommence!

Content avait lieu de se féliciter de sa résolution, car pendant qu'il parlait, des torches de sapin s'approchèrent des bâtiments extérieurs par des sentiers couverts et détournés qui garantissaient les Indiens des coups de la garnison. On fit un dernier effort pour repousser le danger. Les décharges se succédèrent rapidement, et le vieux puritain lança plusieurs boulets du haut de la citadelle. Les cris de douleur des sauvages prouvèrent que plusieurs d'entre eux avaient été atteints, et le gros de la troupe recula; mais un guerrier, plus adroit et plus expérimenté que ses compagnons, trouva moyen d'arriver à son but. Le feu de la mousqueterie avait cessé, et les assiégés s'applaudissaient de leurs succès, quand des clartés soudaines brillèrent dans la campagne; un jet de flamme tournoya sur la toiture d'un magasin à blé et en enveloppa promptement les matériaux combustibles. C'était un malheur sans remède. Les granges et les enclos, qui avaient été jusqu'alors plongés dans les ténèbres, furent illuminés instantanément, et la mort aurait atteint infailliblement ceux qui auraient osé s'exposer à cette lumière éclatante. Les colons furent même forcés de rétrograder et de se mettre à couvert dans les endroits les plus sombres de l'éminence ou des palissades pour éviter les flèches et les balles.

— C'est un triste spectacle pour un homme qui répartissait charitablement les produits de sa moisson, dit Content à sa femme tremplante. La récolte d'une belle année est sur le point d'être réduite en cendres par le feu de ces maudits...

— Paix, Heathcote! que sont les richesses perdues dans ces greniers comparativement à ce qui nous reste? Étouffe tes plaintes et bénis Dieu de nous laisser nos enfants et notre habitation.

— Tu dis vrai, reprit le mari en s'efforçant d'imiter la résignation de sa douce compagne. Que sont en effet les biens du monde à côté du calme de la conscience? Ah! cette bouffée de vent consomme notre perte. Le feu est au centre de nos greniers!

Ruth ne fit aucune réponse, car, bien qu'elle fût plus détachée que son mari des biens temporels, les progrès effrayants de l'incendie l'alarmaient pour sa famille et pour elle-même. Les flammes trouvant un aliment facile se communiquaient de toits en toits ; et toutes les dépendances, granges, hangars, greniers, écuries, étaient plongées dans un torrent de feu. Les deux partis contemplèrent d'abord en silence cette scène de destruction ; mais les Indiens célébrèrent enfin par des acclamations l'accomplissement de leur affreux projet, et ils commencèrent un troisième assaut. Stimulés par la perspective de la victoire, ils se ruèrent sur les fortifications avec une audace qu'ils déployaient rarement dans leur cauteleuse stratégie. L'incendie jetait dans la vallée une lumière presque aussi éclatante que celle du jour. Cependant elle était interceptée d'un côté par l'ombre du monticule et des édifices qui le couvraient. A la faveur de cette ombre, les plus intrépides Indiens arrivèrent impunément jusqu'au pied des palissades, et la magnifique horreur de l'incendie absorbait tellement l'attention des assiégés, qu'on ne s'aperçut de l'attaque qu'au moment où elle allait réussir. Ils ne pouvaient la repousser à coups de fusil, car les planches protégeaient également la garnison et les assaillants. Ce fut une lutte d'homme à homme dans laquelle le nombre l'aurait emporté si le parti le plus faible n'avait eu l'avantage de la défensive. On échangeait des coups de couteau par les interstices de l'enceinte, et l'on entendait de temps à autre la strideur d'un arc ou la détonation d'un fusil.

— Restez fermes aux palissades, mes amis! s'écria Soumission d'une voix retentissante, avec cette insouciance encourageante que l'habitude du danger peut seule inspirer; tenez bon, et votre position est imprenable. Ah! ah! l'intention était bonne, amis sauvages.

En disant ces mots, il para, non sans danger pour sa main, un coup qu'on lui portait à la gorge ; de l'autre main il saisit l'agresseur, dont il attira la poitrine nue devant une ouverture ménagée entre deux pieux, et il enfonça la moitié de sa lame acérée dans le corps palpitant du sauvage. Les yeux de la victime rentrèrent dans leurs orbites, et lorsqu'elle ne fut plus soutenue par la main de fer qui la tenait clouée au mur de bois, elle tomba inanimée sur le sol. Cette mort fut accueillie par un cri de désespoir, et les assiégeants disparurent aussi vite qu'ils étaient venus.

— Dieu soit loué ! nous avons à nous réjouir de cet avantage, dit Content en passant sa troupe en revue d'un œil inquiet ; mais je crains que plusieurs de nous n'aient été blessés.

Le silence et l'occupation de ses auditeurs, dont la plupart étanchaient leur sang, répondaient suffisamment à cette question.

— Silence, mon père, dit le jeune Marc, il y a quelqu'un sur la palissade, auprès du guichet. Est-ce un sauvage ? ou bien est-ce un tronc d'arbre placé plus loin dans les champs ?

Tous les yeux suivirent la direction de la main du jeune Marc, et dans la partie la plus sombre des palissades on remarqua une forme humaine suspendue à l'un des pieux.

— Qui est là ? cria Eben Dudley ; parlez, pour que nous ne fassions pas de mal à un ami.

L'objet de cette apostrophe demeura aussi immobile que la planche à laquelle il était suspendu, et il tomba à terre comme une masse insensible lorsque Dudley eut fait feu.

— C'était un être vivant, s'écria le boucher ; il est tombé comme un ours du haut d'un arbre.

— Je veux l'examiner de plus près, dit le jeune Marc.

— J'irai moi-même, dit Soumission, et il se mettait en marche, lorsque le prétendu mort se releva en poussant un cri que répétèrent les échos de la forêt ; il s'élança vers la maison par bonds rapides, mais assez irréguliers pour qu'il évitât les coups de feu qu'on lui tira ; il arriva sans accident jusqu'à la porte, et disparut à l'angle de l'édifice en poussant un cri de triomphe qui fut répété dans les champs.

— Voilà un danger de plus, dit le véritable chef, qui n'avait d'ailleurs d'autres droits au commandement que son courage et son air d'autorité. Un sauvage dans la place peut nous perdre en ouvrant la poterne...

— Elle est fermée à triple tour, interrompit Content, et la clef en est bien cachée.

— Heureusement celle du guichet secret est en ma possession, murmura l'étranger. De ce côté, il n'y a rien à craindre. Mais l'incendie, l'incendie ! Que les femmes y veillent pendant que les jeunes gens vont combattre.

A ces mots, l'étranger donna l'exemple en retournant aux palissades, vers lesquelles l'ennemi s'approchait. Les Indiens donnèrent le signal de l'assaut par une décharge qui partait de loin, mais qui n'en était pas moins dangereuse pour des hommes exposés sur le flanc de la colline.

Cependant Ruth avait rassemblé ses servantes, et prenait des précautions contre l'incendie. Elle fit éteindre tous les feux et toutes les lumières, que rendaient inutiles les fortes clartés qui partaient des granges en conflagration.

CHAPITRE XIV.

Après avoir accompli ces devoirs, les femmes se remirent en sentinelle, et Ruth quitta les appartements pour aller jeter un coup d'œil dans la cour. On n'y pouvait distinguer les moindres objets, car malgré la position des bâtiments intermédiaires, des lueurs éclatantes la traversaient constamment, et au-dessus, le ciel avait des teintes d'un rouge sinistre. Les sauvages demi-nus rôdaient d'abri en abri, à portée de flèche des palissades, et il n'y avait pas un seul tronc d'arbre qui ne protégeât la personne d'un infatigable ennemi. On pouvait compter les Indiens par centaines, et il était évident qu'ils voulaient vaincre à tout prix. De grands cris retentissaient sans cesse autour de la place, et les sons réitérés d'une trompe révélaient l'artifice que les sauvages avaient si souvent employé au commencement de la nuit pour attirer la garnison hors des palissades. Les assiégés faisaient un feu de tirailleurs, en ayant soin de viser presque à coup sûr. Le petit canon du blockhaus était silencieux, car le puritain ne jugeait pas nécessaire d'en amoindrir la réputation par un trop fréquent usage. Ce spectacle remplit Ruth de tristesse. La longue sécurité de son habitation rustique était détruite par la violence, et des scènes d'horreur succédaient à un repos qui était comme l'image de la paix spirituelle qu'elle ambitionnait. Les alarmes d'une mère devaient naturellement revivre dans un pareil moment; et avant qu'elle eût pris le temps de réfléchir à la lueur de l'incendie, elle s'avança rapidement dans un labyrinthe de corridors, pour aller retrouver ses enfants.

— Tu n'as pas regardé dans les champs? dit-elle à sa fille en entrant dans sa chambre. Remerciez Dieu, mes amis; jusqu'à présent les efforts des sauvages ont été vains, et nous sommes encore maîtres de notre habitation.

— Pourquoi la nuit est-elle si rouge? Viens ici, ma mère, on peut voir dans les bois comme si le soleil les éclairait.

— Les païens ont incendié nos greniers, et ce que tu vois est la lueur des flammes. Mais heureusement ton père et nos serviteurs combattent. Tu t'es mise à genoux, sans doute, ma chère Ruth, et tu as prié pour ton père et pour ton frère?

— Je vais recommencer, murmura l'enfant en se jetant à genoux et en cachant ses traits dans les plis des vêtements de sa mère.

— Pourquoi cette attitude? Pourquoi ne pas lever les yeux au ciel avec confiance?

— Ma mère, je vois l'Indien, il me regarde, et il a, je crois, la pensée de nous faire du mal!

— Tu n'es pas juste envers Miantonimoh, répondit Ruth en cherchant des yeux l'Indien, qui s'était modestement retiré dans un coin sombre de la chambre. Je te l'ai laissé pour protecteur et non pour ennemi. Maintenant, pense à ton Dieu, ma fille, et sois confiante en sa bonté. Miantonimoh, je te laisse de nouveau avec elle, en te chargeant de la défendre.

Ruth avait déposé un baiser sur le front glacé de sa fille, et elle s'était rapprochée du captif. Un cri terrible la rappela.

— A moi, ou je meurs! disait la petite Ruth.

Un sauvage nu, bigarré de sa peinture de guerre, avait saisi d'une main les cheveux soyeux de la jeune fille, et brandissait déjà la hache au-dessus d'une tête vouée à la destruction.

— Pitié! pitié! s'écria Ruth d'une voix étouffée, et elle tomba à genoux, moins pour supplier que faute de pouvoir se soutenir.

Les yeux de l'Indien s'abaissèrent sur elle. Mais il semblait plus disposé à compter le nombre de ses victimes qu'à changer de résolution. Avec un sang-froid qui dénotait une profonde habitude, il enleva par les cheveux la petite fille frémissante et muette d'effroi. Le tomahawk avait fait son dernier tour, et il allait frapper, lorsque le prisonnier l'arrêta brusquement dans ses évolutions. Le sauvage témoigna sa surprise par une sourde et gutturale exclamation, et il laissa retomber l'enfant.

— Va, dit Miantonimoh d'un ton d'autorité, les guerriers blancs t'appellent par ton nom

— La neige est rouge du sang de nos jeunes gens, répondit l'autre avec fureur, et il n'y a pas une chevelure à nos ceintures.

— Ceux-ci m'appartiennent, répondit le captif avec dignité en allongeant le bras de manière à montrer qu'il étendait sa protection à toutes les personnes présentes.

Le guerrier paraissait hésiter. Il avait affronté un trop grand danger en franchissant les palissades, pour être aisément détourné de son projet.

— Écoute! reprit-il après un moment de silence pendant lequel l'artillerie du puritain gronda de nouveau. Le tonnerre est avec les Anglais! Nos jeunes femmes s'éloigneront de nous en nous appelant Péquods, s'il n'y a pas de chevelures séchant à nos perches!

Cette observation produisit quelque effet sur le captif, et l'autre sauvage, qui le suivait des yeux avec impatience, reprit sa victime par les cheveux.

— Jeune homme, si tu n'es pas avec nous, Dieu nous abandonne! s'écria Ruth avec désespoir.

— Elle m'appartient, dit fièrement le captif. Entends-moi, Wompahwisset; le sang de mon père brûle dans mes veines.

Le sauvage s'arrêta et fixa des regards étonnés sur le jeune héros, dont la main levée le menaçait d'un châtiment immédiat s'il osait dédaigner sa médiation. Les lèvres du cruel guerrier s'entr'ouvrirent pour murmurer doucement le nom de Miantonimoh. Puis, entendant au dehors une explosion de cris affreux, il s'éloigna comme un limier lancé sur une nouvelle piste de sang.

— Que tu sois païen ou chrétien, murmura la mère, il y a quelqu'un qui te bénira.

Le prisonnier interrompit par un geste brusque l'expression d'une profonde gratitude, et indiqua le sauvage qui disparaissait, en faisant avec le doigt le tour de sa tête, d'une manière significative.

— Le jeune visage pâle a une chevelure, dit-il avec l'accentuation marquée d'un Indien.

Ruth n'en entendit pas davantage, et avec une rapidité instinctive elle descendit pour avertir Marc des féroces intentions de l'ennemi. Lorsque le bruit de ses pas eut cessé, le captif, qui avait si efficacement employé son autorité, reprit son attitude de méditation aussi tranquillement que s'il n'eût pas été intéressé aux événements de cette nuit terrible.

La situation de la garnison était éminemment critique. Un torrent de feu avait passé de l'extrémité des granges la plus éloignée à la partie qui avoisinait les fortifications, et les palissades étaient échauffées au point de prendre feu. Ce danger imminent avait été déjà signalé, et Ruth rencontra dans la cour la jeune Foi qui allait chercher du secours.

— As-tu vu Marc? demanda la mère.

— Il est avec son père et le capitaine étranger.

Ruth respira plus librement.

— Nous reste-t-il encore quelques chances de salut?

— Nous gardons nos positions, grâce au courage de nos jeunes gens. C'est merveille de voir les exploits de Reuben Ring, et même de Dudley, qui a failli vingt fois se faire tuer.

— Et quel est celui qui est tombé là? murmura Ruth en indiquant un corps humain qui gisait à l'écart loin du tumulte du combat.

Les joues de Foi devinrent blanches comme le linge que, même au milieu du désordre, une main amicale avait trouvé moyen de jeter par décence sur le cadavre.

— Qu'est-ce? dit la jeune fille en tremblant; ce n'est pas mon frère Reuben, qui est placé près d'une meurtrière de l'ouest. Ce n'est pas non plus Withal; quant à l'étranger, il tient conseil avec le jeune capitaine sous le parapet de la poterne.

— En es-tu sûre?

— Je les ai vus tous deux à la minute. Plût au ciel que j'entendisse la voix de Dudley, Madame!

— Lève le linge, dit Ruth avec calme. Sachons lequel de nos amis a été rappelé devant Dieu!

Foi hésita, et lorsque par un puissant effort qu'un secret intérêt détermina aussi bien que l'obéissance, elle accomplit l'ordre de sa maîtresse, ce fut avec la résolution du désespoir. Après avoir levé le drap mortuaire, les deux femmes aperçurent les traits pâles d'un individu qui avait eu la tête traversée par une flèche à pointe de fer.

— C'est le jeune homme qui est entré le dernier à la métairie! s'écria Foi avec un transport involontaire.

— Quoique ce ne soit pas un ancien ami, il est mort pour notre défense, et je donnerais beaucoup pour qu'il n'eût pas succombé et pour qu'il eût le temps de se préparer à comparaître. Mais ne nous laissons pas aller à la douleur. Va répandre l'alarme et annonce qu'un sauvage qui s'est introduit dans nos murs médite une attaque secrète. Ordonne à tous d'être prudents, et si le jeune Marc se rencontre sur ta route, signale-lui deux fois le danger. Il pourrait peut-être négliger un avis donné trop précipitamment.

Les deux femmes se séparèrent et Ruth alla retrouver son époux, qui délibérait avec l'étranger sur les moyens d'arrêter les progrès de l'incendie. Les sauvages, assez maltraités dans leurs assauts, semblaient tout attendre des flammes, et ils s'étaient mis à couvert en attendant le moment favorable. Le sentiment d'un danger terrible fit oublier à Ruth l'objet de sa démarche, et elle demeura muette auprès de son mari

— Un soldat ne doit pas se plaindre inutilement, lui dit l'étranger en se croisant les bras, comme s'il eût senti l'inutilité des efforts humains, autrement j'aurais reproché à celui qui a tracé cette enceinte de ne l'avoir pas garnie d'un fossé.

— Faut-il tirer de l'eau? demanda Ruth.

— C'est inutile; les flèches atteindraient tes servantes, et d'ailleurs on ne peut déjà plus endurer la chaleur de cette fournaise.

Comme il parlait, les flammes atteignirent un coin de la palissade, suivirent en voltigeant les contours du bois échauffé et s'étendirent rapidement depuis le sommet jusqu'à la base de l'enceinte. Un cri de triomphe s'éleva dans les champs, et une grêle de traits tomba en signe de défi dans l'intérieur des fortifications.

— Retirons-nous au blockhaus, dit Content; assemble tes servantes, Ruth, et fais tous les préparatifs nécessaires.

— J'y vais; mais n'expose pas inutilement ta vie pour ralentir la marche de l'incendie. Nous aurons le temps d'effectuer notre retraite.

— Je ne sais, reprit Soumission; l'attaque prend un nouveau caractère.

Ruth demeura immobile et comme clouée à la terre en voyant ce qui avait attiré l'attention de l'étranger. Une flèche enflammée, qui décrivit en l'air une courbe lumineuse comme celle d'un météore, passa au-dessus de leur tête et s'abattit sur les lattes d'un bâtiment qui faisait partie du carré de la cour intérieure. Ce projectile incendiaire avait été habilement dirigé, et il produisait un effet immédiat sur des matériaux presque aussi combustibles que la poudre.

— Sauvons notre habitation ! s'écria Content, et la main de l'étranger s'appuya avec force sur son épaule.

Au même instant, une douzaine de flèches de même nature tombèrent sur la toiture en feu. Il était impossible de penser à préserver la maison, et chacun dut s'occuper de sa sûreté personnelle.

Ruth s'empressa de faire transporter au blockhaus toute espèce de provisions. Les éblouissantes clartés qui pénétraient dans les plus sombres corridors de l'édifice empêchaient de dérober à l'ennemi les allées et venues des assiégés ; mais la fumée s'étendait devant eux comme un voile et les garantissait des flèches que l'ennemi faisait pleuvoir sur eux.

Bientôt Content fut averti que le blockhaus était prêt à les recevoir, et le signal de la retraite fut donné à son de trompe. Tous les défenseurs de la place se dirigèrent vers la citadelle centrale, et Ruth, qui avait déployé la plus grande énergie, s'arrêta à la porte en appuyant les mains sur ses tempes, comme pour rappeler ses idées.

— Et le mort, le laisserons-nous mutiler?

— Non sans doute, répondit Content : aide-moi à le transporter, Dudley... Ah ! nous avons encore perdu un des nôtres ! Le trouble dans lequel cette découverte avait jeté Content fut bientôt partagé par tous les assistants. Il était facile de voir que deux corps étaient cachés sous les plis du drap mortuaire, et les assiégés se regardaient les uns les autres pour savoir celui qui manquait. Il importait de faire cesser au plus tôt cette incertitude, et Content leva le linge qui couvrait le jeune homme dont la mort avait été constatée; mais on reconnut avec horreur que sa tête, encore fumante, venait d'être dépouillée de sa chevelure par la main impitoyable d'un sauvage.

— Prends garde à l'autre ! s'écria Ruth avec effort au moment où son époux achevait d'ôter le linceul funèbre.

Cet avertissement n'était pas inutile, car le linge qu'enlevait Content s'agita avec violence, et un Indien farouche se dressa au milieu du groupe épouvanté. Le sauvage décrivit avec sa hache un cercle autour de lui, poussa son cri de guerre et se précipita vers la porte du principal corps de logis avec tant de vitesse, qu'on ne pouvait penser à le suivre. Les bras de Ruth se tendirent convulsivement du côté où il avait disparu, et elle allait s'élancer sur ses traces lorsque Content l'arrêta.

— Veux-tu risquer tes jours pour sauver quelques bagatelles?
— Lâche-moi, répondit-elle avec désespoir; la terreur a égaré ma raison. J'ai oublié mes enfants!

Content ne lui opposa plus de résistance, et elle disparut à la suite du sauvage.

C'était le moment choisi par l'ennemi pour profiter de ses avantages. D'épouvantables clameurs le précédaient dans sa marche, et une décharge générale faite par les meurtrières du blockhaus apprit suffisamment à ceux qui restaient dans la cour que la place était envahie.

— Entre, dit Content à l'étranger en lui montrant la porte de la forteresse. Moi je vais au secours de mes enfants.

Soumission ne répliqua point, mais poussant de sa main puissante le mari presque stupéfié, il lui fit franchir la porte et ordonna à tous les traînards de rentrer. Ils obéirent, et il se croyait seul dehors, mais il remarqua qu'un individu s'était attaché à contempler d'un air morne les traits du cadavre. C'était Whitall Ring, dont l'épaisse intelligence semblait ne pas comprendre le danger. Il lui fit signe de le suivre, et tous deux s'aventurèrent dans les couloirs du principal édifice.

— Silence! dit l'étranger en entrant dans la chambre secrète; notre espoir est dans le mystère.

— Et comment échapper sans être découverts, demanda Ruth en montrant la lumière qui pénétrait par tous les abords du bâtiment. Le soleil à midi ne brille guère plus que cet affreux incendie.

— Dieu est dans les éléments, et sa main nous indiquera la route. Mais hâtons-nous, car le feu a déjà pris à la charpente : suis-moi, et ne parle pas.

Ruth entraîna ses deux enfants et descendit sur les traces de Soumission. Il fallait agir avec la plus grande fermeté et la plus grande circonspection, car les Indiens étaient déjà maîtres de tout le domaine. Leur premier soin avait été de mettre le feu dans tous les endroits que l'incendie avait jusqu'alors respectés, et des craquements sinistres se mêlaient aux cris des combattants et aux détonations qui partaient sans relâche de la citadelle. La cour était vide, la mousqueterie et la chaleur croissante écartant encore les sauvages, il était presque impossible de traverser en sûreté l'espace qui séparait la maison du blockhaus.

— Il faudrait que la porte du blockhaus fût prête à nous recevoir, murmura Soumission : ce serait la mort que de rester un seul instant exposé à cette flamme ardente, et nous n'avons aucun moyen...

— Veux-tu que j'aille? demanda le captif en touchant le bras de l'étranger. Celui-ci fit un geste d'assentiment; et Miantonimoh se rendit tranquillement dans la cour avec le sang-froid qu'il aurait montré dans un moment de sécurité complète. Il leva le bras vers les meurtrières en signe d'amitié, et se retourna ensuite vers les sauvages. La lueur de l'incendie l'éclairait en plein; il fut reconnu, et les cris de ses compatriotes cessèrent un instant.

— Viens-tu en paix, ou est-ce encore un artifice indien? demanda Content par un guichet pratiqué dans la porte du fort.

Le prisonnier leva la paume de la main droite, et posa l'autre main sur son sein nu.

— As-tu quelque chose à me dire au sujet de ma femme et de mes enfants?

Miantonimoh s'acquitta de sa commission.

— J'ai confiance en toi, reprit Content; le ciel te punira si tu trompes des êtres innocents et faibles.

Miantonimoh fit un signe pour recommander la prudence, et se retira à pas mesurés. Quand il eut rejoint Ruth et l'étranger, il les conduisit dans un endroit d'où on pouvait embrasser d'un regard une route si courte et si périlleuse. La porte du blockhaus s'entr'ouvrit alors pour se refermer ensuite. L'étranger hésita, car il croyait impossible de traverser la cour impunément.

— Jeune homme, dit-il, toi qui as tant fait pour nous, fais plus encore. Demande merci pour ces enfants, de manière à toucher le cœur de tes compatriotes.

Miantonimoh secoua la tête, et montra le cadavre étendu dans la cour en répondant :

— L'homme rouge a goûté du sang.

— Il faut donc tenter l'épreuve! mère dévouée, si tu veux sauver ta vie, laisse-nous le soin de ces enfants.

Ruth le repoussa de la main, et pressa contre son cœur sa fille muette et tremblante. Soumission la lui abandonna et ordonna à Whitall, qui se tenait près de lui, de se charger de la petite Martha : lui-même se plaçait devant Ruth pour la protéger, lorsque le battement d'une fenêtre située à l'arrière de la maison annonça que l'ennemi y avait pénétré. Il n'y avait pas de temps à perdre, car il était certain qu'une seule chambre les séparait de leurs cruels adversaires. Par un sentiment généreux, Ruth arracha l'orpheline des bras de Whitall Ring, et essaya d'envelopper les deux enfants dans les plis de sa robe.

— Je suis avec vous, murmura-t-elle ; ne criez pas, mes amies, votre mère est là !

En entendant le bruit de la fenêtre ébranlée et des vitres qui se brisaient, Soumission s'était jeté à l'arrière-garde, et il était déjà aux prises avec le sauvage dont nous avons parlé, et qui servait de guide à une douzaine d'Indiens.

— Au blockhaus ! cria l'héroïque soldat en se faisant un rempart du corps de son antagoniste.

Ruth avait perdu toute présence d'esprit, et ses yeux se fixaient avec égarement, à travers une épaisse fumée, sur la bande qui s'avançait en hurlant. Tout est perdu ! et elle emporta l'une de ses filles dans ses bras, tandis que Whitall Ring protégeait l'autre. Les clameurs, le sifflement des balles et des flèches achevèrent de troubler la mère éplorée, mais lui donnèrent en même temps une vigueur surnaturelle. Elle courut à la porte ouverte du blockhaus avec la rapidité des traits qui fendaient l'air. Whitall Ring voulut la suivre, mais il eut le bras traversé d'une flèche, et se retourna en fureur pour maudire celui qui l'avait blessé.

— Avance, imbécile ! lui cria l'étranger qui passait, toujours protégé par le corps d'un sauvage qu'il étreignait d'une main puissante : avance ! il s'agit de ta vie et de celle de l'enfant !

Ce conseil venait trop tard. Un Indien s'était déjà emparé de l'innocente victime et levait sur elle sa hache acérée. Une balle partie des meurtrières le renversa ; mais la jeune fille devint la proie d'un autre Indien, dans lequel les assiégés reconnurent avec horreur leur prisonnier. Le nom de Miantonimoh retentit dans le blockhaus. En le voyant rentrer dans la maison avec sa proie, tous éprouvèrent une douloureuse stupeur qui suspendit un moment leurs coups. Deux Indiens en profitèrent pour relever Whitall Ring et pour l'entraîner dans l'habitation incendiée. Au même instant, Soumission repoussa violemment son adversaire, qui tomba sur les armes dirigées par ses compagnons contre l'intrépide homme blanc. La porte de la forteresse se referma dès que celui-ci fut entré, et les sauvages entendirent le bruit des barres de fer qu'on plaçait pour la consolider. Un cri donna le signal de la retraite, et bientôt il ne resta plus dans la cour que des cadavres.

CHAPITRE XV.

Content aida sa femme presque inanimée à monter l'échelle, et cédant à un sentiment indigne de lui mais naturel :

— Nous avons, dit-il, une consolation pour notre malheur. Nous avons perdu l'orpheline que nous aimions; mais il nous reste notre enfant!

L'épouse hors d'haleine se jeta sur une chaise, et pressa contre son sein son cher trésor Content se pencha pour embrasser l'enfant; mais il recula alarmé lorsqu'il eut écarté les plis du vêtement qui la cachait. Ruth s'aperçut avec douleur, au milieu du désordre de cette scène effrayante, qu'elle avait sauvé la vie de Marthe, et malgré la noblesse de son caractère, elle ne put s'empêcher d'être désolée de cette erreur.

— Ce n'est pas notre enfant! s'écria-t-elle en regardant Marthe avec une expression que n'avaient jamais eue ses yeux si doux et si indulgents.

— Je suis à toi, murmura la jeune fille tremblante en essayant d'atteindre le sein qui avait si souvent réchauffé son enfance. Si je ne suis à toi, à qui suis-je donc?

Les yeux de Ruth étaient toujours hagards, et ses traits agités de mouvements convulsifs.

— Madame, ma mère! dit l'orpheline à plusieurs reprises.

Le cœur de Ruth s'attendrit, et elle serra dans ses bras la fille de son amie, et la nature se soulagea par un de ces actes de désespoir qui semblent devoir briser les liens par lesquels l'âme s'unit au corps.

— Viens, fille de John Hardin, dit Content en s'efforçant de paraître résigné, humilions-nous sous la main paternelle du Seigneur, et comptons encore sur sa miséricorde. Notre fille est au pouvoir des Indiens. Mais demain nous nous entendrons peut-être avec eux, et nous traiterons d'une rançon.

Cette lueur d'espoir donna aux pensées de Ruth une direction nouvelle, et ses longues habitudes de contrainte reprirent une partie de leur ascendant. Ses larmes se tarirent, un effort terrible la rendit de nouveau maîtresse d'elle-même; mais pendant les dernières heures elle ne montra plus l'énergie qu'elle avait précédemment déployée.

Il est à peine nécessaire de rappeler au lecteur les circonstances critiques au milieu desquelles se passait cette scène de famille. Personne n'y fit attention, tant un pareil épisode avait peu d'importance dans une tragédie qui touchait à son dénoûment.

Les assiégés n'avaient plus à redouter les balles; mais ils se trouvaient environnés d'un brasier dont les volutes tourbillonnaient parfois autour du blockhaus. La base de pierre n'avait rien à craindre. Le premier et le second étage étaient même à l'abri de l'incendie, vu l'épaisseur et la solidité des madriers; mais le toit, suivant l'usage américain, se composait de voliges de sapin. Le feu ne tarda pas à y prendre, et toute la garnison fut occupée à tirer de l'eau du puits central, pour la jeter sur le toit par les fenêtres de l'attique. Ce dernier travail n'était pas sans danger, et des nuées de flèches, dont quelques-unes portèrent, furent dirigées contre les jeunes gens. Néanmoins ils ne perdirent pas courage, et entrevirent le moment où le succès allait les dédommager du danger qu'ils avaient couru; il y eut quelques minutes de repos et même de gaieté pendant lesquelles les travailleurs examinèrent avec curiosité la chambre secrète où se réfugiait d'ordinaire le puritain.

— Le capitaine a soin de son corps, murmura Reuben Ring en leur montrant des pots de beurre entassés dans un coin.

— Il ne vit guère que de lait, répondit un autre; aussi s'en est-il approvisionné.

— Ce pourpoint de buffle ressemble à celui des cavaliers du temps de Cromwell. Il y a longtemps, sans doute, que le capitaine ne l'a endossé.

— Voici encore une épée de la même époque. En contemplant ces objets, il médite peut-être sur les vanités de sa jeunesse.

Pendant qu'ils formaient ces conjectures, on entendit les servantes qui tiraient les seaux s'écrier : — Aux meurtrières, aux meurtrières! nous sommes perdus!

Les Indiens, avec leur sagacité ordinaire, avaient profité du temps employé par la famille à éteindre les flammes. Ils avaient amoncelé autour de la citadelle de la paille et autres matériaux combustibles. On s'empressa de jeter des torrents d'eau sur ce nouveau foyer; mais les sauvages avaient eu la précaution de le couvrir de planches. Leur principal but était de brûler la porte. Les assiégés essayèrent de les chasser à coups de fusil; mais une épaisse fumée les aveuglait et les empêchait de diriger leurs coups. Bientôt la porte céda, et l'ennemi, en poussant des cris de triomphe, envahit le soubassement du blockhaus. Le premier soin des sauvages fut de chercher à détourner l'eau, en perçant la muraille circulaire qui montait jusqu'au premier étage; mais les assiégés pratiquèrent immédiatement des trous dans le plancher et firent un feu si terrible, que les Indiens durent renoncer à leur projet et imaginèrent un autre expédient. Ils apportèrent des matelas, des meubles, du linge, auxquels ils mirent le feu. En ce moment critique, on découvrit que le puits était tari; les seaux remontaient aussi vite qu'ils étaient descendus, et ils furent jetés de côté comme entièrement inutiles. Les sauvages parurent comprendre leur avantage, et ils alimentèrent activement le foyer incandescent. En quelques minutes, l'extérieur de la forteresse fut enveloppé par les flammes, et les vainqueurs célébrèrent l'issue du combat par des acclamations prolongées. Quant aux assiégeants, ils gardaient un lugubre silence. Le pétillement des flammes, le craquement des charpentes se faisaient seuls entendre dans le blockhaus embrasé. On semblait y avoir renoncé également à lutter contre le vainqueur et à implorer sa merci. Enfin une voix solitaire s'éleva du milieu des décombres; c'était celle du vieux Marc Heathcote, qui priait avec ferveur. Quoiqu'il s'énonçât dans un langage inintelligible aux indigènes, ils connaissaient assez les habitudes coloniales pour savoir que le chef des visages pâles était en communication avec son Dieu. Saisie de terreur, ignorant quels pouvaient être les résultats d'une invocation aussi mystérieuse, toute la bande s'éloigna et se plaça à quelque distance pour suivre les progrès de l'incendie. Elle avait entendu raconter d'étranges choses sur le pouvoir de la divinité des chrétiens, et comme les victimes avaient abandonné tout à coup les moyens ordinaires de salut, les sauvages s'imaginaient qu'elles attendaient quelque manifestation du grand esprit de la race étrangère. Toutefois ils ne montraient aucun désir d'arracher les blancs à une mort cruelle; ils regrettaient seulement de ne pouvoir remporter dans leur village les gages sanglants qu'ils recueillaient ordinairement de leurs victoires.

Le feu gagna l'intérieur du fort. Par intervalles il en sortit des sons étouffés, pareils aux cris de douleur qui échappent à des femmes; mais ils furent si passagers, que ceux qui les entendirent purent se croire le jouet d'une vaine illusion. Les Indiens avaient souvent assisté à de semblables scènes, mais ils n'avaient jamais vu braver la mort avec une aussi complète sérénité. Le calme solennel qui régnait dans l'édifice en feu leur inspira un effroi toujours croissant; et lorsque la citadelle ne fut plus qu'un monceau de ruines fumantes, ils se retirèrent, comme s'ils eussent redouté la vengeance d'un Dieu qui savait communiquer à ses adorateurs une si profonde résignation.

Les cris des vainqueurs retentirent dans la vallée jusqu'à l'aube du jour; mais peu d'entre eux osèrent s'approcher des décombres, et ceux qui vinrent rôder aux alentours éprouvaient moins les transports d'une vengeance assouvie que le respect avec lequel un Indien visite les tombeaux des justes.

CHAPITRE XVI.

Le lendemain matin, le vent avait changé; le dégel, que les chasseurs avaient prévu la veille, annonçait la fin de l'hiver. La verdure avait repris son éclat; des courants d'air chaud fondaient la neige et ranimaient toute la nature. Le soleil étincelait dans un ciel sans nuages, et les fumées qui s'élevaient encore du foyer de l'incendie flottaient au-dessus des collines comme celles qui sortent des cheminées des paisibles chaumières. Le monticule sur lequel l'habitation avait été assise présentait un spectacle de désolation. On n'y voyait que des poutres charbonnées, au milieu desquelles montait le puits circulaire, comme un sombre monument du passé. Quelques ustensiles de ménage étaient épars çà et là sur le sol. Plus loin on remarquait des palissades isolées, qu'une cause accidentelle avait en partie dérobées aux flammes. Des bestiaux sans guides, des oiseaux de basse-cour, erraient dans les champs en évitant les endroits où les haies avaient porté l'incendie, comme des rayons divergents d'un centre commun de destruction.

La troupe impitoyable qui avait commis ces dévastations avait déjà repris la route de ses villages, et le chemin qu'elle avait suivi dans les bois était reconnaissable aux arbrisseaux arrachés et aux cadavres des animaux immolés en pure perte dans l'enivrement de la victoire. Un seul Indien restait en arrière, et semblait retenu par des sentiments tout différents de ceux qui avaient récemment agité le cœur de ses compagnons. Il s'approcha lentement, sans bruit, en osant à peine respirer, des ruines consacrées par le martyre d'une famille chrétienne. C'était Miantonimoh, qui cherchait quelque triste souvenir de ceux avec lesquels il avait si longtemps vécu.

L'Indien promenait autour de lui des yeux étincelants, et semblait chercher quelques vestiges de la forme humaine; mais l'élément destructeur s'était déchaîné avec trop de véhémence pour laisser beaucoup de traces visibles de sa fureur. Cependant Miantonimoh crut voir quelque chose de semblable à ce qu'il cherchait, et il tira des décombres l'os d'un bras puissant. Cette vue parut d'abord lui causer une joie féroce, mais de doux souvenirs l'apaisèrent, et les affections tendres usurpèrent la place de la haine qu'il avait appris à porter aux blancs. Les tristes restes tombèrent de sa main, et si la bonne Ruth avait pu remarquer la mélancolie qui assombrit les traits du jeune sauvage, elle aurait acquis la certitude consolante qu'elle n'avait pas complètement perdu le fruit de ses bontés.

La terreur succéda aux regrets, et l'Indien crut entendre une voix sépulcrale. Son imagination lui représenta les victimes sur leur bûcher, et le vieux Marc en conférence avec son Dieu. Il se persuada que s'il s'arrêtait encore sur cette tombe, les Visages-Pâles allaient lui apparaître, et il suivit d'un pas léger les traces de ses compatriotes. Rien de plus gracieux, de plus pur, de plus sculptural que les mouvements de cet enfant du désert, préoccupé de visions superstitieuses, et fuyant pour les éviter. Il se retourna plusieurs fois pour contempler la place des constructions détruites; et quand ses pieds agiles eurent atteint la lisière de la forêt, et avant de s'y enfoncer, il jeta un dernier regard sur ces lieux, où le hasard l'avait rendu témoin de tant de bonheur domestique et de tant de misères inattendues.

L'œuvre des sauvages était achevée. Les progrès de la civilisation semblaient pour longtemps arrêtés dans la vallée du Crapaud-Volant. Si la nature avait été abandonnée à ses propres forces, quelques années auraient suffi pour couvrir la clairière de sa végétation primitive, mais il en avait été décidé autrement. Le soleil avait atteint le méridien, et l'ennemi avait disparu depuis quelques heures, sans que rien annonçât cette sage décision de la Providence. Un témoin des horreurs qui venaient de s'accomplir aurait pris le souffle du vent dans les ruines pour le murmure des âmes envolées; mais un bruit plus déterminé remplit tout à coup le silence qui semblait avoir repris possession du désert. Un mouvement s'opéra dans les ruines du blockhaus. On y déplaçait avec précaution des pièces de bois, et une tête humaine se montra tout à coup au-dessus de la margelle du puits. L'air sauvage et surnaturel de ce spectre était en harmonie avec le reste de la scène. Son visage était noirci par la fumée, son front souillé de sang, et sa tête enveloppée d'un misérable haillon. Ses yeux vitreux et mornes se fixèrent avec horreur sur la campagne.

— Que vois-tu? demanda une voix sourde qui partait des profondeurs du puits.

— Un spectacle à faire pleurer un loup! répondit Eben Dudley en se plaçant debout sur la margelle. Ah! bien des signes précurseurs nous avaient avertis; mais que peut la sagesse humaine contre les artifices du diable? Montez, Délial a fini sa tâche, et nous avons un moment de répit. Cette nouvelle fut reçue avec transport, et la troupe se prépara à quitter sa retraite souterraine. Les planches qui lui servaient d'abri furent transmises une à une à Dudley, qui les jeta au milieu des décombres, et descendit de son observatoire, pour faire place à ses compagnons. Soumission parut le premier, puis Content, le puritain et Reuben King suivi des jeunes gens qui n'avaient pas succombé. Dès qu'ils furent dehors, ils s'occupèrent de délivrer les personnes du sexe, au moyen de chaînes et de seaux. Ruth, la petite Marthe, Foi et toutes les servantes sans exception furent arrachées aux entrailles de la terre et rendues à la lumière du jour.

Notre intention n'est pas de fatiguer outre mesure la sensibilité de nos lecteurs. Aussi ne parlerons-nous pas des souffrances et des angoisses qu'avaient éprouvées les colons pendant l'incendie du fort. C'était avec les échelles et les débris des planchers qu'ils avaient pu parvenir au fond du puits, taillé dans une grotte assez spacieuse pour les contenir tous aisément. Ils avaient couvert l'orifice supérieur de meubles et de planches placés en travers, et la forme même du blockhaus les avait garantis de la chute des parties les plus massives.

On peut se figurer le désespoir de la famille, au milieu de la désolation de la vallée; mais il était compensé par la joie d'avoir échappé à un sort plus affreux. Après de courtes actions de grâce, tous, d'un commun accord, s'occupèrent des mesures qu'exigeait la circonstance, avec la promptitude d'hommes endurcis à la fatigue. Les plus actifs et les plus expérimentés furent envoyés à la découverte, pendant que d'autres cherchaient dans les ruines de quoi pourvoir à leurs besoins, et que les servantes réunissaient les bestiaux.

Au bout de deux heures les éclaireurs revinrent dire que la direction des traces annonçait le départ définitif des sauvages. Les vaches avaient donné leur tribut; on avait rassemblé quelques provisions, mis les armes en état et pris des précautions contre le froid du soir. Ces dispositions ne furent complètes que lorsque le soleil commença à s'incliner vers la cime des hêtres. Alors Rouben Ring, accompagné d'un autre jeune homme, d'un courage non moins éprouvé, se présenta devant le vieux capitaine. Il s'était équipé autant que leur position l'avait permis, de manière à entreprendre un voyage à travers les bois.

— Allez, leur dit le puritain, allez répandre la nouvelle de cette visitation terrible, afin que l'on vienne à notre secours. Je ne demande point vengeance contre les païens abusés, qui font le mal par ignorance, et qui se repentiront peut-être en songeant à ce terrible exemple de la colère divine. Faites le tour des établissements à cinquante milles à la ronde, et invitez nos voisins à nous prêter assistance. Jamais sur les frontières on ne manque de répondre à un appel semblable. Ils viendront, je n'en doute pas, et puissé-je n'avoir jamais l'occasion de leur rendre service pour service. Dites-leur bien que vous êtes des messagers de paix, que je prie mes frères de m'aider à rebâtir ma maison, sans armer leurs bras pour châtier les Indiens.

Les deux émissaires partirent après cette allocution; mais on voyait au froncement de leurs sourcils qu'ils ne partageaient guère ces idées de pardon, et qu'ils étaient assez disposés à n'en tenir aucun compte s'il leur tombait un sauvage entre les mains. Ils passèrent rapidement des champs sous les arceaux de la forêt et suivirent le sentier qui menait aux villes du Connecticut.

Avant le coucher du soleil, on déblaya le blockhaus, dont le soubassement de pierre était intact, et on lui donna pour toiture des fragments de solive noircis par le feu. Une cheminée qui avait conservé son tuyau devint le point central d'une cuisine improvisée. On pensa aux morts aussi bien qu'aux vivants, et l'on réunit, pour les confier à la terre, les ossements du jeune homme qui avait été tué dans la cour, et ceux de deux autres serviteurs qui avaient succombé en défendant le blockhaus.

L'inhumation eut lieu à l'heure où l'horizon se diaprait de ces teintes magnifiques qui précèdent la naissance et la chute du jour. La campagne était encore inondée de clarté, quoique les bois fussent déjà plongés dans l'obscurité de la nuit. La forêt formait comme une sombre muraille, et quelques arbres placés en dehors de cette lisière détachaient sur un fond resplendissant leurs contours noirs et irréguliers. Un grand pin, dont la pyramide toujours verte dominait le feuillage des hêtres, projetait son ombre jusque sur les flancs de l'éminence où les colons étaient groupés. L'extrémité anguleuse de cette ombre s'allongeait lentement vers la fosse ouverte, comme un emblème de l'oubli qui attendait les morts. Un fauteuil de chêne sauvé des flammes fut destiné à Marc Heathcote, et deux bancs parallèles composés de planches placées sur des pierres reçurent les autres membres de la famille. Soumission, les bras croisés et le front soucieux, se plaça en face du patriarche séparé de lui par la tombe. Un cheval, qu'on avait harnaché tant bien que mal, était attaché au reste d'une palissade à moitié brûlée.

— Une main juste mais immiséricordieuse s'est appesantie sur ma famille, dit le vieux puritain avec le calme d'un homme accoutumé à s'humilier devant les célestes décrets : il m'a ravi les biens qu'il m'avait prodigués, il a voilé sa face irritée, après avoir si longtemps daigné sourire à ma faiblesse. Je l'avais connu dans ses bénédictions, je devais m'attendre à le connaître dans son courroux; mon cœur aurait fini par s'endurcir pour céder à un vain orgueil. Que personne ne murmure de ce qui est arrivé; donnons aux puissants du monde, aux hommes qui s'attachent à ses vanités, l'exemple de la fermeté et des consolations que les justes peuvent tirer de leur conscience. Qu'un cantique d'actions de grâce retentisse dans le désert.

A ces mots, Marc attacha ses regards sévères sur l'un de ses serviteurs, auquel il semblait demander de partager sa sublime résignation; mais le jeune homme était incapable d'un pareil sacrifice, et il s'y refusa silencieusement en détournant les yeux, après les avoir promenés sur la dépouille des morts et sur le site désolé qu'il avait jadis embelli de ses propres mains.

— Quoi! reprit le puritain, personne n'a-t-il de langue pour louer le Seigneur? Une bande de païens s'est ruée sur mes troupeaux; la flamme a été portée dans ma demeure, mes compagnons sont tombés sous les coups des infidèles, et personne ne se lèvera pour dire que le Seigneur est juste! Je voudrais que l'hymne de louanges fît oublier les cris de guerre des sauvages!

Ce fut Content qui, après un long silence, se chargea de répondre à cet appel.

— Celui qui avait fait fructifier pour nous le désert a pris pour instruments de sa volonté des ignorants et des barbares; il a suspendu le cours de notre prospérité, afin que nous sachions qu'il est le Seigneur.

Le puritain accueillit ces paroles par un regard de pieuse satisfaction et se tourna vers Ruth, dont la douleur excitait la sympathie de tous les assistants. La pauvre mère ne pleurait point, mais elle cherchait involontairement, au milieu des débris humains étendus à ses pieds, quelques restes de l'ange qu'elle avait perdu. Elle fit un effort sur elle-même pour murmurer d'une voix presque inintelligible :

— L'Éternel avait donné, l'Éternel a ôté; que le nom de l'Éternel soit béni !

—Maintenant, reprit Marc Heathcote, je reconnais que nous avons profité de la terrible leçon qui nous est infligée. De ces hommes qu'on voyait hier encore si robustes et si joyeux, il ne reste que des chairs desséchées et des cendres méconnaissables ; mais croyez, mes enfants, que ce mal apparent n'est ordonné que pour qu'il en résulte quelque bien; nous habitons une terre sauvage et lointaine. L'un de nos frères, chassé comme le daim des forêts, est encore obligé de fuir; nous n'avons d'autre toit que la voûte azurée; mais, quoique hérissé d'épines, le chemin des fidèles mène au repos. Celui qui a supporté la faim et la soif, et les douleurs de la chair pour le service de la vérité, sera dédommagé un jour par la paix éternelle.

L'étranger s'inclina comme pour remercier son hôte de cette allusion personnelle; sa physionomie austère s'assombrit encore, et ses doigts pressèrent convulsivement la crosse de son pistolet.

— Si une femme pleure la mort prématurée de nos défenseurs, ajouta Marc Heathcote en regardant la fiancée de l'un d'eux, qu'elle se souvienne qu'il ne tombe pas même un passereau sans que sa chute réponde aux fins de la Sagesse. Que le coup qui nous a frappés nous rappelle la vanité de la vie et la facilité avec laquelle on devient immortel! Si le jeune homme a été renversé avant le temps comme une herbe encore verte, le moissonneur dont la faucille l'a frappé connaît mieux que nous l'heure propice pour la rentrée de la récolte dans ses greniers éternels.

La fiancée interrompit un moment le capitaine par des sanglots convulsifs; puis, amené par une transition naturelle à faire mention de ses propres douleurs, il reprit en ces termes :

— La mort n'est point étrangère dans mon habitation, elle m'a ravi une femme dans l'orgueil de la jeunesse, dans la première joie de la naissance d'un enfant. Toi qui siéges au plus haut des cieux, tu sais combien ce coup m'a été pénible, et tu as enregistré les tortures de mon âme. Et pourtant elles ne t'ont pas paru suffisantes, car je n'étais pas encore assez détaché du monde. Tu nous avais laissé une image de la grâce et de l'innocence de celle que tu as rappelée, et tu nous as retiré cette image, pour que nous connaissions ton pouvoir. Nous nous courbons devant ce jugement. Si notre enfant habite les demeures bienheureuses, elle est à toi, et nous n'avons pas la hardiesse de nous plaindre; mais nous comptons sur ta bonté dans le cas où elle continuerait encore le pèlerinage de la vie. Ne l'abandonne pas à l'aveuglement des païens, cette chère enfant, pour laquelle tu as permis à nos cœurs d'avoir une affection terrestre, mais qui t'appartient tout entière. O roi des cieux! nous attendons quelque manifestation de ta volonté pour savoir si nous devons intervenir en faveur de notre fille, ou si les sources de notre tendresse doivent être taries par la certitude de son bonheur.

Ces mots arrachèrent des larmes brûlantes à la mère pâle et immobile. Content lui-même ne put retenir un gémissement. Mais lorsque l'assemblée jeta sur le père affligé un regard de condoléance, il s'était levé et semblait demander lui-même d'où partait le signe de douleur qu'on venait de surprendre sur ses lèvres.

Le puritain termina sa harangue par une prière, après laquelle les restes des morts furent recouverts de terre. Tous se retirèrent ensuite, à l'exception du puritain et de l'étranger, qui, se serrant la main avec effusion, oublièrent leur austère réserve pour se témoigner une amitié si cruellement éprouvée.

— Tu sais que je ne puis m'arrêter, dit Soumission; les agents du roi me poursuivent, et pourtant j'aurais voulu rester auprès de toi pour adoucir tes peines. Je t'ai retrouvé en paix, et je te quitte en proie à la souffrance.

Un sourire brilla sur le front du puritain comme un rayon du soleil couchant sur un nuage d'hiver.

— Tu ne me rends pas justice, répondit-il; avais-je l'air plus heureux lorsque tu plaças dans ma main celle d'une épouse bien-aimée? N'étais-je pas alors tel que je suis aujourd'hui au milieu du désert, sans abri, sans ressources, presque sans enfants? Mais tu dis vrai : tu ne peux t'arrêter, car les limiers de la tyrannie seront bientôt sur ta piste, et il n'y a plus ici d'asile pour te recevoir!

Par un mouvement simultané, les deux amis se tournèrent tristement vers les ruines de la métairie.

— Marc Heathcote, reprit l'étranger, adieu! L'homme dont la porte s'est ouverte à des frères ne sera pas longtemps sans demeure; l'homme dont la résignation brave toutes les épreuves ne connaîtra pas longtemps la douleur.

Ces paroles retentirent aux oreilles du puritain comme une révélation prophétique. Les deux amis se donnèrent une dernière poignée de main, puis ils se séparèrent, l'un pour aller rejoindre sa famille sous un misérable abri, l'autre pour s'enfoncer dans les sentiers les plus solitaires du désert.

CHAPITRE XVII.

Nous laisserons l'imagination du lecteur franchir un intervalle de plusieurs années; mais avant de reprendre le fil de notre récit, il importe de jeter un coup d'œil sur les modifications apportées par le temps au pays où se passe notre histoire.

La colonie de la Nouvelle-Angleterre n'était plus à l'état d'essai, et le Connecticut avait déjà une population assez nombreuse pour déployer cet esprit entreprenant qui a depuis rendu si remarquable cette petite communauté.

On conçoit aisément que dans un pays qui n'est pas encore transformé complètement par la main des hommes, et où les restrictions artificielles sont inconnues, l'aventurier jouit de la plus grande liberté possible pour choisir le but de ses efforts. L'agriculteur traverse les contrées en friche et va s'établir sur le bord d'une rivière ; le commerçant s'installe à l'endroit où les besoins qu'il satisfait se font sentir, et l'artisan n'hésite pas à quitter son village quand un salaire élevé lui est promis ailleurs. En s'établissant en Amérique, les émigrants ont profité de cette liberté illimitée et n'ont eu d'autre règle que leurs intérêts. De là vient qu'aucune partie de nos immenses possessions n'a été négligée, et en revanche n'a atteint son dernier degré de perfectionnement. Aujourd'hui même encore on trouve des villes au milieu du désert qui restent sans culture autour d'elles, tandis que leurs habitants vont par bandes exercer plus loin leur industrie. La capitale elle-même est environnée de misérables villages, de terres stériles ou en jachère, jadis épuisées par des plantations de tabac, dans des contrées que les loups et les ours occupaient seuls encore longtemps après la fondation de Washington.

Ainsi s'explique ce mélange de civilisation et de barbarie que l'on remarque aux États-Unis. Le voyageur qui a passé la nuit dans une excellente auberge peut être forcé de dîner sous la hutte de feuillage d'un chasseur ; des routes nivelées avec soin aboutissent quelquefois à des marais impraticables ; des canaux s'arrêtent au pied d'une montagne aride et nue ; les clochers des villes sont cachés par d'impénétrables forêts. L'observateur est donc exposé à commettre deux erreurs involontaires : tantôt il se persuade que les progrès accomplis dans certaines localités s'étendent à tous les points intermédiaires, tantôt l'aspect triste et désolé de certaines régions lui fait croire que les établissements plus éloignés sont également dépourvus de civilisation.

Vers la fin du dix-septième siècle, époque à laquelle vivait Marc Heathcote, le contraste des effets du travail avec la nature vierge était plus sensible encore. Toutefois quelques années avaient suffi pour métamorphoser en village l'ancien domaine du Crapaud-Volant. Le ruisseau qui le traversait faisait tourner un moulin et arrosait de verdoyantes prairies. Environ quarante maisons solidement construites en bois occupaient le centre de la vallée que formaient trois montagnes peu élevées. Toutes ces demeures avaient entre elles un air de famille, et l'aspect même des plus humbles indiquait l'aisance. Suivant l'usage qui régnait alors dans les colonies de l'Est, elles se composaient de deux étages, dont le second était en saillie sur le premier. La peinture n'étant pas encore à la mode, les façades n'avaient d'autre couleur que celle que prend ordinairement le bois après avoir été longtemps exposé à l'air. Au centre de chaque toit s'élevait une cheminée solitaire, et deux ou trois portes étaient flanquées de deux croisées. Une petite cour disposée en boulingrin précédait chaque maison, et elle était séparée de la voie publique par une barrière de bois blanc. Deux rangées de jeunes et vigoureux ormeaux bordaient la rue, au milieu de laquelle un énorme sycomore occupait encore la place où les blancs l'avaient trouvé à leur entrée dans la forêt. C'était à l'ombre de cet arbre que les habitants se rassemblaient pour s'informer de leurs santés respectives ou pour se communiquer les nouvelles venues des villes plus voisines de la mer. L'herbe croissait à l'aise dans la rue; mais on y avait seulement ménagé pour les voitures, ou plutôt pour les chevaux, un étroit sentier dont les sinuosités se déroulaient entre les hautes barrières de bois depuis le hameau jusqu'à la forêt. Des buissons de lilas ornaient les angles de la plupart des cours, et des tiges de rosier chargées de fleurs se faisaient jour à travers les interstices des clôtures. Les maisons étaient isolées et avaient un jardin par derrière. On avait profité du bon marché du terrain pour éloigner les dépendances et les garantir ainsi des cas d'incendie.

L'église était située au milieu du grand chemin, à l'une des extrémités du village. Les formes de ce temple ne rappelaient rien de la beauté des églises romaines; il avait la hauteur de deux étages, et possédait une tour sans flèche qui en indiquait seule le caractère. On avait pris un soin tout particulier dans la construction de l'édifice, pour n'offrir à l'œil que des lignes droites et des angles droits Les austères moralistes de la Nouvelle-Angleterre s'imaginaient que les arceaux voûtés et les fenêtres ogivales avaient quelque mystérieux rapport avec les dogmes réprouvés du papisme. Si le génie de la lampe merveilleuse avait fait un brusque échange entre les croisées de l'édifice sacré et celles de l'auberge d'en face, le plus attentif observateur de la colonie n'aurait pu s'apercevoir de la substitution, puisque les unes et les autres se ressemblaient par la forme, le style et les dimensions.

A peu de distance de l'église on avait réservé un petit enclos, lieu de repos de ceux qui avaient terminé leur voyage ici-bas; il ne s'y trouvait encore qu'un seul tombeau.

L'auberge se distinguait des autres constructions par sa grandeur, son hangar à l'usage des chevaux, et l'air d'importance avec lequel elle s'avançait en dedans de l'alignement comme pour inviter le voyageur à se reposer. L'enseigne pendait à un poteau, ou pour mieux dire à une potence que les nuits de gelée et les jours de chaleur avaient déjà fait dévier de la perpendiculaire. L'image qu'elle portait était de nature à réjouir le cœur d'un naturaliste en lui persuadant qu'il avait découvert un oiseau d'une nouvelle espèce; mais pour prévenir cette bévue, l'artiste avait prudemment écrit sous l'œuvre de son pinceau :

C'EST L'ENSEIGNE
DU
CRAPAUD-VOLANT.

On voyait peu de restes de forêt dans le voisinage immédiat du hameau. Les arbres avaient été depuis longtemps abattus, et il ne restait plus de traces de leur existence. Mais, à mesure qu'on s'éloignait du groupe des maisons, on remarquait divers indices d'invasion plus récente au milieu du désert, et des piles de bois annonçaient l'emploi récent de la hache.

A cette époque primitive, le laboureur américain, comme l'agriculteur de presque tous les pays d'Europe, demeurait dans son village. Les attaques des sauvages avaient produit dans le nouveau monde le même effet que les invasions des barbares dans l'autre hémisphère. Ce système de concentration enlève aux paysages rustiques des charmes qui ne leur sont rendus que lentement dans un état social plus avancé; mais les habitants du Crapaud-Volant ne s'y étaient pas entièrement conformés. Ayant la faculté de se livrer à leurs fantaisies, ils avaient sacrifié la certitude de leur sécurité au désir de se mettre à l'aise. Une douzaine de maisons étaient éparses sur les flancs des montagnes, au milieu des nouveaux défrichements, et trop éloignées du centre pour être suffisamment garanties des irruptions de l'ennemi commun.

Cependant, pour protéger tout le monde dans les cas extrêmes, on avait bâti près du hameau une forteresse garnie de palissades et flanquée de blockhaus. Le bâtiment qu'elle contenait dans son enceinte servait à la fois de presbytère et d'hôpital. A un demi-mille de cette citadelle qu'on appelait assez singulièrement la garnison, s'élevait une habitation plus considérable que les autres, mais qu'on reconnaissait à certains signes pour avoir été reconstruite. Les champs qui l'entouraient se distinguaient par le nivellement plus complet de leur superficie. Les clôtures de bois qui en divisaient les champs étaient moins grossières que celles des propriétés voisines; les souches avaient entièrement disparu, et les jardins étaient plantés d'arbres à fruits. Sur l'éminence conique à laquelle était adossé le principal édifice se dressait le soubassement de pierre de l'ancien blockhaus, au milieu d'un verger de pommiers qui n'avaient que huit ou dix ans d'âge à en juger par leur développement. On voyait un second blockhaus à côté de la maison, mais il avait un air de négligence qui prouvait qu'il avait été construit à la hâte et provisoirement.

Toutes les dispositions prises par les colons portaient le cachet de l'Angleterre, mais c'était l'Angleterre moins son luxe et moins sa pauvreté. Comme l'espace ne manquait pas, comme chacun avait pu s'arrondir à sa guise, toutes les maisons avaient un air de bien-être qu'on cherche souvent en vain dans les pays où la population est plus nombreuse relativement à l'étendue du sol.

CHAPITRE XVIII.

Au moment où notre action recommence, on était au mois de juin et l'aube du jour triomphait des ténèbres. La fraîcheur qui accompagne ordinairement les nuits dans une région boisée avait fait place à la chaleur d'une matinée d'été, et de légères vapeurs ondulaient au-dessus des prairies pour former des nuages qui allaient se grouper sur le sommet d'une montagne lointaine qu'on pouvait regarder comme le rendez-vous commun de tous les brouillards formés pendant les heures de ténèbres. Quoique le soleil n'eût pas encore paru, un homme rôdait déjà sur une éminence d'où l'on pouvait apercevoir les différents objets décrits dans le chapitre précédent. Il avait un fusil en bandoulière, une carnassière, une poire à poudre, ce qui semblait indiquer qu'il revenait de la chasse ou de quelque autre expédition moins pacifique. Son costume n'avait de remarquable qu'une ceinture de ces coquillages appelés wampum, que les Indiens emploient comme monnaie et comme ornement. Un sabre large et court était passé dans cette ceinture et caractérisait l'enseigne ou garde champêtre de la vallée. Ce personnage, après avoir promené les yeux sur la campagne, s'approcha d'un échalier dont il enleva les barres pour livrer passage à un cavalier qui venait de traverser une prairie.

— Eh bien! docteur Ergot, dit le piéton, tu viens de rendre visite à mon ami Ring, compte-t-il un enfant de plus?

— Il lui en est arrivé trois à la fois cette nuit, répondit le docteur.

— Foi se trouve désormais en arrière, ajouta l'enseigne, qui n'était autre qu'Eben Dudley. Reuben va être enchanté quand il reviendra de son excursion.

— Il aura raison de l'être, puisqu'il aura sept enfants au lieu de quatre qu'il avait laissés.

— Il faudra que je termine aujourd'hui même avec le jeune capitaine, murmura Dudley, comme s'il eût été brusquement convaincu de l'opportunité d'une affaire longtemps débattue. Cent acres de terre valent bien assurément sept livres en monnaie coloniale dans un établissement où les enfants viennent trois à la fois.

— Tu feras bien, reprit le docteur, car cette colonie est évidemment appelée à prospérer. Elle a déjà fait d'immenses progrès, et il y a lieu de croire qu'elle égalera un jour en puissance certaines parties de la métropole.

— Tu crois, docteur Ergot? demanda Dudley d'un ton d'incrédulité.

— Je n'en doute pas, enseigne, et je pense qu'avant un siècle on comptera les hommes par millions dans ces contrées où l'on ne voit encore aujourd'hui que des sauvages et des animaux. En science, en philosophie, nous ne sommes pas encore très-avancés, mais il y a déjà pourtant dans les moindres villages des hommes remarquables sous ce rapport.

— Quand ce ne serait que toi, docteur, dit l'enseigne avec politesse.

Le docteur s'apprêtait à répondre à ce compliment, lorsqu'il vit sortir des bois Reuben Ring accompagné d'un étranger dont la peinture et le costume annonçaient un sauvage.

— Ah! ah! s'écria l'enseigne, il paraît que mon frère Reuben a trouvé la piste des Indiens!

Les deux nouveaux venus traversèrent les champs et débouchèrent sur la grande route. Dès qu'ils furent à portée de la voix, Dudley prit sur le ton d'un homme qui a légalement le droit d'interroger, et il s'écria :

— Eh bien! sergent, as-tu fait un prisonnier, ou quelque hibou a-t-il laissé tomber un de ses petits sur ton passage?

— Je suppose que la créature peut passer pour un homme, répondit Reuben en s'appuyant sur le long canon de son arme pour regarder fixement son captif. Il a sur le front et autour des yeux les couleurs d'un Narragansett, et cependant il en diffère par les formes et par les allures.

— Il y a dans les Indiens des anomalies physiques, interrompit le docteur Ergot, et mes études m'ont conduit à les reconnaître, abstraction faite de la peinture, qui est un produit de l'art. Mon œil exercé distingue du premier coup les caractères d'un aborigène de la tribu des Narragansett. Placez cet homme dans une position favorable à l'examen, et je déciderai bientôt à quelle race il appartient. Parle-t-il anglais?

— C'est un problème à résoudre, repartit le sergent Ring : je lui ai adressé la parole alternativement dans la langue des chrétiens et dans celle des païens, et il a obéi aux ordres donnés dans les deux langues, mais sans prononcer une parole.

— Peu importe, dit Ergot en mettant pied à terre et en s'approchant du sujet. Mes investigations n'ont pas besoin heureusement des subtilités de discours. Placez cet homme dans une attitude aisée qui ne contrarie point la nature. La conformation de la tête est bien positivement celle d'un aborigène, mais ce n'est pas dans ces grands traits généraux qu'on doit chercher la distinction des tribus. Le front, comme vous le voyez, est étroit et fuyant, la saillie des pommettes remarquable, et le nez très-aquilin.

— Il me semble plutôt que cet homme a le nez retroussé, fit observer timidement Dudley pendant que le docteur écrivait les particularités bien connues de la construction physique d'un Indien.

— C'est une exception, enseigne! tu vois à l'élévation de l'os et à la prééminence des parties charnues que ce nez avait primitivement une tendance à la forme aquiline. Sa régularité aura été compromise par quelque balafre, par quelque coup de tomahawk...... Justement voici une cicatrice qui est à moitié cachée par la peinture et qui correspond au tranchant d'une hache. Mettez le sujet plus droit pour que ses muscles soient abandonnés à eux-mêmes. Je remarque dans la conformation de son pied un indice certain d'habitudes aquatiques. Décidément c'est un Narragansett.

— C'est donc un Narragansett, dont la piste est trompeuse, reprit Eben Dudley, qui avait étudié le prisonnier avec autant d'attention et plus de sagacité que le docteur. Frère Ring, as-tu jamais vu un Indien laisser sur le sable l'empreinte d'un pied tourné en dehors?

— Enseigne, reprit le docteur, je m'étonne qu'un homme comme toi fasse attention à une légère variété de mouvement lorsque le cas permet de remonter à la source même des lois de la nature. J'ai dit que cet individu appartenait à la tribu des Narragansett, et cette opinion est basée sur les arguments les plus irréfutables, sur les preuves les plus concluantes. Remarquez le développement des muscles de la poitrine et des épaules, la forme des hanches et des jambes, la...

Le médecin s'arrêta, car Dudley venait d'enlever la robe de peau de daim qui couvrait le torse du captif, et exposait aux yeux la peau d'un homme blanc. Ergot lui-même ne pouvait en douter; aussi changea-t-il brusquement de système, sans changer de physionomie. Son imagination féconde lui suggéra une échappatoire, et il leva les mains au ciel avec un air de vive admiration.

— Pourrait-on mieux démontrer, s'écria-t-il, les gradations étonnantes que la nature observe dans ses métamorphoses? Ce sauvage...

— Est un blanc, interrompit Dudley en frappant l'épaule nue qu'il indiquait à ses compagnons.

— Sans contredit, s'écria le docteur; mais ce n'en est pas moins un Narragansett. Votre prisonnier est né de parents chrétiens. Mais le hasard l'a jeté dès son enfance au milieu des aborigènes, et toutes les parties de son corps qui étaient susceptibles de changement ont pris le caractère distinctif de la tribu. C'est un de ces anneaux qui unissent les races, et qui mettent la science à même de compléter ses déductions par la démonstration.

— Je n'ai pas envie d'être puni pour avoir fait violence à un sujet anglais! dit Reuben Ring, qui songeait plutôt à ses devoirs qu'aux subtilités du savant.

— Je réponds de tout, sergent Ring, dit Dudley d'un air de dignité.

Je prends sur moi la garde de cet étranger, et je le ferai conduire en temps opportun devant les autorités compétentes. En attendant, songeons à tes affaires domestiques, que l'importance de nos fonctions nous fait perdre de vue. La Providence a multiplié tes trésors pendant ton expédition.

— Quoi! s'écria le mari avec plus d'empressement qu'il n'en témoignait d'ordinaire, ma femme a eu besoin d'appeler les voisins pendant mon absence?

Dudley fit un signe affirmatif.

— Et je trouverai chez moi un autre enfant?

Le docteur fit trois signes de tête avec une gravité qui aurait pu convenir même à une communication plus importante.

La joie enlumina l'honnête et large figure du père, puis une idée subite le troubla; d'une voix légèrement tremblante, dont les sons avaient quelque chose de plus touchant dans la bouche d'un homme aussi robuste, il demanda si sa femme avait bien supporté les souffrances.

— Avec courage, répondit le médecin. Rentre dans ton logis, sergent Ring, et remercie Dieu qu'on ait veillé sur tes intérêts pendant ton absence. Celui qui a reçu du ciel sept enfants en cinq ans, ne sera jamais pauvre dans un pays comme celui-ci. Sept fermes ajoutées à la métairie que tu cultives feront de toi un patriarche dans tes vieux jours, et le nom de Ring se perpétuera pendant plusieurs centaines d'années, lorsque ces colonies auront acquis une puissance égale à celle de certains royaumes d'Europe si fiers et si présomptueux aujourd'hui. Retourne auprès de ta femme, sergent. Dis-lui de se réjouir, car elle a rendu service à son pays comme à toi-même.

Le brave laboureur ôta son chapeau, le plaça devant son visage, et rendit silencieusement des actions de grâce; puis confiant son captif à la garde de Dudley, il regagna la maison qu'il habitait sur le sommet du coteau. Avant de s'éloigner, toutefois, il donna quelques détails sur la manière dont il avait rencontré dans les bois l'homme dont il avait cru l'arrestation nécessaire à la sûreté publique.

Celui-ci n'avait opposé aucune résistance; mais quand on l'avait questionné sur ses intentions, il avait répondu dans un jargon inintelligible où l'anglais se mêlait bizarrement au dialecte d'une tribu indigène. On n'avait pu obtenir de lui aucun renseignement sur ses propres intentions et sur les dispositions des sauvages, dont on avait lieu de craindre une attaque prochaine.

Dudley et le docteur examinèrent avec attention l'équivoque personnage. Il avait un extérieur grêle et difforme qui ne ressemblait nullement à celui d'un guerrier indien. Ses yeux étaient hagards, son visage exprimait la timidité et l'indécision. Tout en s'acheminant avec lui vers le village, l'officier et son compagnon essayèrent d'arracher quelque aveu au prisonnier, et lui posèrent diverses questions avec la sagacité d'hommes dont la position dangereuse mettait constamment les facultés en éveil. Les réponses furent incohérentes; tantôt elles semblaient révéler l'astucieuse finesse d'un Indien, tantôt elles annonçaient la plus complète stupidité.

CHAPITRE XIX.

Si nous avions à notre disposition les ressources mécaniques du théâtre, il nous serait facile de changer le lieu de la scène assez rapidement, pour ne pas nuire à l'intérêt et à l'intelligence du drame. Ce secours magique nous est refusé, il faut y suppléer par des moyens moins efficaces.

A l'heure où Dudley annonçait à son frère Ring la naissance de trois jumeaux, on ouvrait les fenêtres et les portes du vaste bâtiment situé du côté opposé de la vallée. Avant que le soleil eût doré la cime des bois, cet exemple d'activité eut pour imitateurs les colons du hameau et des coteaux d'alentour; et toute la population était debout lorsque l'astre du jour éleva son disque au-dessus des arbres.

On devine que la grande maison dont nous avons parlé était la résidence de Marc Heathcote. Le vénérable capitaine avait senti ses forces décroître insensiblement, et la vieillesse avait presque tari les sources de son existence; mais son moral n'était pas altéré. Au contraire, ses préoccupations spirituelles étaient moins obscurcies par le brouillard des intérêts mondains, et son esprit avait conquis une partie de l'énergie que son corps avait perdue. Au moment où nous le retrouvons, il était assis sur la terrasse qui régnait le long de la façade d'un édifice défectueux sous le rapport de l'architecture, mais spacieux, commode et solidement construit. C'était un vieillard de quatre-vingt-dix ans, dont le visage portait des traces d'une profonde et constante méditation. Ses membres tremblants conservaient

Regarde cette colline; dix neiges sont venues et se sont fondues...
(page 158)

encore quelques restes de force et de souplesse. Sa physionomie était toujours sévère, les réflexions ascétiques en avaient augmenté le caractère naturel de bienveillance, et les premiers rayons du soleil lui communiquaient alors une douceur peut-être inaccoutumée. Il était encore rempli de recueillement, car il venait de faire la prière du matin avec sa famille et ses serviteurs.

Les années n'avaient produit aucune altération sensible dans l'extérieur de Content. A la vérité, sa figure était rembrunie, et ses membres commençaient à perdre leur élasticité juvénile, pour prendre l'allure plus lente et plus mesurée de l'âge mûr. Au reste, la transformation était peu remarquable, car la gravité de ses manières avait toujours été en rapport avec la sévérité de ses idées. Quelques cheveux gris couraient çà et là sur son front. Mais pareils à la mousse qui s'amasse entre les pierres d'un édifice, ils annonçaient plutôt la consolidation que la décadence.

La bonne et douce Ruth était plus abattue. Un chagrin constant et rongeur se lisait sur son visage. La fraîcheur de sa jeunesse s'était flétrie, pour faire place à une beauté d'expression plus durable et plus touchante. Ses yeux n'avaient rien perdu de leur douceur, mais ils étaient souvent hagards, et l'on eût dit qu'ils regardaient dans l'intérieur de son âme, pour y étudier les sources secrètes des douleurs qui la consumaient. Son sourire était toujours attrayant. Elle avait conservé ses formes imposantes, mais elle touchait à la limite d'un déclin prématuré. Sa voix n'avait pas cessé d'être harmonieuse, mais on y remarquait parfois un pénible frémissement qui appelait tristement l'esprit de l'auditeur sur des idées étrangères aux paroles. Les lignes que le chagrin avait dessinées sur ses traits n'étaient pas visibles à tous, tant elles étaient délicatement touchées. Ses souffrances échappaient aux sympathies des hommes qui comprenaient peu la perfection, ou dont l'absence pouvait diminuer les affections.

Ruth était restée fidèle aux siennes. La peine immense que lui avait causée la perte de sa fille n'avait servi qu'à démontrer combien les sentiments généreux l'emportent sur l'égoïsme dans un cœur réellement dévoué. Si elle avait été convaincue que son ange était remonté aux cieux, elle aurait aisément abjuré ses regrets, pour ne s'entretenir que de sublimes espérances. Mais la mort vivante à laquelle sa fille pouvait être condamnée s'offrait presque constamment à son esprit. Elle écoutait avec la tendresse d'une femme et la douceur d'une chrétienne les maximes de résignation que lui prodiguaient ses amis ; mais quand leurs pieuses leçons retentissaient encore à ses oreilles, la nature, par une pente invincible, la ramenait à ses tortures maternelles. Elle n'avait jamais permis à son imagination de prendre sur sa raison un empire exagéré. Ses rêves n'avaient jamais dépassé les bornes que l'expérience et la religion leur assignaient. Mais elle était désormais condamnée à apprendre qu'il y a dans le chagrin une poésie sinistre, dont les créations puissantes et gracieuses égalent celles du génie le plus actif. Elle entendait dans les murmures des brises d'été la douce respiration de sa fille endormie, et le mugissement de la tempête lui en apportait les plaintes. Elle se figurait une entrevue, un échange rapide de questions et de réponses avec sa fille, au milieu des soins les plus ordinaires du ménage. Le rire des enfants retentissant dans l'air calme du soir, lui semblait un glas funèbre, et le spectacle de leurs jeux lui causait d'inexprimables angoisses. Deux fois elle avait été mère depuis l'invasion des Indiens, et comme si ses espérances eussent été flétries pour toujours, les innocentes créatures auxquelles elle avait donné le jour reposaient côte à côte aux pieds du blockhaus en ruine. Elle s'y rendait souvent, et c'est moins pour y pleurer que pour être victime des cruelles images qu'évoquait involontairement son imagination. Lorsque ses pensées montaient vers le séjour de la paix éternelle, et qu'elle essayait de se représenter les bienheureux, elle songeait plutôt à celle qui ne se trouvait point parmi eux qu'à des enfants dont la félicité lui paraissait assurée. A ces idées pénibles succédaient d'autres idées plus poignantes encore, parce qu'elles se présentaient sous une forme plus matérielle. L'opinion générale des colons était que les indigènes épargnaient rarement la vie de leurs prisonniers, à moins de les réserver pour la torture ou de les offrir à quelque mère indienne, en remplacement d'un enfant perdu. Ruth éprouvait un certain soulagement en se figurant un bel ange dans les cieux, ou en croyant entendre des pas légers dans les salles vides de la maison ; mais quand elle se figurait sa fille vivante, vouée à la servitude, accablée par la chaleur ou grelottant de froid, soumise aux caprices d'un maître farouche, elle était en proie à des tourments qui abrégeaient son existence.

Plus capable de résister à son affliction, Content n'avait rien négligé de ce que pouvait exiger l'amour paternel, tout en demeurant persuadé qu'une prompte mort avait mis fin aux souffrances des prisonniers.

Les Indiens s'étaient retirés sur la neige, et le dégel avait effacé tout vestige de leur passage. Néanmoins des émissaires furent chargés de prendre des renseignements dans les tribus voisines avec lesquelles on n'était pas en état d'hostilité ouverte. Au dire des Narragansett, c'étaient leurs ennemis les Mohicans qui, avec leur perfidie accoutumée, avaient saccagé le domaine du Crapaud-Volant. Les Mohicans, de leur côté, rejetaient l'accusation sur les Narragansett. D'autres Indiens attribuaient l'invasion aux féroces guerriers des cinq nations établies dans les limites de la colonie hollandaise des nouveaux Pays-Bas, et ils prétendaient que l'attaque avait été provoquée par la jalousie des Visages-Pâles qui parlaient une autre langue que les Anglais.

Content finit par croire que si sa fille vivait encore, elle était cachée dans ces vastes déserts qui couvraient alors la plus grande partie du continent.

Un incident imprévu produisit dans la famille une vive sensation. Un marchand de fourrures qui vint à passer raconta qu'une jeune fille dont le signalement se rapportait à celui de la petite Ruth, vivait au milieu des sauvages sur les bords des lacs de la colonie voisine. La distance était grande, la route hérissée de dangers, et le succès incertain. Aussi Ruth se garda-t-elle d'engager son mari à courir les chances d'un pareil voyage. Cependant Content en forma le projet; ses yeux, où se peignait toujours la réflexion, devinrent plus pensifs que de coutume; l'inquiétude creusa de profondes lignes sur son front, et assombrit une physionomie qui était d'ordinaire si paisible.

Ce fut précisément à cette époque que Dudley sollicita la main de Foi, qui lui répondit sans hésitation :

— Je n'attendais pas moins d'un jeune homme qui a déjà fait tant d'efforts pour se concilier mes bonnes grâces; mais celui qui consent à se laisser tourmenter par moi pendant toute sa vie a un devoir solennel à remplir avant que je réponde à ses vœux.

— Que demandes-tu? repartit Dudley; et il se mit à énumérer les actes de courage qui pouvaient le faire juger digne de tenter l'épreuve hasardeuse du mariage. J'ai visité les villes du bas pays; j'ai poussé des reconnaissances autour des wigwams indiens. Je vais m'arranger avec le jeune capitaine pour avoir une chaumière dans le village et un lot de terre sur la montagne. Je ne vois donc rien...

— Tu t'abuses, Dudley, interrompit la jeune fille. As-tu remarqué que les joues de Madame ont pâli, et que ses yeux se sont enfoncés depuis la visite du marchand de fourrures, la semaine de l'orage?

— Je n'ai pas vu grand changement dans l'extérieur de Madame, répliqua Dudley. Elle n'est pas jeune comme toi, et il n'est pas étonnant.....

— Je te dis que le chagrin la dévore, et qu'elle ne vit que pour penser à la fille qu'elle a perdue !

— C'est porter le deuil au-delà des limites de la raison. L'enfant est en paix ainsi que ton frère Whital ; et si nous n'avons pas trouvé leurs os, c'est que le feu les a détruits.

— N'importe, Dudley ! L'homme qui veut être mon mari doit être sensible au chagrin d'une mère.

— Qu'exiges-tu de moi? Est-ce que je puis rendre les morts à la vie, ou replacer dans les bras de ses parents la fille qui leur manque depuis tant d'années?

— Oui !... N'ouvre pas les yeux comme si la lumière débrouillait pour la première fois les ténèbres de ton cerveau.

— Cette déclaration m'enchante, car j'ai déjà perdu trop de temps à faire ma cour, au lieu de m'établir sagement, à l'exemple de mes compagnons. J'avais attendu dans l'espoir de vivre avec toi, mais puisque tu veux l'impossible, je suis obligé de chercher ailleurs.

— Tu es toujours de même, te forgeant des sujets de mécontentement quand nous sommes en bonne intelligence. Pourquoi t'imagines-tu que je veuille l'impossible? Tu n'es pas sans avoir observé que Madame se mine : qui t'empêcherait de la consoler en allant prendre des renseignements sur l'enfant dont le marchand de fourrures a parlé ?

Foi prononça ces mots avec une émotion qui accrut les teintes brunes de ses joues et rendit humides ses yeux. Son prétendu, quoique assez difficile à toucher, fut pris d'un accès de sensibilité.

— Si tu ne me demandes qu'un voyage de quelques centaines de milles, répondit-il d'un ton enjoué, pourquoi t'exprimer en paraboles? Il ne fallait qu'un mot d'amitié pour me faire prendre mon sac de voyage. Nous nous marierons dimanche, et mercredi prochain, ou samedi au plus tard, je serai en route pour l'Occident.

— Point de délai ! pars dès demain, et plus tu déploieras d'activité dans ton voyage, moins je me repentirai de ma folie.

Foi se laissa attendrir, et consentit à se marier le dimanche suivant. Le lendemain, Content et Dudley quittèrent la vallée pour aller chercher la tribu où se trouvait une fille de race blanche. On conçoit les dangers et les privations qui durent accompagner une expédition pareille. Les aventuriers traversèrent l'Hudson, la Delaware et la Susquehannah, rivières que la Nouvelle-Angleterre ne connaissait guère que de nom, et ils atteignirent ce groupe de petits lacs dont les bords sont aujourd'hui couverts de fermes et de villages.

Ce fut là que le père chercha sa fille au milieu des tribus sauvages, et le caractère sacré de sa mission lui attira le respect et la pitié des plus impitoyables. Il trouva enfin la tribu que le marchand de fourrures avait indiquée, et fut reçu par une députation des chefs, qui le conduisit dans un wigwam où le feu du conseil était allumé. Un interprète exposa l'affaire, et quoique les sauvages d'Amérique soient peu disposés à se séparer de ceux qu'ils ont naturalisés dans leurs tribus, l'air de douceur et la noble confiance de Content réveillèrent dans tous les cœurs des sentiments généreux. On fit venir la jeune fille en présence des anciens de la nation.

Aucun langage ne peut rendre le trouble avec lequel Content regarda cette fille adoptive des Indiens. Elle était du même âge que la sienne, mais au lieu des cheveux dorés et des yeux bleus de la petite Ruth, le malheureux père vit de longues tresses noires, et des prunelles de la même couleur, qui annonçaient une descendante des Français du Canada. Déçu dans ses plus chères espérances, il poussa un cri étouffé, et redevint maître de lui-même avec la grandeur imposante de la résignation chrétienne. Remerciant les chefs de leur bienveillance, il ne chercha pas à dissimuler qu'il s'était trompé.

Pendant qu'il confessait son erreur, Dudley lui exprima par signes qu'il avait à lui exprimer quelque chose de la plus grande importance, et dans une entrevue confidentielle, il lui suggéra l'idée de reconnaître l'enfant et de l'arracher aux mains de ses maîtres barbares. Il était trop tard pour pratiquer une déception que repoussaient d'ailleurs les sévères principes de Content ; mais reportant sur l'orpheline inconnue une partie de l'intérêt qu'il éprouvait pour sa fille, il proposa de racheter la première avec la rançon destinée à la délivrance de la seconde. Cette offre fut refusée, et il retourna sur ses pas.

Quiconque a éprouvé les tourments de l'attente est capable d'apprécier l'étendue de ceux de la mère pendant l'absence de son mari. L'espoir se ranimait parfois dans son cœur ; le coloris du plaisir reparaissait sur ses joues, et elle prévoyait des résultats qui lui faisaient presque oublier les hasards du voyage. Elle avait repris un enjouement qui rayonnait autour d'elle, et il lui arriva même un jour de rire : circonstance unique qui frappa le vieux Marc Heathcote, et dont il se souvint jusqu'à son dernier moment. Ce qui contribuait à entretenir les illusions de Ruth, c'était la nouvelle que Content avait trouvé moyen de lui faire parvenir, en arrivant au village où il se rendait. La pauvre mère avait appris qu'il était enfin sur les traces de la prisonnière, et son désappointement devait être d'autant plus cruel, qu'elle comptait presque sur un succès.

Les aventuriers se retrouvèrent sur le territoire du Crapaud-Volant à l'heure où le soleil se couchait. Ils s'arrêtèrent sur le versant de la montagne, dans un endroit d'où l'on apercevait les constructions qui s'élevaient déjà sur les ruines de l'habitation incendiée. L'époux s'était cru jusqu'alors capable de tous les efforts qu'exigeait l'accomplissement de sa pénible mission ; mais en ce moment il sentit toute sa faiblesse, et il pria son compagnon de le devancer pour rendre compte de ce qui s'était passé. Il ne songea pas à la maladresse de l'homme qu'il chargeait d'un message aussi difficile, et il le laissa partir sans instructions.

Quoique Foi n'eût pas témoigné d'inquiétude pendant l'absence des voyageurs, elle fut la première qui reconnut son mari, et tous les habitants du logis se réunirent sur la terrasse. Loin d'accueillir Dudley par des acclamations, ils gardèrent un silence qui les déconcerta. Ses pieds avaient touché les premières marches avant qu'aucune voix se fût élevée pour fêter sa bienvenue. Les regards s'arrêtaient moins sur lui que sur Ruth, dont les traits étaient d'une pâleur livide et contractés par un effort moral.

— Eben Dudley, demanda-t-elle, où as-tu laissé mon mari ?

— Le jeune capitaine était fatigué, et il s'est arrêté dans un taillis de la montagne ; mais un aussi bon marcheur ne peut rester longtemps en arrière.

— Je reconnais là les précautions ordinaires d'Heathcote, dit Ruth avec un radieux sourire. En ce cas toutefois elles étaient inutiles, puisqu'il sait que nous sommes fortifiés par la main du Seigneur. Comment ma chère fille a-t-elle supporté la fatigue de ce voyage à travers les bois?

Le messager promena des yeux hagards sur tous les assistants et les arrêta fixement sur sa femme.

— Tu vois, reprit la mère, que Foi n'a point changé pendant ton absence. Ma fille a-t-elle retardé votre marche? Mais je connais ton bon cœur, mon ami; tu l'auras portée dans tes bras vigoureux à travers les fourrés et les marécages..... Tu ne me réponds pas, Dudley!

Ruth alarmée appuya la main avec force sur l'épaule de celui qu'elle interrogeait, et le forçant à la regarder, elle parut lire dans son âme. Les muscles du visage hâlé du colon se contractèrent involontairement; un soupir gonfla sa large poitrine, et de grosses larmes brûlantes roulèrent sur ses joues brunies. Prenant ensuite le bras de Ruth dans une de ses mains puissantes, il lui fit lâcher prise avec respect, mais en employant toute sa force. Il écarta sa femme sans cérémonie, passa au milieu du groupe et franchit le seuil à pas de géant.

La tête de Ruth retomba sur son sein, la pâleur revint sur ses joues, et elle demeura absorbée dans une rêverie mélancolique qui, à partir de ce jour, laissa sur sa physionomie des traces ineffaçables.

Depuis cette époque jusqu'à l'heure où nous avons retrouvé la famille, aucune autre nouvelle ne vint accroître ou diminuer d'inutiles regrets.

CHAPITRE XX.

Dans la matinée où nous avons repris notre récit, Content, sa femme et son fils rejoignirent leur père sur la terrasse, ainsi qu'une jeune fille. Foi arriva peu de temps après.

— Eh bien! lui demanda Content, comment va l'auberge du Crapaud-Volant? Quelque voyageur a-t-il apporté des nouvelles?

— Aujourd'hui, à midi, il y aura un mois que j'aurai reçu ma dernière pratique; mais je ne m'en plains pas, car mon mari ne peut se décider à travailler sur la montagne tant qu'il trouve des bavards pour l'entretenir des affaires de l'Europe, ou même de celles des colonies.

— Tu parles à la légère d'un homme qui mérite ton respect, dit Ruth Heathcote.

— En vérité, Madame, répondit Foi, il est difficile de remplir les doubles devoirs envers un mari et un officier de la colonie. Si l'on avait laissé à Dudley la hallebarde de sergent, en donnant le grade d'enseigne à mon frère Reuben, j'aurais été plus satisfaite de l'arrangement.

— Le gouverneur de la colonie, dit Content, a distribué ses faveurs d'après l'avis des hommes compétents. Eben s'était distingué dans un engagement contre les sauvages; il avait donné l'exemple à tous, et s'il se montre toujours aussi dévoué, tu te verras un jour femme d'un capitaine.

— Ce ne sera pas pour la gloire qu'il a acquise dans la ronde de ce matin, car le voilà qui revient sain et sauf et avec l'appétit d'un régiment. Il ne sera pas facile de le rassasier... Mais il est assisté par notre voisin Ergot; plaise au ciel qu'il ne soit pas blessé!

— Ils ont derrière eux, reprit Content, un individu que je ne connais pas : c'est un prisonnier, un sauvage avec sa peinture et son manteau de peau.

Cette assertion jeta le trouble dans tous les cœurs, car les bruits d'une invasion prochaine avaient circulé. On ne prononça pas un seul mot avant l'arrivée de l'éclaireur sur la terrasse. Il suffit d'un coup d'œil à Foi pour voir qu'il n'était pas blessé, et elle reprit sa bonne humeur en se reprochant d'avoir témoigné pour lui un intérêt qu'elle croyait imprudent de trop manifester.

— Eh bien! enseigne Dudley, lui dit-elle, voilà le trophée que tu rapportes de ta campagne de cette nuit?

Dudley répondit par un signe de tête, et adressa la parole à Content.

— Je n'ai rien aperçu pendant ma route, dit-il, mais mon frère Ring a trouvé cette espèce d'homme, qui n'est pas un chef, et qui n'a pas même l'air d'un guerrier. Néanmoins ses intentions me sont suspectes, et j'ai cru devoir m'assurer de lui.

— A quelle tribu appartient-il?

— C'est ce dont nous avons délibéré, répondit Dudley en lançant un regard oblique au médecin ; on a prétendu que c'était un Narragansett.

— En émettant cette opinion, interrompit Ergot, je n'ai parlé que de ses habitudes acquises et secondaires ; car dans l'origine cet homme est un blanc.

— Un blanc ! répétèrent tous les assistants.

— Sans contredit, comme on peut le voir par diverses particularités de sa configuration extérieure, telles que la forme de la tête, les muscles des bras et des jambes, et divers autres signes familiers aux hommes qui ont approfondi les caractères physiques des deux races.

— En voici un, ajouta Dudley en entr'ouvrant la robe du captif. Quoique la couleur de la peau ne soit pas une preuve positive comme celles qu'énumère notre voisin Ergot, elle peut aider l'homme qui n'est pas savant à se former une opinion.

— Madame ! s'écria Foi si brusquement que Ruth en tressaillit, faites apporter de l'eau et du savon pour enlever la peinture qui couvre la figure de cet homme.

— Quelle lubie te passe par la tête? reprit l'enseigne, qui aimait à prendre l'air de gravité qu'il supposait convenir à sa position officielle. Nous ne sommes pas dans notre auberge du Crapaud-Volant, ma femme, mais en présence d'hommes qui poursuivent une enquête judiciaire.

Foi ne fit aucune attention à ce reproche. Au lieu d'attendre que ses vœux fussent accomplis par autrui, elle se mit à l'œuvre avec une dextérité excitée par quelque émotion extraordinaire. Au bout d'une minute, les couleurs avaient disparu des traits du captif, et quoiqu'il fût hâlé par le soleil et par les vents, il était incontestablement d'origine européenne. Les mouvements de la femme animée avaient été remarqués avec curiosité par tous les assistants, et lorsqu'elle eut achevé son savonnage, un cri de surprise s'échappa de toutes les bouches.

— Cette mascarade n'est pas sans but, dit Content après avoir longtemps étudié la figure morne et disgracieuse qui était livrée à son examen. J'ai entendu parler de chrétiens qui s'étaient vendus pour un vain lucre et qui, oubliant leur religion et leur patrie, s'étaient ligués avec les sauvages dans l'espoir de piller les colonies. Ce misérable a dans les yeux la subtilité d'un Français du Canada.

— Éloignez-vous, s'écria Foi en plaçant ses deux mains comme une espèce d'abat-jour sur le front rasé du prisonnier ; il ne peut être question de Français et de ligue ; ce n'est pas un conspirateur, c'est un pauvre et malheureux innocent. Whital, mon frère Whital, me reconnais-tu ?

Les pleurs roulaient le long des yeux de Foi. Son appel éveilla une lueur d'intelligence sur la figure du colon devenu Indien, puis il se mit à rire d'un œil égaré.

— Il y en a, dit-il, qui parlent comme les hommes d'outre-mer, d'autres comme les hommes des bois. N'avez-vous rien à manger dans le wigwam ? n'avez-vous pas de viande d'ours ?

Si la voix d'un mort enseveli depuis longtemps s'était fait entendre, elle aurait produit moins de sensation que cette découverte inattendue. Tous les cœurs battirent avec plus de force, toutes les bouches restèrent muettes d'étonnement. Mais bientôt Ruth s'adressa au pâtre retrouvé en joignant les mains d'un air suppliant et d'une voix tremblante qui décelait l'excès des émotions secrètes qu'elle étouffait depuis tant d'années.

— Par pitié, dis-moi si ma fille est vivante.

— C'est une bonne fille, répondit Whital, et il se mit à rire sans motif, tout en regardant d'un air ébahi sa sœur, dont la physionomie avait moins changé que celle de Ruth.

— Laissez-moi, ma chère dame, reprit Foi, je connais mon frère, et je sais comment on doit le mener.

Cette prière était inutile. Ruth ne put soutenir une aussi pénible épreuve, et elle tomba dans les bras de son mari. Les femmes la transportèrent dans la maison, et furent quelque temps autour d'elle.

— Whital Ring, mon vieux camarade, dit le fils de Content en s'avançant les yeux humides pour prendre la main du prisonnier, as-tu oublié le compagnon de tes premières années ? C'est le jeune Marc Heathcote qui te parle.

L'idiot parut un moment se souvenir, en regardant son interlocuteur, mais bientôt il recula avec un mécontentement marqué, et murmura :

— Comme les Visages-Pâles sont menteurs ! Voici un grand garçon qui veut se faire passer pour un enfant. Et il ajouta des mots inintelligibles dans le dialecte d'une tribu indienne.

— L'esprit de ce malheureux est troublé, moins par la nature que par les habitudes de la vie sauvage, dit Content, qui était revenu à la hâte prendre part à l'interrogatoire.

— Que sa sœur lui parle avec ménagement, avec tendresse, et nous connaîtrons la vérité.

A ces mots, les habitants de la maison se rangèrent en cercle autour du fauteuil du puritain, auprès duquel se plaça Content. Foi donna à son frère quelques aliments, et l'invita à s'asseoir sur les marches de la terrasse; puis, renonçant aux questions irrégulières et précipitées, elle commença une sorte d'enquête officielle, au milieu d'un profond silence.

— Whital, dit-elle, te rappelles-tu le jour où je t'ai paré de vêtements achetés outre-mer, et dont les vives couleurs te charmaient?

Les sons de sa voix parurent faire plaisir au jeune homme; mais au lieu de répondre, il continua à grignoter le pain qui lui avait été offert.

— Tu ne peux avoir oublié si vite ce cadeau, où j'ai dépensé tout ce que j'avais gagné avec mon rouet pendant les soirées d'hiver. Tu brillais alors comme la queue de ce paon.

L'ancien pâtre répondit avec la gravité d'un Indien :

— Whital est un guerrier qui poursuit son chemin; il n'a pas le temps de parler à des femmes.

— Oublies-tu donc aussi que je t'apportais à manger pendant les froides matinées, quand tu allais soigner les bestiaux?

— As-tu suivi la piste d'un Péquod? Sais-tu pousser le cri de guerre?

— Qu'est-ce qu'un cri de guerre indien, en comparaison du bêlement de tes moutons et du beuglement des vaches dans les broussailles? Te rappelles-tu le tintement des clochettes?

Whital tourna la tête et parut écouter avec attention, comme un chien qui entend au loin un bruit de pas; mais ce retour vers le passé ne dura qu'un seul instant.

— Connais-tu les hurlements des loups? s'écria-t-il; voilà ce qui réjouit un chasseur. J'ai vu le grand chef frapper la panthère rayée, lorsque les plus hardis guerriers de la tribu devenaient aussi blancs qu'un Visage-Pâle.

— Ne t'occupe pas de bêtes féroces et de grands chefs; songe plutôt aux jours où nous étions jeunes, où nous nous plaisions aux jeux de l'enfance chrétienne, où notre mère nous permettait d'aller nous divertir sur la neige.

— Nipset a une mère dans son wigwam, mais il ne lui demande pas la permission d'aller chasser; il est homme, aux prochaines neiges ce sera un guerrier.

— Pauvre fou, les sauvages ont abusé de ta faiblesse, ta mère était chrétienne et blanche. Elle était bonne pour toi, et s'affligeait de ton manque d'intelligence. As-tu oublié, ingrat, comment elle t'assistait dans tes maladies, comment elle pourvoyait à tes besoins? Qui te nourrissait quand tu avais faim, qui tenait compagnie à l'idiot dont les folies fatiguaient ou impatientaient tout le monde?

Le pâtre contempla un instant la figure animée de sa sœur, et quelques échappées de scènes lointaines se présentèrent vaguement à son esprit; mais la partie animale l'emporta, et il se remit à manger.

— C'est intolérable! s'écria Foi; regarde-moi donc, être abruti, et dis-moi si tu reconnais celle qui remplaçait la mère dont tu refuses de te souvenir, celle qui n'était jamais sourde à tes plaintes et qui adoucissait tes souffrances? dis-moi, me reconnais-tu?

— Sans doute, répondit Whital en riant avec un certain degré d'intelligence. Tu es une femme des Visages-Pâles, et comme telle tu ne seras contente que lorsque tu auras toutes les fourrures d'Amérique sur le dos, et tout le gibier des bois dans ta cuisine. Ignores-tu la tradition qui explique comment la méchante race est venue sur les territoires de chasse et a dépouillé les guerriers du pays.

Foi était découragée. Mais en ce moment elle aperçut à ses côtés Ruth pâle et remplie d'angoisses maternelles, mais soutenue par les sentiments sacrés qui l'animaient; son geste semblait inviter Foi à montrer de l'indulgence pour la faiblesse du jeune homme. La mauvaise humeur toujours croissante de l'hôtelière fut réprimée par une habitude de respect, et elle se décida à obéir.

— Eh bien! reprit-elle, que dit la sotte tradition dont tu parles?

— Elle est dans la bouche des vieillards de nos villages, et ce qu'ils disent est la vérité. Vous voyez autour de vous des coteaux et des vallées dont les bois furent longtemps affranchis de la hache, et très-abondants en gibier. Il y a des coureurs de notre tribu qui ont marché en droite ligne vers le soleil couchant, jusqu'à ce que leurs jambes fussent fatiguées et qu'ils ne vissent que les nuages suspendus au-dessus du lac salé; et pourtant ils disent que le paysage est toujours aussi beau que dans ces vertes montagnes. Partout de grands arbres, des rivières et des lacs remplis de poisson, des daims et des castors nombreux comme les grains de sable de la mer. Cette terre et cette eau avaient été données par le grand esprit aux hommes de peau rouge. Il les aimait, parce qu'ils disaient la vérité, qu'ils étaient dévoués à leurs amis, qu'ils haïssaient leurs ennemis, et qu'ils savaient les scalper. Maintenant des milliers de neiges s'étaient fondues depuis que cette donation avait été faite, et pourtant les hommes rouges étaient seuls à chasser l'élan et à marcher dans les sentiers de la guerre. Alors le grand esprit se cacha; il détourna sa face de ses enfants, parce qu'ils se disputaient entre eux. De grands canots vinrent du côté du soleil levant, et amenèrent un peuple avide et méchant. D'abord les étrangers parlèrent d'une voix douce et plaintive comme des femmes. Ils demandaient place pour quelques wigwams. Ils disaient que si l'on voulait leur donner de la terre à cultiver, ils prieraient leur Dieu de veiller sur les hommes rouges. Mais quand ils devinrent forts, ils oublièrent leur parole, et furent convaincus de mensonge. Oh! ce sont des misérables! un visage pâle est une panthère. Quand il a faim, vous l'entendez gémir dans les buissons comme un enfant égaré, et si vous approchez, gare ses griffes et ses dents.

Whital Ring avait entendu tant de fois cette narration, qu'il la débitait couramment et avec toute la gravité convenable.

— Cette méchante race a donc dépouillé les guerriers rouges? demanda Foi.

— Certainement. Ils parlèrent comme des femmes malades jusqu'à ce qu'ils fussent forts; ensuite ils surpassèrent les Péquods eux-mêmes en méchanceté, rassasièrent les guerriers d'un lait brûlant, et les tuèrent avec un tonnerre artificiel.

— Et les Péquods, résistèrent-ils aux hommes blancs?

— Tu es une femme, et tu ignores ce que c'est qu'une tradition. Un Péquod est un chétif avorton.

— Toi, tu es donc un Narragansett?

— N'ai-je pas l'air d'un homme?

— Je t'avais pris pour un Péquod de la tribu des Mohicans.

— Les Mohicans tressent des corbeilles pour les Indiens; mais le Narragansett bondit dans les bois comme le loup sur la piste du daim.

— La différence est sensible, et je connais les mérites de la grande tribu. N'a-t-elle pas un chef célèbre, qu'on appelle Miantonimoh ?

L'idiot continuait à manger; mais cette question lui fit tout à coup oublier son appétit. Il baissa la tête et dit avec une lenteur presque solennelle :

— Un homme ne peut vivre toujours.

— Quoi! reprit Foi en faisant signe à ses auditeurs de contenir leur curiosité impatiente, il a quitté son peuple! N'as-tu pas vécu avec lui pendant quelque temps?

— Nipset ne l'a jamais vu. Le sachem a été tué, il y a longtemps, par le Mohican Uncas, auquel les hommes pâles avaient donné de grandes richesses.

— Tu parles du père; mais il y avait un autre Miantonimoh qui avait demeuré dans sa jeunesse avec les hommes de race blanche.

Whital parut faire un effort pour rassembler ses idées, puis il secoua la tête en répondant :

— Il n'y a jamais eu qu'un Miantonimoh : deux aigles ne bâtissent pas leur nid sur le même arbre.

— Tu as raison, reprit Foi, qui comprenait que toute discussion était inutile. Parle-moi donc de Conanchet, qui est actuellement le sachem de la tribu, et qui s'est ligué avec un autre chef indien nommé Métacom.

A cette question, l'ancien pasteur changea de visage; il prit un air de défiance et de finesse, et continua son repas, moins par nécessité que pour éviter des explications qui pouvaient être compromettantes. Les assistants s'aperçurent que malgré son abrutissement, il était familiarisé avec l'artificieuse tactique des sauvages, et Foi essaya de le prendre en défaut sur un autre point.

— Je crois, dit-elle, que tu commences à te rappeler du temps où tu menais le bétail aux champs, et où tu demandais à Foi de la nourriture, après avoir couru dans les bois à la recherche des vaches. N'as-tu pas été toi-même attaqué par les Narragansett, quand tu habitais la maison d'un Visage-Pâle.

Whital réfléchit pendant quelques instants, et se contenta de faire un geste négatif.

— Quoi! tu n'as jamais vu prendre de chevelures ou incendier le toit de l'ennemi?

Whital laissa son pain de côté. Sa figure prit une expression farouche, et il ricana d'un air de triomphe.

— Oui, dit-il, je marchai un soir avec ma tribu contre les Anglais, et leurs constructions furent changées en morceaux de charbon. C'était dans une contrée qui porte le nom de l'oiseau du crépuscule.

— Le Crapaud-Volant? Mais dans ce combat, mon frère, tu étais au nombre des vaincus.

— Tu mens comme une femme blanche que tu es! Nipset était tout jeune dans cette guerre, mais il combattait avec sa nation. Nos torches embrasèrent le sol même, et pas une seule tête ne se releva du milieu des cendres.

Quoique Foi ne perdit pas de vue le but de son interrogatoire, et qu'elle conservât sa présence d'esprit, elle frémit involontairement de la joie féroce que son frère manifestait; mais elle ne jugea pas à propos de détruire une illusion dont elle pouvait profiter.

— Cependant, dit-elle, quelques Anglais furent épargnés. On emmena des prisonniers qui ne furent pas massacrés?

— Tous périrent!

— Tu parles des malheureux qui étaient dans le blockhaus en feu; mais avant la retraite des assiégés dans la tour, quelques-uns avaient pu tomber entre tes mains. Ont-ils été tués?

Le bruit de la respiration haletante de Ruth parvint aux oreilles de Whital, qui regarda un moment la pauvre mère avec surprise; mais il secoua la tête et répondit d'un ton assuré :

— Tous! jusqu'aux femmes et aux enfants.

— Mais il doit y avoir dans ta tribu une femme dont la peau est plus blanche que celle de tes concitoyens. N'est-ce pas une prisonnière échappée à l'incendie du Crapaud-Volant?

— Crois-tu que le daim vive avec le loup? As-tu parfois trouvé la colombe dans le nid du faucon?

— Mais toi-même, Whital, tu n'as pas la peau rouge, il est possible que tu ne sois pas seul.

Le jeune homme contempla sa sœur avec indignation et recommença à manger en disant : Il y a autant de feu dans la neige que de vérité dans un Anglais.

— Terminons cette enquête, dit Content avec un profond soupir, nous la reprendrons plus tard, et peut-être avec plus de succès; mais voilà un messager extraordinaire qui arrive de la ville et qui paraît apporter d'importantes nouvelles.

On vit, en effet, arriver un cavalier, dont la subite apparition détourna tous les esprits de l'objet qu'ils poursuivaient. Il entra au grand galop dans la cour, mit pied à terre, et se présenta couvert de la poussière de la route. Après avoir salué toutes les personnes présentes avec la politesse grave et étudiée des puritains, il prit la parole en ces termes :

— J'ai des ordres pour le capitaine Content Heathcote, qui remplace ici le gouverneur de la colonie.

— Je suis prêt à vous écouter, répondit Content.

Le voyageur avait cet air de mystère que prennent volontiers certains hommes, faute de pouvoir imposer autrement du respect. Il semblait disposé à faire des secrets de choses qu'on aurait pu révéler sans inconvénient, et il demanda au jeune capitaine une entrevue confidentielle. Content y consentit et introduisit son hôte dans une salle de la maison. Cet incident donna une nouvelle direction aux pensées des spectateurs de la scène précédente, et nous en profiterons pour entrer dans quelques détails nécessaires à l'intelligence de notre histoire.

CHAPITRE XXI.

Il y avait un an que Métacom, le grand chef des Wampanoag, faisait la guerre aux Anglais. Trahi par un subalterne nommé Sausaman, il avait été forcé de jeter bas le masque de paix dont il s'était longtemps couvert, et pendant l'automne de 1675 ses bandes avaient détruit plusieurs villes situées sur les bords du Connecticut.

Jamais les blancs n'avaient été menacés d'un plus grand danger. Le total de leur population n'était que de 120,000 âmes, sur lesquels 16,000 seulement pouvaient prendre les armes. Les commissaires des colonies unies s'entendirent pour concentrer toutes les forces disponibles et pour organiser la défense; ils s'assurèrent de l'appui des indigènes Péquods et Mohicans, et dirigèrent un corps de mille hommes, composé presque entièrement de cavalerie, contre les Narraganscott, qui s'étaient déclarés en faveur de Métacom. On les attaqua pendant l'hiver, et leur jeune sachem, Conanchet, fit chèrement payer la victoire aux colons. Il avait pris position sur un plateau de peu d'étendue, au milieu d'un marais boisé, et ses dispositions militaires annonçaient des connaissances rares parmi les Indiens. Le village était entouré de palissades et protégé par un blockhaus; mais les assaillants, d'abord repoussés avec perte, l'avaient emporté après une lutte de plusieurs heures. Six cents cabanes avaient été brûlées, mille guerriers avaient péri dans cette affaire, qui faisait encore le sujet de toutes les conversations, et où les habitants du Crapaud-Volant s'étaient distingués sous les ordres de Content : ils espéraient qu'une tranquillité prolongée serait la récompense de leur courage; mais les Narragansett étaient loin d'être domptés. Pendant toute la durée de la mauvaise saison ils avaient inquiété les frontières; leurs irruptions étaient devenues plus fréquentes au printemps, et il avait fallu rappeler aux armes toute la colonie. C'était aux incidents de cette guerre que se rattachait l'arrivée de l'émissaire qui venait de demander audience au chef militaire de la vallée.

— Que se passe-t-il? lui dit Content; nous pensions que nos prières seraient exaucées et que la tranquillité succéderait à ces scènes de violence dont nous avons été spectateurs. Nous étions à la prise du village de Pettyquamscott, et plusieurs de nous ont conçu des doutes sur la légitimité de notre cause et la sagesse de nos actions.

— Tu as l'esprit de miséricorde, capitaine, répliqua l'envoyé, mais le moment serait mal choisi pour l'exercer; il faut songer à détruire les Indiens plutôt qu'à examiner l'étendue des droits que nous donne la nécessité de la défense. Moi aussi, j'ai la conscience scrupuleuse; je sais que la charité, l'humilité, le pardon des injures sont les principaux signes de la rénovation morale : mais quand il s'agit de vie ou de mort, quand on nous dispute la possession du sol où nous sommes établis, nous devons nous conduire à l'égard des païens comme les Israélites envers les coupables habitants de Canaan.

— Tu peux avoir raison, dit Content avec tristesse; toutefois j'avais espéré que les membres du conseil colonial ramèneraient les Indiens par la persuasion. Quels sont les ordres?

— Tu vas les savoir, reprit le messager en baissant la voix comme un homme exercé dans la partie dramatique de la diplomatie. L'indomptable Conanchet s'est réfugié dans les bois, où il est impossible de le suivre, et d'où il sort par intervalles. Le 10 courant, il s'est jeté sur Lancastre et a fait de nombreux prisonniers; le 20, il a saccagé Marlborough; du 13 au 17, il a commis des dévastations à Groton, Warwick, Rehoboth, Chelmsford, Andover, Weymouth et diverses autres places; des détachements ont été surpris, et d'habiles et vaillants militaires, tels que Wadsworth et Brocklebank, ont laissé leurs ossements dans les forêts.

— Voilà de tristes nouvelles, reprit Content; il ne semble pas facile d'arrêter les progrès du mal sans recommencer les hostilités.

— Telle est l'opinion du gouverneur et de tous les conseillers. D'après les renseignements que nous avons reçus, le fameux chef Métacom, que nous appelons aussi le roi Philippe, travaille les tribus sur toute la ligne de nos frontières et emploie une foule d'artifices pour les exciter à la vengeance.

— Et quelles mesures a prises dans cette extrémité la sagesse du gouvernement?

— D'abord il a ordonné un jeûne général, afin de nous purifier par un attentif examen de conscience, et une lutte énergique de l'esprit contre la chair. Secondement, on recommande aux fidèles de traiter avec un redoublement de sévérité les pécheurs et les délinquants, pour ne pas attirer sur nous la colère du ciel, comme sur les cités condamnées de Canaan. Troisièmement, il est décidé que nous aiderons de notre faible concours l'accomplissement des volontés célestes en levant des troupes régulières. Quatrièmement, pour étouffer ces germes de haine que l'on sème contre nous de tribus en tribus, nous mettons à prix la tête de nos ennemis.

— J'approuve les trois premiers expédients, dit le jeune capitaine; mais le dernier me paraît moins efficace et moins prudent.

— Ne crains rien, car les membres du conseil font preuve d'autant d'économie que de sagacité. Ils n'offriront pas plus de la moitié de la somme qu'ont fixée nos voisins plus riches de la baie, et il est même douteux qu'on accorde une prime pour les enfants. Maintenant, capitaine Heathcote, permettez-moi de vous donner des éclaircissements sur le nombre des troupes que vous commanderez en personne pendant la prochaine campagne.

Il n'est pas nécessaire de suivre le messager dans ses communications, dont nous connaîtrons plus tard le résultat. Nous le laisserons donc avec Content, pour retourner auprès de Foi, qui persévérait courageusement dans ses tentatives pour évoquer des souvenirs plus précis dans l'esprit obtus de son frère. Accompagnée de presque tous les serviteurs de la famille, elle le conduisit aux pieds du blockhaus en ruine ; mais ce site était tellement changé, que même avec plus d'intelligence on l'aurait difficilement reconnu. Cette altération d'objets que le cours des siècles peut seul transformer dans les autres contrées, est un fait notoire pour les habitants des nouveaux districts des États-Unis. Il provient des progrès rapides qui s'accomplissent pendant les premières phases d'un établissement. Rien qu'en abattant la forêt, on donne au paysage un aspect entièrement différent, et lorsqu'un village s'élève au milieu des champs cultivés, il n'est pas aisé d'y retrouver le repaire des loups et le bouge des bêtes fauves.

Les traits de Foi avaient ranimé dans Whital Ring des impressions depuis longtemps endormies, et la confiance régnait entre eux, sans qu'il s'en expliquât précisément le motif ; mais il était hors d'état de reconnaître des objets qui n'étaient pas de nature à l'intéresser vivement, et qui avaient subi des altérations essentielles. Cependant il ne regarda point sans émotion les ruines de la citadelle, dont les murailles noircies et lézardées avaient un aspect caractéristique, malgré l'herbe verdoyante dont elles étaient entourées. Il contempla la tour, la vallée, et les collines dépouillées de leurs arbres, comme un chien dont l'instinct est en défaut contemple un maître qu'il a perdu depuis assez longtemps pour l'oublier.

Grâce aux efforts des compagnons de Whital, sa mémoire fut plusieurs fois sur le point de triompher des erreurs que les Indiens lui avaient inculquées ; mais il était évidemment captivé par les charmes de la chasse et de la vie indépendante, en même temps qu'il était fier de son titre de guerrier. Il sentait qu'il fallait renoncer à tous les avantages dont il jouissait pour revenir à sa première existence, et ses facultés refusaient de se prêter à un changement presque aussi complet que celui qu'on attribue à la métempsycose.

Au bout d'une heure, Foi perdit entièrement courage. Tout ce qu'elle avait pu obtenir, c'était que son frère se donnât le nom de Whital ; mais il persistait à dire qu'il s'appelait aussi Nipset, qu'il avait une mère dans son wigwam, et qu'il faisait partie de la tribu des Narragansett.

Pendant ce temps, une scène très-différente se passait sur la terrasse, qui avait été abandonnée à l'approche du messager. Une table do cerisier y avait été placée pour le déjeuner des maîtres du logis à côté d'une autre table de bois plus commun, destinée aux domestiques. Devant la première était assis un individu qui, la tête appuyée sur ses mains, semblait plus disposé à rêver qu'à satisfaire son appétit.

— Marc, lui dit une voix timide, tu es fatigué de tes veilles : ne veux-tu pas manger quelque chose avant de te reposer?

La jeune fille qui s'exprimait ainsi jeta sur le fils de Ruth un regard de sympathie.

— Je ne dors pas, Marthe, répliqua le jeune homme en refusant les mets qu'elle lui présentait; je ne dors pas, et il me semble que je ne dormirai jamais.

— Tu as un air d'affliction qui m'épouvante aurais-tu souffert pendant ton excursion dans les montagnes?

— Crois-tu qu'un homme de mon âge soit incapable de supporter quelques heures de fatigue? Le corps va bien, c'est l'esprit qui souffre!

— Et pourquoi? ne me le disais-tu pas? Tu sais qu'il n'y a personne ici qui ne désire ton bonheur.

— Merci, ma bonne Marthe... mais tu n'as jamais eu de sœur.

— Il est vrai que je suis seule de ma race; et pourtant il me semble qu'aucun lien du sang n'aurait pu m'attacher davantage à celle que nous avons perdue.

— Tu n'as pas de mère?

— Ta mère n'est-elle pas la mienne? répondit Marthe d'une voix si douce et si profondément mélancolique, que son interlocuteur en fut interdit

— C'est vrai, reprit-il. Tu dois aimer la femme qui a pris soin de ton enfance, et qui a contribué par sa sollicitude à te rendre aussi heureuse que tu es bonne.

A ce compliment qui n'était point prémédité, les yeux de Marthe devinrent plus brillants, mais elle détourna la tête pour que le jeune homme ne s'en aperçût pas.

— Tu dois remarquer, reprit-il, que ma mère ne peut se consoler d'avoir perdu sa fille. Moi-même, je ne puis m'empêcher de songer toujours à ma sœur! Elle n'avait que sept ou huit ans lorsque les sauvages ont assouvi sur nous leur vengeance, et je ne sais pourquoi je me l'étais toujours représentée comme une enfant rieuse, courant dans les bois, ou assise à mes genoux pour écouter les contes dont on amusait notre jeune âge.

— Qui t'empêche de la voir toujours de même?

— Hélas! l'illusion est détruite, et une effrayante vérité s'est offerte à mes yeux! Voilà Whital Ring que nous avions perdu dans son enfance; il est devenu homme et sauvage. Ma sœur doit être comme lui toujours belle malgré la fatigue, mais retenue dans un wigwam indien, la servante, l'esclave, la femme d'un sauvage!

— C'est impossible, dit Marthe en tressaillant d'horreur. Notre Ruth doit se rappeler qu'elle est née de parents chrétiens, que le salut lui a été promis!

— Tu vois que Whital, qui est plus âgé, n'a rien conservé de ses premiers enseignements.

— Mais Whital est privé des dons de la nature; il a toujours été au-dessous du reste des hommes pour l'intelligence.

— A quel degré pourtant il possède déjà la duplicité indienne!

— Mais, reprit Marthe avec timidité, comme si elle eût employé son argument pour dernière ressource, je suis du même âge que ta sœur, et il est possible qu'elle soit encore ainsi que moi.

— Quelle comparaison! s'écria le jeune homme. Tu es maîtresse de tes actions, et si tu hésites encore, c'est que tu le veux bien, ayant déjà fixé ton choix. A ta place, beaucoup d'autres jeunes filles se seraient déjà décidées.

Les longs cils des paupières de Marthe tremblèrent au-dessus de ses yeux, et pendant un instant elle parut n'avoir pas l'intention de répondre.

— Je ne crois pas, dit-elle, que j'aie fait connaître mes préférences pour quelqu'un.

— Qui attire donc ici ce jeune homme de Hartford, qui fait si souvent la route qui sépare la maison de son père de notre établissement lointain?

— Pourquoi s'empresser de croire qu'il vient pour moi, quand il n'est peut-être attiré que par le désir de se lier avec toi?

— Alors, à moins qu'il n'aime à monter à cheval, il peut s'épargner la peine du voyage, car je ne connais pas dans la colonie d'homme pour lequel j'éprouve plus d'antipathie. Je trouve son langage hardi et sa tournure disgracieuse.

— Je suis charmée que nous soyons du même avis.

— Et s'il était ici, prêt à demander ta main, la réponse serait...

— Non! dit Marthe avec fermeté en levant les yeux, qu'elle baissa presque aussitôt.

Marc se troubla; une idée entièrement nouvelle s'empara de son esprit et donna à ses joues un feu inaccoutumé. Mais on entendit les voix de ceux qui avaient accompagné Whital jusqu'aux ruines, et Marthe s'éclipsa si furtivement, que Marc ne s'aperçut pas d'abord de son absence.

CHAPITRE XXII.

C'était le dimanche : cette fête religieuse, qui est encore aujourd'hui plus scrupuleusement observée dans les États-Unis que dans le reste de la chrétienté, était alors célébrée avec des rigueurs conformes aux austères habitudes des colons. Le voyageur qu'on avait vu se diriger vers la maison des Heathcote avait été d'autant plus remarqué qu'il violait les saintes prescriptions du jour; cependant personne n'avait osé demander les motifs de cette visite extraordinaire, qu'on supposait avoir la nécessité pour excuse. Au bout d'une heure, le messager s'éloigna pour continuer sa tournée. Les conseillers coloniaux, avant de lui confier d'impérieux devoirs, avaient longtemps hésité à cause du sabbat; mais heureusement ils avaient trouvé ou cru trouver dans les livres saints des passages qui justifiaient suffisamment cette infraction.

L'émotion inaccoutumée qui avait troublé inopinément la demeure des Heathcote finit par céder la place à cette tranquillité qui concorde si admirablement avec le caractère sacré du dimanche. Le soleil s'éleva radieux au-dessus des collines, et toutes les vapeurs de la nuit passée se fondirent dans l'élément invisible, dispersées par ses rayons bienfaisants. La vallée demeura plongée dans cette espèce de calme saint qui touche le cœur le plus endurci. La nature riante portait l'empreinte de la main divine, et le Créateur, en l'offrant aux yeux dans sa plus magnifique expression, semblait provoquer la reconnaissance et l'adoration des hommes. La paix universelle permettait d'entendre les moindres murmures comme le bourdonnement de l'abeille et le battement d'ailes de l'oiseau-mouche. De semblables moments devraient apprendre à l'homme que la manière dont nous apprécions la beauté du monde et les charmes de la nature eux-mêmes, dépendent beaucoup de l'esprit dont nous sommes animés. Lorsque l'homme se repose, tout ce qui l'environne semble vouloir contribuer à son repos, et quand il renonce aux intérêts matériels pour élever son esprit, tous les êtres vivants s'unissent pour ainsi dire à sa contemplation. Quoique cette apparente sympathie de la nature soit moins réelle qu'imaginaire, elle porte avec elle son enseignement, car elle prouve que les choses de ce monde sont bonnes, quand l'homme veut les considérer comme telles, et que leurs imperfections viennent souvent de sa propre perversité.

Les villageois de la vallée du Crapaud-Volant étaient peu disposés à troubler le repos du dimanche. Ils affectaient, au contraire, par un excès d'austérité, de mépriser les plus innocents plaisirs de la vie, suivant l'exemple de leur directeur spirituel, le révérend Meek Wolfe, dont il ne sera pas sans intérêt d'esquisser le caractère. C'était un mélange étrange d'humilité et de fanatisme religieux. Comme la plupart de ses collègues, il descendait d'une race de ministres, et sa plus grande espérance terrestre était de perpétuer le ministère dans sa postérité, aussi régulièrement que si les lois de Moïse eussent encore été en vigueur. Il avait été élevé au collège de Harvard, fondé par les colons dans les vingt-cinq premières années de leur établissement. Là, ce rejeton de l'erreur s'était préparé à la guerre spirituelle en adoptant des opinions invariables et en apprenant à les défendre avec un indomptable entêtement. Son esprit, fortifié par de vieux arguments, était comme une citadelle dont les courtines présentaient un front inexpugnable. Les moyens de défense imaginés par ses ancêtres lui suffisaient pour résister à tous les efforts de l'ennemi; il n'avait qu'à s'y renfermer, ou à faire par intervalles une vigoureuse sortie sur les escarmoucheurs théologiques qui venaient rôder autour de sa paroisse.

Au reste, la simplicité de ce sectaire le rendait respectable même dans ses écarts, et débarrassait ses fonctions d'un grand nombre de difficultés. La route droite du salut n'était guère fréquentée, selon lui, que par ses ouailles et par celles de quelques pasteurs voisins avec lesquels il changeait de chaire par intervalles. Bref, un esprit d'exclusion et d'intolérance se conciliait chez lui avec un certain degré de charité, un extérieur froid avec une ardeur infatigable, une résignation complète aux maux temporels avec les prétentions spirituelles les plus élevées, un profond mépris de lui-même avec une conviction qu'il marchait sur le chemin du ciel.

Dans l'après-midi, les fidèles furent appelés au temple par les sons d'une petite cloche suspendue dans une espèce de beffroi, au-dessus du toit de l'édifice. Aussitôt les familles s'acheminèrent par groupes dans la même direction et foulèrent le gazon des rues. En tête de chaque bande s'avançait gravement le père, portant dans ses bras un enfant à la mamelle ou trop jeune encore pour marcher seul. Il était suivi à distance respectueuse de sa grave compagne, qui jetait sur le reste de sa progéniture des regards où la vanité perçait encore, malgré des efforts habituels d'humilité. Le plus robuste des fils remplissait d'ordinaire les fonctions d'écuyer, et lorsque le chef de la famille avait les bras libres, il tenait lui-même un des lourds mousquets de cette époque; mais tous les groupes sans exception étaient armés. L'état de la province et le caractère de l'ennemi exigeaient qu'on prît des précautions, même dans l'accomplissement des devoirs religieux. Personne ne s'arrêtait sur la route pour tenir de vains propos ou pour échanger des compliments. Des clignements d'yeux et des coups de chapeau étaient les seuls témoignages de politesse en harmonie avec l'austère célébration du dimanche.

Au dernier son de la cloche, Meek Wolfe sortit de la maison fortifiée où il résidait en qualité de châtelain. Sa femme l'accompagnait, mais en affectant de se tenir très-loin de lui, comme pour ôter tout prétexte à la médisance. Neuf enfants et une jeune servante composaient la maison du pasteur; et leur présence était une preuve de la salubrité de la vallée, puisque la maladie seule pouvait dispenser un habitant d'assister au service dominical.

En arrivant au temple, Meek y trouva toute la population. Il promena sur elle des yeux sévères, comme s'il eût eu le pouvoir de découvrir instinctivement tous les délinquants; mais les assistants remarquèrent toutefois qu'une préoccupation mondaine diminuait l'air d'abnégation avec lequel il approchait ordinairement de la chaire.

— Capitaine Content Heathcote, dit-il après quelques instants de silence, un voyageur a traversé la vallée le jour du Seigneur, il s'est arrêté chez toi. Avait-il des motifs suffisants pour violer la sainteté du sabbat? Peux-tu toi-même te disculper du reproche d'avoir en quelque sorte autorisé cette violation?

— Il avait un message spécial, répondit Content, qui s'était respectueusement levé en s'entendant appeler par son nom; les nouvelles qu'il apportait intéressaient au plus haut degré la prospérité de la colonie.

— Rien ne peut l'intéresser autant que le respect aux volontés du ciel, répondit Meek peu satisfait de l'explication. Un fonctionnaire public, un homme accoutumé à donner le bon exemple, aurait dû se défier de prétextes qui pouvaient être mensongers.

— Les résultats de notre conférence seront annoncés au peuple en temps opportun; mais il m'a paru convenable d'attendre la fin du service divin, pour ne pas le troubler par des inquiétudes temporelles.

— C'est bien, car l'âme partagée entre Dieu et le monde n'obtient point la grâce du Seigneur. J'espère que tu m'expliqueras d'une manière aussi satisfaisante pourquoi tous les membres de ta famille ne t'ont pas suivi dans le temple.

Malgré l'empire que Content possédait sur lui-même, il n'entendit point ces paroles sans émotion. Après avoir jeté un coup d'œil sur la place vide où sa tendre compagne priait d'ordinaire à ses côtés, il répondit d'une voix qu'il s'efforçait de rendre calme :

— Un incident inattendu a jeté sous mon toit quelque agitation, et il est possible que nous ayons quelque peu négligé les devoirs du dimanche. Si nous avons péché, j'espère que la miséricorde divine daignera descendre sur nous! Une ancienne blessure s'est rouverte dans le cœur de celle dont tu parles; la faiblesse de son corps a trahi la force de sa volonté, et il lui eût été impossible de paraître dans la maison de Dieu.

Le révérend Wolfe fut apaisé par cette excuse, et commença le service. Après une courte prière, il lut un passage de l'Écriture sainte, et se mit en devoir d'entonner les versets d'un psaume; mais en ce moment, on vit entrer dans le temple un individu dont le retard irrévérencieux et la bizarre physionomie attirèrent l'attention générale. C'était Whital Ring, qui s'était échappé de la maison de sa sœur, et qui alla se placer dans un coin. Comme il annonçait les dispositions les plus pacifiques, on ne jugea pas à propos de le faire sortir, et la cérémonie continua. Whital n'avait jamais vu de temple, il ignorait la destination de l'édifice où il se trouvait et les raisons qui avaient déterminé tant de personnes à s'y réunir, mais quand les fidèles élevèrent la voix pour chanter les louanges du Sauveur, il témoigna le plaisir que l'harmonie la plus grossière fait éprouver même aux idiots, et le souvenir des prières de son enfance anima de quelque expression sa figure morne et impassible.

Meek avait choisi pour texte de son sermon ce passage du livre des Juges : « Et les enfants d'Israël firent le mal à la vue du Seigneur; et le Seigneur les livra pendant sept ans aux mains des Madianites. » Le subtil théologien développa ce thème avec toutes les allusions qui étaient alors à la mode. Il compara les colons aux Hébreux conduits dans le désert, loin des tentations d'un monde impur. Quant aux Madianites, c'étaient des puissances invisibles, dont la haine était excitée par l'inébranlable piété d'un peuple d'élus.

— Azazel, dit-il, nous regarde d'un œil d'envie, et il nous a déjà donné de tristes gages de son ressentiment. Combien de vous, mes frères, sont encore attachés aux illusions d'ici-bas et dédaignent la nourriture spirituelle que doivent prendre ceux qui veulent vivre toujours ! Levez les yeux vers le ciel, mes frères...

— Tournez-les plutôt vers la terre ! interrompit une voix qui partit du milieu de l'église. Vous avez besoin de toutes vos facultés pour sauver votre vie et pour défendre le tabernacle du Seigneur !

Les exercices religieux étaient la seule distraction des habitants de cet établissement lointain. Un sermon était pour eux un spectacle, et comme personne n'y assistait avec indifférence, aussi, pour obéir à l'ordre du prédicateur, tous les fidèles avaient levé les yeux, lorsque la voix inconnue se fit entendre. Par un mouvement unanime, ils les dirigèrent sur l'étranger. C'était un homme d'un extérieur grave, vêtu à la mode du pays, mais armé de la grande épée et de la carabine courte des cavaliers anglais. Sa physionomie avait une imposante dignité.

— Qui ose ainsi troubler le culte? demanda Meek saisi de surprise et d'indignation. Voilà trois fois que ce saint jour est profané, et il est presque certain que nous vivons sous l'influence de l'esprit du mal !

— Aux armes, hommes de la vallée ! dit l'étranger sans s'émouvoir de la colère du pasteur.

Un cri terrible s'éleva du dehors, et mille voix retentissant sous les arceaux de la forêt semblèrent se confondre en une seule clameur au-dessus du hameau condamné. C'était des sons qu'on avait trop souvent entendus pour ne pas les comprendre, et toute la colonie fut en proie à un désordre inexplicable. Les hommes se hâtèrent de reprendre les armes qu'ils avaient déposées à la porte du temple. Les femmes réunirent leurs enfants, et les gémissements, les cris d'effroi éclatèrent en dépit de la retenue accoutumée.

— Silence! dit le pasteur, que son enthousiasme semblait rendre supérieur aux émotions humaines. Avant de sortir, implorons notre Père céleste; le renfort de la prière nous vaudra des milliers d'hommes.

L'agitation générale cessa aussi brusquement que si l'ordre fût émané du lieu vers lequel allait monter la prière; l'étranger lui-même inclina la tête.

— Seigneur! dit Meek en étendant ses bras maigres sur la foule, c'est par ton ordre que nous marchons. Grâce à ton appui, les portes de l'enfer ne prévaudront pas contre nous; avec ta miséricorde, il y a de l'espérance au ciel et sur la terre. C'est pour ton tabernacle que nous versons le sang, c'est pour ta parole que nous combattons. Combats avec nous, roi des rois! Envoie tes légions célestes à notre secours pour que le chant de victoire serve d'encens à tes autels.

La voix de l'orateur était mâle et profonde, le calme de ses accents, la confiance implicite dans l'assistance d'un puissant auxiliaire redoublèrent le courage des hommes qui allaient défendre leurs foyers et leur religion.

Il était temps d'agir; les pentes des collines étaient déjà couvertes de sauvages qui s'avançaient en répandant la mort et l'incendie sur leur passage. Derrière eux brûlait la maison de Reuben Ring, dont heureusement la femme avait été transportée dans la maison fortifiée, lieu de refuge où les accouchées du village faisaient généralement leurs relevailles. L'incendie dévorait encore d'autres maisons, et de longues files de guerriers couvraient les prairies. De quelque côté que l'on tournât les yeux, on acquérait la déplorable preuve que le village était cerné par des forces supérieures.

— A la citadelle! s'écrièrent les premiers qui s'aperçurent de l'imminence du danger.

— Arrêtez, dit l'inconnu d'un ton impérieux; ce désordre nous pord sans ressource! Que le capitaine Content Heathcote se concerte avec moi.

Malgré la confusion qui régnait autour de lui, le commandant militaire de la colonie avait conservé sa présence d'esprit. Il avait reconnu dans l'étranger Soumission, proscrit des Stuarts, et ils avaient échangé ensemble des regards de secrète intelligence; mais comme le moment n'était pas favorable aux reconnaissances et aux explications, il se contenta de dire :

— Me voici ; je m'en rapporte à ta prudence et à ton expérience consommée. Quelles sont tes instructions?

— Parle au peuple et sépare les combattants en trois corps de force égale. L'un repoussera les sauvages dans les prairies, avant qu'ils parviennent à entourer les palissades. Le second escortera les femmes et les enfants jusque dans l'enceinte fortifiée, et le troisième marchera sous nos ordres.

Le laconique Content ne se permit aucune observation et prit immédiatement les dispositions demandées. Les colons, habitués à lui obéir, se montrèrent plus disciplinés qu'on n'aurait pu s'y attendre, et ils se dirigèrent vers leur destination respective avec une promptitude qu'exigeaient des circonstances aussi critiques. Au moment où la première division composée d'environ vingt hommes se mettait en marche sous les ordres d'Eben Dudley, le ministre vint s'y placer au premier rang. Sa figure exprimait à la fois la confiance spirituelle du chrétien et la résolution d'un soldat. D'une main il tenait une Bible qu'il exposait aux yeux comme un étendard sacré; de l'autre il brandissait un sabre dont on n'aurait pu rencontrer la lame impunément. Le volume était ouvert et le ministre saisissait de temps à autre dans les feuilles qui tournaient au souffle du vent les passages dont ses yeux étaient frappés, ce qui produisait un remarquable assemblage de pensées diverses.

— Israël et les Philistins ont envoyé leurs armées pour se combattre, dit Meek en lisant un verset.

Puis, sautant de feuillet en feuillet, il continua en ces termes :

— Je vais faire dans Israël une chose dont les oreilles de tous retentiront... O maison d'Aaron, mets ta confiance dans le Seigneur; c'est ton secours et ton bouclier. Délivrez-moi, ô Seigneur, de l'homme méchant, préservez-moi de l'homme violent... Que les charbons ardents tombent sur eux, qu'ils soient jetés dans le feu, dans les profonds abîmes, pour ne plus se relever... Les méchants tomberont dans leurs propres filets pendant que j'échapperai... Celui qui me hait hait aussi mon père... Pardonnez-leur, mon père, car ils ne savent ce qu'ils font... Vous savez qu'il a été dit : Œil pour œil et dent pour dent... Et Josué tenant son bouclier ne baissa point la main qu'il avait élevée jusqu'à ce que tous les habitants de Haï fussent tués.

Les paroles du pasteur se perdirent bientôt dans le bruit des cris sauvages, des pas cadencés de la troupe qui affectait de son mieux une tenue militaire, et de la fusillade qu'on engagea avec l'ennemi. Pendant ce temps, les mères, les enfants, les malades se réfugiaient dans l'enceinte fortifiée avec tous les meubles qu'ils pouvaient emporter. Soumission, qui surveillait ces mouvements, remarqua qu'une jeune fille demeurait en arrière.

— Pourquoi ne pas rentrer au fort? lui demanda-t-il.

— Je veux suivre les combattants qui vont défendre notre habitation, répondit Marthe à voix basse mais avec fermeté.

— Et comment sais-tu que c'est là notre intention? reprit l'étranger assez mécontent qu'on eût surpris le secret de ses opérations militaires.

— Je le devine, répondit Marthe en jetant à Marc un regard furtif.

— En avant! s'écria Soumission; nous n'avons pas le temps de discuter. Que les filles de bon sens se renferment dans le fort; quant à nous, mes amis, marchons, ou nous arriverons trop tard.

Marthe attendit que la troupe eût fait quelques pas, et, au lieu de se conformer à l'invitation réitérée de l'étranger, elle suivit la même direction.

— Notre demeure sera difficile à défendre, dit Content, qui marchait auprès de l'étranger, cependant il faudra faire quelques sacrifices pour nous en chasser une seconde fois. Comment as-tu été averti de cette irruption?

— J'ai surpris les sauvages dans un gîte où j'avais déjà eu l'occasion d'épier leurs manœuvres. La Providence m'a protégé dans cette circonstance et m'a dédommagé de plusieurs années de captivité.

Content ne put demander aucun éclaircissement, car on approchait de la maison où son père était renfermé avec sa femme et une seule servante. Une horde de sauvages sortis de la forêt se rapprochait rapidement des murailles, et il était à craindre que le détachement des défenseurs arrivât trop tard. Les assiégés se barricadaient à la hâte, et Ruth, d'une main tremblante, posait des barres aux fenêtres.

— Chargeons! dit Content, ou nous serons devancés par les Indiens. Vois, ils ont pénétré dans le verger; en quelques minutes ils seront maîtres de l'habitation.

Soumission montrait moins d'inquiétude; son attitude prouvait qu'il était habitué à commander et à braver les escarmouches imprévues.

— Ne crains rien, répondit-il. Le vieux Marc Heathcote n'a pas oublié son métier, et il est en état de résister à un premier assaut. Si nous rompons nos rangs, nous perdrons l'avantage que nous donne notre ensemble; mais en restant en ligne nous sommes presque invincibles. Il est inutile de te dire, capitaine Content Heathcote, que je sais comment on doit se battre avec les Indiens.

— Sans aucun doute; mais ne vois-tu pas que ma chère Ruth s'expose en fermant les volets? Elle va se faire tuer..... le feu commence déjà!

— Non! s'écria l'étranger en se redressant avec orgueil; c'est le vieux Marc Heathcote qui envoie sa mitraille aux ennemis. Vois les coquins se cacher derrière les haies! Allons, braves Anglais, faites votre devoir! Vos femmes et vos enfants sont près d'ici qui vous regardent, et Celui qui est là-haut tiendra note de la manière dont vous servirez sa cause. Frappez ces cannibales! Au combat et à la victoire!

CHAPITRE XXIII.

Il est nécessaire de jeter un coup d'œil rapide sur ce qui se passait dans les différentes parties de la vallée. Le corps aux ordres de Dudley avait rompu ses rangs en arrivant dans les prairies, et, s'abritant derrière les troncs d'arbres et les haies, il avait engagé un feu de tirailleurs. Les Indiens s'étaient mis également à couvert, et il en était résulté une lutte irrégulière mais dangereuse, où chaque individu était appelé à déployer tout son courage et toute son intelligence. Les Indiens avaient le nombre pour eux, mais les colons étaient mieux armés, et leur chef d'une capacité assez vulgaire dans les circonstances assez ordinaires de la vie, déployait une assurance fortifiée par l'enthousiasme et par la conscience de ses rares facultés physiques. En étendant convenablement le front de sa troupe, sans toutefois la désunir, il parvint à repousser les assaillants jusqu'à l'entrée de la forêt, où il les tint en échec. Ne voyant pas arriver de renfort et ne pouvant forcer les Indiens dans leur position, il songeait à battre en retraite, lorsqu'il entendit dans les bois un cri de joie poussé sous l'empire d'un sentiment subit et général.

Presque aussitôt deux guerriers d'une stature imposante parurent sur la lisière des taillis et tinrent conseil pendant quelque temps. Plus d'un villageois en embuscade les coucha en joue, mais un signe de Dudley empêcha une tentative qui aurait probablement été déjouée par l'infatigable vigilance des Indiens de l'Amérique du Nord.

Les deux guerriers se retirèrent ensemble; le plus âgé avait donné au plus jeune des ordres qui furent promptement exécutés. Ce dernier, reconnaissable à sa ceinture richement ornée, s'élança à travers la prairie entraînant à sa suite une troupe hurlante qui s'embusqua derrière les haies de l'extrémité opposée.

La position de Dudley était complètement tournée, et il ne pouvait songer qu'à se jeter précipitamment du côté du fort. Il effectua sa retraite avec succès, favorisé par la configuration du terrain, et au bout de quelques minutes il était sous la protection du feu qui partait des palissades.

L'ennemi s'arrêta : les blessés, après une halte destinée à prouver l'inébranlable résolution des blancs, se retirèrent dans la forteresse, laissant le corps de Dudley réduit presque de moitié. Malgré cette diminution de forces, il courut au secours de ceux qui combattaient à l'autre extrémité du village. Au moment où Dudley battait en retraite, Reuben Ring était à la fenêtre de la chambre où sa compagne féconde et ses nouveau-nés avaient trouvé asile. Car dans ce moment de confusion il était obligé de remplir à la fois les fonctions de sentinelle et de garde-malade. Il venait d'envoyer une balle aux sauvages qui serraient de trop près le détachement en retraite, et, en rechargeant son fusil, il regarda tristement les débris enflammés de sa riante habitation. Un des préceptes des puritains était « : Il n'y aura jamais plus d'un mille de distance entre la maison d'un citoyen et l'église paroissiale. » Reuben Ring s'était établi sur la limite extrême de la distance prescrite, et il considérait la perte de sa demeure comme un juste châtiment de sa témérité.

— Nous avons mal mesuré, dit-il avec un profond soupir. Il n'aurait pas fallu tendre la chaîne de l'arpentage au-dessus des cavités; mais l'éminence où nous sommes installés offrait tant d'avantages que nous avons cédé à la tentation. Que Dieu nous pardonne d'avoir eu trop de confiance en nous-mêmes!

Sa femme, qu'on appelait Abondance, répondit d'une voix faible :

— Soulève-moi, mon ami, que je puisse voir encore la place où sont nés nos enfants!

Reuben Ring accéda à sa demande, et pendant une minute Abondance contempla avec une douleur muette les ruines de sa demeure. Un nouveau cri des sauvages la fit trembler, et elle se tourna avec un intérêt maternel du côté des êtres innocents qui sommeillaient auprès d'elle.

— Notre frère vient d'être repoussé jusqu'au pied des palissades, reprit Reuben Ring, et sa troupe compte de nombreux blessés.

A ces mots la femme leva vers le ciel ses yeux remplis de larmes et ses mains décolorées.

— Tu as envie d'aller à son secours, répondit-elle; il n'est pas convenable que le sergent Ring soit garde-malade lorsque les Indiens sont aussi près de nous. Va remplir ton devoir, et conduis-toi en homme de cœur, mais sans oublier la famille dont tu es l'appui.

Reuben Ring se pencha, embrassa sa femme, regarda tendrement ses enfants, et descendit dans la cour son fusil à la main. Au même moment Dudley allait au secours de la troupe qui défendait énerg.-quement l'entrée méridionale du village. Il tint l'ennemi en échec; mais la crainte d'une nouvelle attaque le contraignit à rester en place sans pouvoir être d'aucune utilité aux combattants groupés autour de la maison du vieux Marc. D'après les ordres de Soumission, ceux-ci s'étaient formés en carré, et après avoir fait un feu roulant, ils avaient engagé une lutte corps à corps avec leurs nombreux assaillants. Le chef des sauvages, reconnaissable à l'élégance de ses formes et à l'agilité de ses muscles, prit pour adversaire le jeune Marc, mais il s'arrêta tout à coup devant lui comme saisi d'une indicible surprise; de son côté, le petit-fils du puritain parut en proie à une vive émotion.

— Allons! s'écria Whital Ring en saisissant Marc par la ceinture, mort aux visages pâles! ils ne nous laissent que l'air pour aliment et l'eau pour boisson!

Pendant que Marc se débattait entre les bras de son ancien camarade, le chef se sentit lui-même arrêté par Marthe, qui, agenouillée devant lui, les mains jointes, le contemplait d'un air suppliant. L'Indien prononça rapidement quelques mots dans sa langue natale; ses soldats se précipitèrent à sa voix sur le jeune blanc à demi vaincu et le firent aisément prisonnier. Cette importante capture fut le prélude de la victoire des sauvages.

CHAPITRE XXIe.

Une heure après, le combat avait cessé; les colons étaient toujours sous les arbres, mais ils n'avaient pu empêcher la prise de la maison du vieux puritain, dont les volets brisés, les portes ouvertes et les meubles dispersés décelaient les suites ordinaires d'un assaut. Toutefois une autorité supérieure avait arrêté le pillage et contenu la soif de vengeance des guerriers. Leurs chefs étaient réunis sur la terrasse. Au milieu d'eux était Ruth, pâle et affligée plutôt du malheur des autres que du sien. Soumission, Marc et Content se tenaient auprès d'elle vaincus et enchaînés; mais les cheveux blancs du puritain lui avaient épargné la même humiliation. Les autres défenseurs de l'habitation avaient péri dans la défense de leurs foyers, et Whital Ring était le seul blanc auquel il fût permis d'errer à sa fantaisie. Il errait au milieu des prisonniers, tantôt les regardant avec une sympathie que d'anciens souvenirs réveillaient dans son âme, tantôt leur reprochant le mal que leur race avait fait à sa patrie adoptive.

Le principal chef des sauvages, placé au centre du groupe, était reconnaissable à sa physionomie imposante et à l'espèce de turban qui couronnait sa tête. Son fusil était porté par l'un de ses serviteurs. Une robe écarlate, jetée sur son épaule gauche, tombait en plis gracieux, laissant son bras droit entièrement libre et la moitié de sa poitrine exposée aux regards. Des gouttes de sang s'échappaient de dessous ce costume et rougissaient la place où il était assis. Sa figure était grave, mais la vivacité de ses yeux annonçait une grande activité intellectuelle. Malgré l'empire qu'il avait gardé sur lui-même, il laissait percer dans ses traits une ombre de mécontentement.

Deux de ses compagnons, qui avaient comme lui dépassé l'âge mûr, étaient engagés dans une sérieuse conférence, et d'après la direction de leurs regards, il était évident que le sujet de leur entretien était le jeune chef qui avait ordonné l'arrestation de Marc. Cet Indien, demi-nu, était appuyé d'une main sur son fusil; de l'autre il tenait une courroie de nerf de daim à laquelle pendait un tomahawk ensanglanté. Ses membres arrondis, sa taille droite, sa large poitrine, ses traits nobles et sévères lui donnaient quelque ressemblance avec la statue de l'Apollon Pythien. Il ne prenait point part à la conversation, et l'expression de ses yeux pleins d'intelligence dénotait un certain désordre dans les idées. Lorsqu'il vit la conférence toucher à sa fin, il parut touché d'une pensée subite, et appelant Whital Ring, il lui donna des ordres à voix basse en lui indiquant du doigt la forêt. Aussitôt que le messager en eut pris le chemin, le jeune chef se rapprocha de l'Indien au turban, qui s'était avancé vers les captifs et qui adressa en ces termes la parole au vieux puritain :

— Homme de plusieurs hivers, pourquoi le grand Esprit a-t-il fait des hommes de ta race autant de loups affamés? Pourquoi les Visages-Pâles ont-ils le gosier d'un chien, le cœur d'un daim, et l'estomac d'un vautour? Tu as vu souvent fondre la neige; tu sais quand les jeunes arbres ont été plantés; dis-moi pourquoi l'esprit des Anglais est si vaste qu'il veut tout embrasser depuis le levant jusqu'au couchant. Parle, car nous ignorons par quelle raison d'aussi petits corps ont d'aussi longs bras.

Le grand chef s'expliquait dans un anglais assez inintelligible. Il fut compris par le vieux Marc, qui lui répondit :

— Le Seigneur nous a livrés aux mains des païens, et pourtant son nom ne cessera pas d'être béni sous mon toit. Le bien résultera du mal, et la défaite passagère des serviteurs de Dieu sera suivie d'une éternelle victoire.

Le grand chef regarda fixement ce vieillard dont les événements du jour avaient ranimé l'énergie, et dont la figure vénérable, encadrée de longues mèches blanches, portait l'empreinte de l'enthousiasme. L'Indien, s'inclinant avec un respect superstitieux, se tourna vers les autres blancs, qui lui paraissaient plus abordables et moins supérieurs aux faiblesses humaines.

— L'esprit de mon père est fort, dit-il, mais son corps est comme la branche du chêne desséché. Quant à vous, dont la peau est comme la fleur du cormier, d'où vient que vous avez les mains si noires que je ne puis les voir?

— Elles ont été noircies par le soleil, répondit Content, lorsque nous cultivions la terre pour nourrir nos femmes et nos enfants.

— Non, c'est le sang des hommes rouges qui les a colorées.

— Si nous avons combattu, reprit Content, c'est pour que nos chevelures ne soient pas exposées à la fumée d'un wigwam, pour que nous conservions la terre que le grand Esprit nous a donnée.

Cette allusion à la propriété de la vallée excita chez le grand chef une action de colère : il serra convulsivement le manche de sa hache, et ses joues basanées s'assombrirent; mais il était accoutumé à se contraindre.

— On peut voir ce que savent faire les hommes rouges, reprit-il en montrant le champ de bataille avec un affreux sourire, et en découvrant par ce geste les trophées sanglants qui fumaient à sa ceinture; mais nos oreilles sont ouvertes et nous sommes prêts à écouter les Visages-Pâles. Qu'ils nous disent de quelle manière nos territoires de chasse sont devenus des champs labourés.

— Narragansett...

— Je suis un Wampanoag, interrompit le grand chef avec hauteur; mais jetant un regard plus doux sur le jeune Indien placé auprès de lui, il ajouta vivement : Qu'importe, d'ailleurs? les hommes rouges sont frères et amis; ils ont abattu les haies qui séparaient leurs territoires de chasse et déblayé les sentiers qui unissent leurs villages. Qu'as-tu à dire aux Narragansett?

— Wampanoag, puisque telle est ta tribu, repartit Content, le Dieu des Anglais est celui de toutes les nations.

Les auditeurs secouèrent la tête d'un air de doute, à l'exception du jeune chef, qui tenait avec persistance les yeux fixés sur le chrétien.

— Pour répondre à ces signes de blasphème, reprit Content, je proclamerai la puissance de Celui que j'adore. La terre est son marchepied, le ciel est son trône. Je ne prétends point pénétrer dans ses sacrés mystères, et expliquer pourquoi la moitié de ses œuvres est encore dans ces ténèbres d'ignorance et d'abomination païenne où nous les avons trouvées. Il y a des vérités cachées qui ne sont counues qu'après leur entier accomplissement; mais un esprit grand et juste a conduit ici des hommes pleins de foi, afin que les actions de grâces s'élevassent au milieu du désert.

Le grand chef avait écouté gravement, et il répondit avec calme :

— Vos jeunes gens ont été trompés. Ce n'est pas le Manitou qui a pu leur donner le conseil d'aller si loin de leur pays. Ils venaient de la langue de celui qui aime à voir le gibier rare et les squaw affamées.

— Les Wampanoag peuvent avoir à se plaindre de quelques hommes méchants; mais jamais on ne les a maltraités dans cette vallée. J'ai payé ces terres et je les ai fait fructifier avec peine. Tu es un Wampanoag; mais tu dois savoir que les territoires de chasse de ta tribu ont été sacrés pour mes gens. N'a-t-on pas établi des barrières pour que le sabot du cheval ne foulât pas le blé des Indiens? et lorsque l'Indien a été lésé, n'a-t-il pas obtenu justice?

— L'élan ne goûte pas l'herbe au pied de l'arbre; il mange les feuilles! il ne se penche pas pour se nourrir de ce qu'il foule aux pieds. Est-ce que l'épervier regarde la mouche? Il a les yeux trop gros, il ne peut voir que les oiseaux. Va, les Wampanoag renverseront la haie de leurs propres mains pour aller chercher le daim qu'ils auront tué. Le bras d'un homme affamé est fort. La fourberie des Visages-Pâles a façonné cette haie; elle renferme vos bestiaux, mais elle renferme aussi l'Indien; et l'Indien est trop fier pour le supporter, il ne veut pas qu'on le fasse paître comme un bœuf!...

Un murmure de satisfaction circula parmi les sauvages. Cependant Content répondit :

— Le pays de ta tribu est très-éloigné, et je ne suis pas à même d'affirmer qu'on y ait traité les sauvages avec équité dans le partage des terres; mais jamais dans cette vallée on n'a fait le moindre tort à l'homme rouge. Il a demandé à manger, et on lui en a donné; il a eu soif, et on lui a servi du cidre; il a eu froid, et on lui a offert une place au foyer. Et pourtant j'aurais eu des raisons pour m'armer de la hache de guerre et pour marcher sur le sentier des combats; car, après de longues années de tranquillité passées sur cette terre que j'avais payée aux hommes rouges et aux blancs, j'avais vu tomber autour de moi mes jeunes gens; la mort et l'incendie étaient entrés dans ma demeure, et nos cœurs avaient été cruellement éprouvés!.....

Content s'arrêta, car la voix lui manquait, et il venait de jeter un coup d'œil sur sa pâle compagne encore éplorée. Le jeune chef, qui l'avait écouté avec un vif intérêt, mit le doigt sur l'épaule nue de son compagnon, et lui indiqua par signes qu'il désirait lui faire une communication secrète. Le Wampanoag y consentit, non sans une certaine répugnance, car il était choqué de la sympathie que son collègue témoignait au blanc. Tous deux s'éloignèrent de la terrasse, et s'arrêtant sous un arbre du verger, ils commencèrent un dialogue dans leur langue indigène.

— Que veut avoir mon frère? demanda l'homme au turban, en donnant à sa voix gutturale les intonations de l'amitié. Qui trouble le grand sachem des Narragansett? ses pensées semblent inquiètes. Voit-il apparaître l'esprit de son père Miantonimoh, ou bien a-t-il hâte de suspendre à sa ceinture les chevelures des perfides Anglais?

— Non, répondit le jeune sachem, je ne vois pas l'esprit de mon père, il est loin d'ici dans les territoires de chasse des guerriers justes; il chasse l'élan dans les plaines où les ronces sont inconnues, et il n'a pas besoin des yeux d'un jeune homme pour lui signaler la piste du gibier. Pourquoi songerais-je à l'heure où les Péquods et les Anglais lui ont arraché la vie? Le feu a noirci la terre, et je n'y trouve plus de traces de sang.

— Mon fils a raison; ce qui a été vengé une fois est oublié; mais il y a six lunes à peine, les Anglais ont encore pénétré dans nos villages; ils ont tué nos guerriers, égorgé nos femmes, allumé leurs feux avec les os des hommes rouges. Attendons ce soir, et nous tremperons nos haches dans le sang des Visages-Pâles.

— J'approuve votre conseil, répondit le sachem; le Narragansett est toujours prêt à s'élancer quand on donne le signal du combat, ou à s'arrêter quand les hommes à tête grise disent : C'est assez. Mais un Indien n'est qu'un homme. Peut-il combattre le Dieu des Anglais?

Métacom regarda les nuages, les arbres et les bâtiments, et répondit :

— Je ne vois pas le Manitou des blancs; les Visages-Pâles l'ont imploré pendant que nous poussions le cri de guerre, et il ne les a pas entendus.

— Métacom, reprit le jeune chef, ignores-tu la puissance des espris? Regarde cette colline; dix neiges sont venues et se sont fondues, depuis qu'elle a servi de base à l'habitation des Visages-Pâles. Conanchet était alors un enfant; sa main n'avait encore frappé que le daim, son cœur était plein de désirs. Dans la journée il pensait à scalper les Péquods, et pendant la nuit il entendait les dernières paroles de Miantonimoh, qui revenait dans le wigwam pour surveiller l'enfant de son fils. Eh bien! disait-il, Conanchet sera-t-il digne de ses ancêtres? L'enfant de tant d'illustres sachems devient-il fort et courageux?... Mais pourquoi parlerai-je à mon frère de ces visites? Métacom a dû voir souvent dans son sommeil la longue suite des chefs Wampanoag.

Métacom, qui avait l'esprit élevé, se frappa la poitrine en disant : Ils sont toujours ici! Métacom n'a d'autre âme que l'âme de ses pères.

— Un soir, reprit Conanchet, Miantonimoh ordonna à son fils de se lever et d'aller chercher des chevelures anglaises pour les pendre dans son wigwam; car les yeux du chef maure n'aimaient pas à voir une maison aussi vide. La voix de Conanchet était alors trop faible pour s'élever au conseil. Il ne dit rien, et alla seul. Un mauvais esprit le fit tomber entre les mains des Visages-Pâles; ils l'enfermèrent dans une cage, comme une panthère apprivoisée. Il fut captif pendant plusieurs lunes; c'était ici. La nouvelle de son infortune fut apprise par les jeunes gens aux chasseurs, et par les chasseurs aux Narragansett. Ils avaient perdu leur sachem, et ils vinrent le chercher. L'enfant avait senti le pouvoir du Dieu des Anglais; son esprit s'affaiblissait, il songeait moins à la vengeance. L'âme de son père ne le visitait plus pendant la nuit; il conversait avec le Dieu inconnu, et les paroles de ses ennemis étaient bienveillantes. Ils l'emmenèrent à la chasse. Quand il aperçut la trace des guerriers dans les bois, il fut troublé, car il devinait leurs projets. Pourtant il vit l'ombre de son père, et il attendit. Le cri de guerre retentit le soir même; il périt beaucoup de monde, et les Narragansett prirent des chevelures. Tu vois cette cabane de pierres que le feu a noircie, il y avait au-dessus une citadelle où les Visages-Pâles s'enfermèrent pour défendre leur vie; mais l'incendie s'alluma, et il n'y eut plus d'espérance. L'âme de Conanchet en fut émue, car les combattants avaient de la bonté, et quoique blancs, ils n'avaient pas tué son père; mais on ne pouvait arrêter les flammes, et la cabane fortifiée devint pareille au reste d'un feu du conseil abandonné. Tous ceux qui étaient dedans furent réduits en cendres, et pourtant ils sont encore ici !

Métacom tressaillit et jeta sur les ruines un regard rapide.

— Mon fils voit-il des esprits dans l'air? demanda-t-il précipitamment.

— Non, ils vivent, ils sont destinés aux tourments. Le vieillard à tête blanche est celui qui parlait si souvent avec son Dieu; l'autre chef, sa femme et le brave jeune homme qui nous a vaillamment résisté, ont péri dans l'incendie, et cependant ils sont ici ! Les Anglais ont commerce avec les dieux inconnus; ils sont trop habiles pour nous.

Métacom avait été élevé dans la superstition; mais l'indomptable désir qu'il avait de détruire la race détestée avait fini par le rendre incrédule. Souvent, dans les conseils de sa nation, il avait nié certaine manifestation d'un pouvoir surnaturel en faveur de ses ennemis; mais jamais des faits aussi imposants ne s'étaient présentés à son esprit. Ses fières résolutions furent un moment ébranlées, et il demeura indécis, sans pourtant renoncer à ses idées de vengeance.

— Que désire Conanchet? dit-il : deux fois ses guerriers ont fait irruption dans la vallée, et deux fois le tomahawk de ses jeunes gens a été plus rouge que la tête du pivert. L'incendie était mal allumé; le tomahawk tuera plus sûrement. Si la voix de mon frère n'avait pas ordonné de respecter la tête des prisonniers, il ne pourrait pas dire : Ils sont encore ici.

— Mon esprit est troublé, ami de mon père; qu'on les questionne avec adresse pour que la vérité soit connue.

Métacom réfléchit un instant et sourit amicalement de l'émotion profonde de son jeune compagnon; puis il appela un jeune guerrier pour lui ordonner de faire conduire les captifs sur la colline.

CHAPITRE XXV.

Il est rare qu'un Indien perde son calme philosophique et son apparente égalité d'humeur. Lorsque Content et sa famille parurent sur la colline, ils trouvèrent les deux chefs se promenant sous les arbres avec la gravité convenable à leur rang. Un Indien nommé Annawon fit placer les captifs aux pieds de la ruine et attendit patiemment qu'il plût à ses supérieurs de commencer leur enquête. Il n'y avait rien dans cette attitude de l'air abject des esclaves asiatiques ; elle tenait à l'éducation, qui apprend aux Anglais à maîtriser toutes leurs émotions naturelles. L'humilité religieuse produisait des effets analogues chez ceux que la fortune avait mis au pouvoir de l'ennemi ; il eût été curieux pour un observateur d'étudier les rapports et les différences qui existaient entre le sang-froid tout matériel des sauvages et la résignation ascétique des prisonniers. Seul parmi eux, le jeune Marc avait encore un front sourcilleux, et l'irritation ne cessait de se peindre dans ses regards que lorsqu'ils tombaient accidentellement sur sa mère.

Au bout de quelques minutes, Métacom, ou le roi Philippe, comme nous l'appellerons indifféremment, rouvrit ainsi la conférence :

— Cette terre est bonne, dit-il ; elle a plusieurs couleurs pour réjouir les yeux de celui qui l'a faite. D'un côté, elle est noire, et les chasseurs qui la foulent aux pieds sont noirs, car ils ressemblent à l'insecte qui prend la nuance de sa feuille natale ; d'un autre côté, elle est blanche, et donne naissance aux hommes pâles qui devraient y rester pour mourir, sous peine de perdre la route de leurs heureux territoires de chasse.

— Adorateur des idoles, interrompit le puritain, ces doctrines sont insensées. Tous les pays sont égaux aux yeux du Seigneur. L'âme des morts s'élève vers le ciel, quelle que soit la place où elle laisse sa dépouille, au milieu du calme ou des tempêtes, des terres du soleil ou des terres de la gelée, des profondeurs de l'Océan ou des tourbillons de l'incendie...

Le puritain fut interrompu à son tour. Métacom lui appuya un doigt sur l'épaule en lui disant :

— Et quand un Visage-Pâle a péri dans les flammes, peut-il encore marcher sur la terre ? Les hommes justes ont-ils la faculté de franchir, quand il leur plaît, la rivière qui sépare ce pays des champs éternels du repos ?

— Voilà bien la pensée abominable d'un païen ! Enfant de l'ignorance, apprends qu'il est impossible de franchir les barrières qui s'élèvent entre la terre et le ciel, et que l'être purifié ne saurait supporter les impuretés de la chair.

— C'est ce que prétendent les Visages-Pâles, reprit l'astucieux Philippe ; mais ils mentent pour cacher leurs secrets aux Indiens, et pour les empêcher de devenir aussi habiles qu'eux. Mon père et ses compagnons ont été autrefois brûlés dans cette citadelle, et maintenant ils sont ici.

— Ce blasphème m'inspire plus de pitié que de colère, reprit le vieux Marc irrité de cette accusation de sorcellerie, et pourtant je ne saurais souffrir, sans manquer à tous mes devoirs, qu'une erreur aussi fatale se répandît parmi ces pauvres victimes de Satan. Wampanong, l'histoire que tu as entendu conter est une tradition mensongère. Il est vrai que la famille courut un grand danger dans cette tour, et qu'aux yeux des hommes qui nous surveillaient elle parut étouffée dans les flammes ; mais le Seigneur nous suggéra l'idée de chercher un refuge dans le puits, dont il fit l'instrument de notre salut.

Les auditeurs, malgré leur finesse excessive, ne purent cacher l'étonnement que leur causa cette simple explication de ce qu'ils regardaient comme un miracle. L'admiration fut le premier sentiment qu'ils éprouvèrent ; mais ils n'ajoutèrent foi aux paroles du puritain qu'après en avoir eux-mêmes vérifié l'exactitude. La petite porte de fer qui fermait l'entrée du puits était encore sur ses gonds, et ils l'ouvrirent pour en examiner la profondeur et juger de la possibilité du fait.

Une expression de triomphe rayonna sur le visage basané du roi Philippe, tandis que les traits de son allié peignaient à la fois la satisfaction et le regret. Ils s'éloignèrent du groupe en rêvant, et quand ils se parlèrent, ce fut dans leur langue indigène.

— Mon fils a une langue qui ne peut mentir, dit Métacom d'un ton de condoléance et de flatterie. Ce qu'il a vu il le dit, et ce qu'il dit est vrai. Conanchet n'est pas un enfant ; c'est un chef. Son corps est jeune, mais sa sagesse a des cheveux blancs. S'opposera-t-il désormais à ce que nous scalpions ces Anglais, quoiqu'ils ne se cachent plus dans des trous comme les renards ?

— Le sachem a des pensées sanguinaires, repartit le jeune chef avec vivacité : mes jeunes gens ont pris des chevelures depuis le lever du soleil. Ils sont fatigués ; il faut qu'ils se reposent.

— Faut-il aussi qu'ils oublient que le gazon a été arrosé d'un sang trop coloré pour venir des veines des Visages-Pâles; que les pluies ne peuvent l'effacer, ni les neiges le blanchir? Ce sang est celui du grand Miantonimoh; les traces en sont encore visibles sur la terre; elles font hurler les loups; les oiseaux crient en volant au-dessus d'elles, et les lézards s'en détournent.

— Wampanoag, reprit Conanchet avec fierté, je les ai cachées sous les débris des maisons de nos ennemis. La tombe de mon père est couverte de chevelures conquises par la main de son fils.

— Mais depuis ce temps, une ville indienne a été incendiée au milieu des neiges. Je vois les filles éplorées, les enfants grillés sur des charbons, les jeunes gens frappés par derrière, les vieillards mourant comme des chiens? Est-ce le village des lâches Péquods? Non! c'est le pays du grand Narragansett, et le brave sachem est là pour combattre! Je ferme les yeux, car la fumée m'aveugle.

Conanchet entendit avec un morne silence cette allusion à la destruction récente du principal établissement de sa tribu. Une influence puissante et mystérieuse semblait étouffer dans son cœur le sentiment de la vengeance. Il détourna les yeux pour les porter sur les captifs, dont le sort dépendait de lui, puisque la bande qui avait envahi la vallée du Crapaud-Volant était presque entièrement composée de guerriers de sa nation. Un mouvement que fit Métacom attira de nouveau son attention.

— Qu'est-ce que mon frère voit encore? demanda-t-il : une femme qui n'est ni blanche ni rouge, qui bondit comme un jeune faon, qui a vécu dans un wigwam à ne rien faire, qui parle deux langues, qui tient les mains devant les yeux d'un grand guerrier pour qu'il soit aveugle comme un hibou au soleil...

Métacom s'arrêta, car il venait d'apercevoir tout à coup la jeune femme dont il venait d'esquisser le portrait. Après avoir fait un saut en avant, elle avait reculé brusquement, craignant d'avancer et ne sachant s'il était convenable qu'elle s'éloignât. Dans cette incertitude, elle ressemblait à une créature fantastique, prête à disparaître dans la brume; mais en échangeant un regard avec Conanchet, elle prit la modeste attitude d'une Indienne en présence d'un sachem.

La jeune femme n'avait pas vingt ans. Elle était d'une taille un peu au-dessus de celle des Indiennes: mais ses formes avaient autant de légèreté, de délicatesse, que le comportait la plénitude particulière.

Ses jambes, que laissait voir à demi une jupe courte de drap écarlate, étaient de proportions presque irréprochables, et jamais pied mieux dessiné n'avait honoré le mocassin garni de plumes. Quoiqu'elle fût enveloppée depuis le cou jusqu'aux jambes d'un justaucorps de calicot, il était facile de voir que ses contours n'avaient pu être gâtés ni par les maladroites tentatives de l'art, ni par les funestes effets du travail. L'éclat de son teint avait été obscurci par le hâle, un vif incarnat en avait remplacé l'éblouissante blancheur primitive; elle avait de grands yeux, doux, les sourcils arqués, le nez droit et légèrement aquilin, le front régulier, poli, mais plus bombé que celui d'une fille de la tribu des Narragansett. Ses cheveux, au lieu de pendre en tresses d'un noir de jais, se détachaient en boucles dorées de leurs bandelettes de coquillages.

Les particularités qui distinguaient cette femme ne se bornaient pas aux traces indélébiles de son origine. Sa démarche avait plus de grâce, son pied était plus en dehors, ses mouvements avaient plus d'aisance que si elle eût été condamnée dès l'enfance aux fatigues et à la servitude. Quoique parée de quelques-unes des précieuses babioles de la race détestée où elle avait évidemment pris naissance, elle avait l'air timide et sauvage des indigènes parmi lesquels elle avait grandi. Sa beauté eût été remarquable en tout pays; mais le jeu de ses muscles, le développement de ses membres, le rayonnement de ses yeux naïfs, la liberté de ses mouvements, ne se seraient guère conservés au delà de l'enfance dans une société qui détériore si souvent l'œuvre de la nature en essayant de la perfectionner.

Quoique la couleur de ses yeux n'eût rien d'indien, les regards inquiets mais pleins d'intelligence qu'elle jeta sur la scène qui s'offrait à ses yeux, annonçaient une femme habituée au plus complet exercice de ses faculés. Montrant du doigt Whital Ring, qui se tenait un peu à l'écart, elle dit d'une voix basse dans la langue des Indiens

— Pourquoi Conanchet a-t-il envoyé chercher sa femme dans les bois?

Le jeune sachem ne répondit pas. Il semblait même avoir à peine conscience de la présence de sa compagne. Il conservait la réserve et la hauteur d'un chef occupé d'affaires importantes. Quel que fût le trouble de ses pensées, il n'était pas facile d'en lire le témoignage sur ses traits toujours impassibles. Quant à Philippe, il ne put dissimuler le mécontentement qui plissait son front.

— Mon frère désire-t-il encore savoir ce que je vois? demanda-t-il avec mépris, quand il eut reconnu que son compagnon n'était pas disposé à répondre à sa femme.

— Que voit le sachem des Wampanoag? reprit fièrement Conanchet.

— Une grande tribu sur le sentier de la guerre. Il y a beaucoup de braves, et un chef dont les pères sont descendus des nuées. Leurs mains sont en l'air; elles frappent des coups pesants. La flèche est rapide, la balle entre sans qu'on la voie, mais elle tue. Le sang qui coule des blessures est de la couleur de l'eau. Maintenant le sachem ne voit plus, mais il entend. C'est le cri de victoire, et les guerriers sont contents. Les chefs qui habitent les heureux territoires de chasse viennent avec joie au-devant des morts, car ils ont reconnu le cri de leurs enfants.

La physionomie expressive de Conanchet s'anima involontairement à cette description de la scène à laquelle il venait d'assister. Il ressentit malgré lui l'enivrement du triomphe. Cependant il dit avec calme :

— Ensuite?

— Je vois un messager; j'entends les mocassins d'une squaw.

— Métacom, les femmes des Narragansett n'ont plus de hutte, leurs villages sont en cendres, et elles suivent les jeunes gens pour avoir à manger.

— Je ne vois pas de daim. Le chasseur ne trouvera pas de gibier dans le défrichement des Visages-Pâles; mais le blé est plein de lait; Conanchet a faim; il a envoyé chercher sa femme, pour qu'il puisse manger.

Le jeune sachem étreignit avec force la poignée du tomahawk placé sous son bras, mais ce moment de colère dura peu; et comme fatigué des discours de son perfide allié, il l'éloigna d'un geste dédaigneux.

— Va, Wampanoag, dit-il, mes jeunes gens pousseront le cri de guerre lorsqu'ils entendront ma voix, et ils tueront le daim pour les femmes. Sachem, mon parti est pris.

Philippe répondit par un regard de menace, qu'il réprima presque aussitôt pour prendre un air de commisération, et il quitta la colline.

— Pourquoi Conanchet a-t-il envoyé chercher sa femme dans les bois? répéta la jeune fille.

— Narra-Mattah, approche, dit le chef d'un ton radouci, ne crains rien, fille du matin, car ceux qui nous environnent sont d'une race qui admet les femmes au feu du conseil. Ouvre les yeux et regarde. Y a-t-il dans ces arbres quelque chose qui te semble comme une ancienne tradition? As-tu vu cette vallée dans tes rêves? Les Visages-Pâles qu'a épargnés le tomahawk de mes jeunes gens ont-ils déjà été conduits vers toi par le grand Esprit, durant la nuit sombre?

La jeune fille écouta attentivement, et parcourut des yeux le paysage avec cette vivacité si remarquable dans les êtres dont le danger et la nécessité développent les organes. Elle regarda tour à tour le verger embaumé, le hameau avec sa petite forteresse, les plaines verdoyantes et les ruines du blockhaus, qui semblaient là pour avertir qu'il ne fallait pas se fier aux signes de paix et de bonheur qui régnaient alentour.

— C'est un village des Anglais, dit la femme d'un air rêveur. Une Narragansett n'aime pas regarder les huttes de la race détestée.

— Écoute, le mensonge n'est jamais entré dans les oreilles de Narra-Mattah. Ma langue a parlé comme la langue d'un chef; tu n'es pas venue du sumac rouge, mais de la neige. Ta main n'est pas comme les mains des femmes de ma tribu. Elle est petite, car le grand Esprit ne l'a pas faite pour travailler; elle est de la couleur du ciel du matin, car tes pères étaient nés près de la place où le soleil se lève. Ton sang est comme de l'eau de source, tu sais tout cela, car personne ne t'a menti. Parle, n'as-tu jamais vu le wigwam de ton père? La voix de ton père ne t'a-t-elle jamais parlé dans le langage de ton peuple?

Narra-Mattah, ou la Neige-Tourbillonnante, se tenait dans l'attitude d'une sibylle qui écoute les ordres secrets de l'oracle.

— Pourquoi, dit-elle, Conanchet adresse-t-il ces questions à sa femme? Il sait ce qu'elle sait, il voit ce qu'elle voit; leurs deux pensées sont confondues. Le grand Esprit leur a donné des peaux de différente couleur, mais leurs cœurs se ressemblent. Narra-Mattah n'écouterait pas le langage du mensonge. Elle ferme l'oreille pour en éviter les sons odieux; elle essaie de l'oublier. Elle n'a besoin que d'une seule langue pour parler à Conanchet; pourquoi retournerait-elle en arrière dans ses rêves, lorsqu'un grand chef est son époux?

Le guerrier s'attendrit en contemplant la figure naïve et confiante de sa femme. Toute sa fermeté disparut, et l'on vit régner sur ses traits une expression de tendresse aussi douce et aussi marquée que s'il eût connu les délicatesses de la civilisation.

— Jeune fille, dit-il après un moment de réflexion, on est ici dans le sentier de la guerre. Tous ceux qui s'y trouvent sont des hommes. Lorsque je t'enlevai de ton nid, tu étais comme le pigeon qui n'a pas encore déployé ses ailes. Cependant le vent de plusieurs hivers avait soufflé sur toi. Te rappelles-tu la cabane où tu les a passés?

— Je ne connais que le wigwam de Conanchet, où j'ai des fourrures en abondance.

— Oui, je suis chasseur, et les castors se préparent à mourir quand ils entendent mes mocassins. Mais les Visages-Pâles conduisent la charrue. La Neige-Tourbillonnante se souvient-elle de la manière dont vivent les Anglais?

La femme attentive parut réfléchir; puis elle fit un geste négatif.

— Ne voit-elle jamais un feu allumé au milieu des cabanes? n'entend-elle pas les cris des guerriers qui envahissent un établissement?

— J'ai vu bien des incendies; les cendres de la ville des Narragansett ont à peine eu le temps de refroidir.

— Narra-Mattah n'entend-elle pas son père qui implore pour elle le Dieu des Anglais?

— Le grand Esprit des Narragansett a des oreilles pour son peuple.

— Mais je distingue une voix plus douce. C'est une femme au visage pâle, au milieu de ses enfants. Sa fille ne peut-elle l'entendre?

La Neige-Tourbillonnante mit la main sur le bras du chef, et ses regards parurent conjurer la colère qu'elle avait peur de soulever par ses révélations.

— Chef de mon peuple, reprit-elle, ce qu'une jeune fille des plantations voit dans ses rêves ne doit pas être caché. Je ne songe pas aux cabanes de ma race, car le wigwam de mon époux est plus chaud; je ne songe pas aux aliments et aux habits d'un peuple artificieux, car peut-on être plus riche que la femme d'un grand chef? Je ne songe pas à mes pères occupés à prier leur grand Esprit, car personne n'est plus puissant que le Manitou. J'ai oublié tout cela, je ne veux plus m'en occuper.

J'ai appris à détester une race avide et affamée; mais je vois une créature que les femmes des Narragansett ne connaissent pas. C'est une femme à la peau blanche, qui s'incline doucement sur moi pendant la nuit. Elle a des yeux et une langue : Que veut la femme de Conanchet? dit-elle; a-t-elle froid, voici des fourrures; a-t-elle faim, voici du gibier; est-elle fatiguée, les bras de la femme pâle sont ouverts pour qu'une fille indienne puisse y dormir. Quand le silence règne dans la cabane, quand Conanchet et ses jeunes gens sont couchés, c'est alors que cette femme blanche me parle. Elle ne m'entretient pas des guerres et des batailles de son peuple, des chevelures que les guerriers de sa tribu ont conquises, de l'effroi qu'ils inspirent aux Péquods et aux Mohicans. Elle ne m'explique point comment une jeune Narragansett doit obéir à son mari, et garder des vivres dans les huttes pour les chasseurs qui vont revenir. Sa langue emploie des mots étrangers. Elle invoque un esprit juste et puissant, elle parle de paix et non de guerre, elle résonne comme la voix qui vient des nuages, ou comme la chute d'eau sur les rochers. Narra-Mattah écoute avec autant de plaisir que le sifflement du crapaud-volant dans les bois.

Narra-Mattah s'était exprimée avec cette éloquence naturelle que l'art ne peut égaler; Conanchet lui répondit avec un accent de mélancolie, en lui posant la main sur la tête :

— L'oiseau de la nuit siffle pour appeler sa progéniture! Le grand Esprit de tes pères est en colère de ce que tu habites la hutte d'un Narragansett. Il a des yeux auxquels on ne peut se dérober. Il sait que la robe de fourrures, les coquillages et les mocassins sont mensongers; il voit dessous la couleur de la peau.

— Non, répliqua la jeune femme avec une résolution qu'on n'aurait pas attendue de sa timidité. Il voit l'homme plutôt que la peau; il a oublié qu'une de ses filles est perdue.

— Il n'en est pas ainsi : l'aigle de mon peuple a été pris par les Visages-Pâles. Il était jeune; ils ont voulu lui apprendre à chanter dans une autre langue. On changea les nuances de ses plumes; mais quand la porte fut ouverte, il étendit les ailes et retourna vers son nid. Ce n'est pas ainsi : ce qui a été fait est bien, et ce qui sera fait vaudra mieux. Viens, la route nous est ouverte.

En achevant ces mots, Conanchet fit signe à sa femme de le suivre, et la conduisit en présence des captifs. Il alla prendre par la main Ruth, qui se laissa faire machinalement, et la mit en face de la Neige-Tourbillonnante. La peinture de guerre qui couvrait le visage de l'Indien ne cachait pas entièrement les vives émotions qui s'y reflétaient.

— Vois, dit-il à Ruth, le grand Esprit n'est pas honteux de ses œuvres. Ce qu'il a fait est fait ; il est Narragansett, et les Anglais ne peuvent le détruire. Tu es l'oiseau blanc qui traversa les mers, et voici le nourrisson que tu as réchauffé sous ton aile.

Alors, croisant les bras sur son sein nu, Conanchet sembla concentrer toute son énergie, de peur de donner dans le cours de l'entrevue quelques signes d'une faiblesse indigne de lui.

Les prisonniers ignoraient ce qui venait de se passer. Tant de figures étranges et sauvages passaient et repassaient devant leurs yeux, qu'une de plus ou de moins ne pouvait attirer leur attention. Avant d'avoir entendu Conanchet s'exprimer en anglais, Ruth n'avait pris garde ni à lui ni à sa femme, mais le langage figuré et la pantomime expressive du Narragansett eurent pour effet de ravir la mère chrétienne à sa douloureuse rêverie.

Jamais enfant ne se présentait devant elle sans lui rappeler douloureusement le sien ; jamais la voix enjouée de l'enfance n'avait surpris ses oreilles sans réveiller les angoisses de son cœur. L'amour maternel, toujours puissant en elle, se ranimait à la moindre allusion qui lui rappelait les tristes événements de sa vie. Dans la circonstance actuelle, elle entrevit la vérité que nos lecteurs ont déjà pressentie.

Toutefois elle s'était toujours représenté sa fille à l'âge où on l'avait arrachée de ses bras, et cette illusion naturelle était trop profondément implantée dans son esprit pour être détruite par un coup d'œil. Elle saisit l'étrangère avec ses deux bras étendus, et la regarda fixement sans lui permettre d'approcher davantage d'un cœur sur lequel elle pouvait n'avoir aucun droit.

— Qui es-tu? demanda la mère d'une voix tremblante, parle; être aimable et mystérieux, qui es-tu?

La Neige-Tourbillonnante avait adressé à son mari un regard de terreur et de supplication, comme pour chercher protection auprès de celui qui la défendait d'ordinaire ; mais des sensations nouvelles s'emparèrent de son âme lorsqu'elle entendit des accents qu'elle n'avait pu oublier. Elle cessa de se débattre, et son corps flexible prit l'attitude d'une attention profonde et anxieuse. Sa tête s'inclina comme pour recueillir plus aisément de nouveaux sons, et ses yeux, animés d'un transport esthétique, se fixèrent encore sur son époux.

— Vision des bois, ne répondras-tu pas ? ajouta Ruth ; s'il y a dans ton cœur quelque respect pour le Dieu d'Israël, réponds, fais-toi connaître.

— Approche, Conanchet, murmura la jeune femme, voici l'esprit qui parle à Narra-Mattah dans ses songes.

— Femme des Anglais, dit le chef en s'avançant avec dignité, que les nuages ne couvrent plus ta vue, femme d'un Narragansett ouvre les yeux. Le Manitou de votre race parle avec force pour dire à la mère de reconnaître sa fille.

Ruth n'hésita pas plus longtemps, elle ne poussa aucun cri ; et lorsqu'elle serra sur son cœur sa fille retrouvée, on aurait dit que les deux corps n'en faisaient qu'un. Un cri de plaisir et d'étonnement retentit autour des deux femmes. Jeunes et vieux sentirent également le pouvoir de la nature, et oublièrent leurs récentes alarmes dans la joie pure du moment. L'âme altière de Conanchet lui-même fut ébranlée. Il leva la main, à laquelle pendait encore le sanglant tomahawk, et se voila la face en se détournant, pour que personne ne pût voir la faiblesse d'un grand guerrier.

Et il pleura.

CHAPITRE XXVI.

En quittant la colline, Philippe avait rassemblé les Wampanoag, et s'était brusquement éloigné des plaines du Crapaud-Volant. Accoutumés à voir ces brusques ruptures entre leurs chefs, les satellites de Conanchet ne conçurent aucune inquiétude, et ils auraient d'ailleurs conservé leur présence d'esprit dans des circonstances bien plus critiques. Cependant, quand leur sachem parut sur le terrain, qui était encore rougi du sang des combattants, et qu'il eut annoncé l'intention d'abandonner une conquête presque achevée, il ne fut pas accueilli sans murmures. L'autorité d'un chef indien est loin d'être despotique, et bien qu'elle soit due presque toujours à la naissance et à l'illustration héréditaire, elle est soutenue principalement par les qualités personnelles de celui qui commande. Heureusement pour le chef narragansett, malgré son extrême jeunesse, il avait déjà surpassé en sagesse et en courage le célèbre Miantonimoh, son père. Le désir de vengeance et les fureurs sauvages de ses subalternes furent contenus par sa fermeté. Aucun d'eux n'osa braver la colère d'un chef qui ne menaçait jamais en vain, pour entreprendre au conseil une lutte inégale avec un orateur qu'on écoutait toujours respectueusement. Moins d'une heure après que Ruth eut retrouvé sa fille, les agresseurs avaient disparu. Après avoir caché leurs morts avec soin, pour dérober leur chevelure aux mains de l'ennemi, il n'était pas rare que les Indiens se retirassent ainsi, satisfaits des résultats d'une première attaque. Leurs succès militaires dépendaient tellement d'une surprise, qu'ils étaient plus disposés à renoncer à une tentative qu'à mériter la victoire par leur persévérance. Tant que durait la bataille, leur courage était au niveau des dangers; mais ils n'abandonnaient rien au hasard, et ne prenaient que les mesures justifiées par la plus méticuleuse prudence.

Lorsque l'ennemi se fut enfoncé dans la forêt, les habitants du village se persuadèrent que la retraite s'était opérée dans les règles, et qu'elle était le résultat de leur héroïque résistance. Cette opinion se propagea, sans qu'on daignât chercher d'autres motifs moins satisfaisants pour l'amour-propre des colons. On envoya des éclaireurs en campagne, pour empêcher une nouvelle surprise, et pour s'informer de la direction qu'avait prise la tribu.

Vint ensuite une scène de cérémonie solennelle et de profonde affliction... On avait éprouvé des pertes cruelles; il était tombé des membres les plus utiles et les plus courageux de cette communauté isolée. Le chagrin était un sentiment plus naturel que la joie dans des circonstances où la victoire était si stérile et si chèrement achetée. Le triomphe prit un aspect d'humilité, et quoique les combattants eussent la conscience de s'être bien comportés, ils comprirent que le succès ou la défaite dépendait d'une puissance qu'ils ne pouvaient comprendre, et sur laquelle ils n'avaient aucune influence. Les opinions caractéristiques des religionnaires devinrent encore plus exaltées, et la fin du jour fut aussi remarquable par les pieux exercices des colons que le commencement en avait été terrible par des scènes de violence et de carnage.

Lorsque l'un des plus actifs coureurs eut rapporté la nouvelle que les Indiens s'étaient retirés en laissant une large trace dans les bois, signe certain qu'ils ne songeaient pas à se cacher auprès de la vallée, les villageois retournèrent à leurs habitations. Les morts furent répartis entre ceux auxquels les liens du sang donnaient le droit de leur rendre les derniers devoirs, et l'on aurait pu dire sans exagération que le deuil était entré dans presque toutes les demeures. Les membres d'une société aussi restreinte étaient pour la plupart parents ou alliés; d'ailleurs, ils vivaient ensemble avec une fraternité si grande et si naturelle, que les individus échappés aux hasards du combat avaient tous à déplorer la perte de quelque compagnon essentiel à leur bonheur.

Lorsque le jour approcha de sa fin, la cloche appela de nouveau la congrégation au temple. Dans cette occasion imposante, un très-petit nombre de ceux qui vivaient encore s'abstint de prendre part aux cérémonies du culte. Le moment où Meek se leva pour prier produisit une émotion profonde et générale. Les yeux se portèrent sur les places vides des hommes qui avaient succombé ; elles étaient pour ainsi dire autant de blancs ménagés dans le récit des événements de la journée, et elle racontait ce qui s'était passé avec une éloquence à laquelle le langage n'aurait pu atteindre.

Le ministre déploya comme à l'ordinaire une piété quintessenciée, et mêla des aperçus mystérieux sur les desseins de la Providence à l'énonciation plus intelligible des besoins et des passions des hommes. Tout en attribuant au ciel la gloire de la victoire, il ne put s'empêcher de diriger des allusions contre les moyens dont la main vengeresse s'était servie. Les principes du sectaire étaient si singulièrement appropriés au sentiment de l'homme des frontières, qu'il n'eût pas été difficile de signaler une foule de contradictions et d'erreurs dans les arguments du pasteur fanatique. Ses paroles étaient enveloppées des plus épais brouillards de la métaphysique; cependant elles ne s'écartaient pas de certaines vérités générales admises par ses auditeurs, et tous sans exception, appliquant à leur gré ce qu'ils entendaient, en paraissaient excessivement satisfaits.

Le sermon fut improvisé comme la prière, si toutefois l'improvisation réelle était possible à un esprit dont les opinions étaient invariablement arrêtées. Il roula sur le même sujet, mais sous une forme qui se rapprochait moins de l'apostrophe.

— Nous avons été cruellement châtiés, dit-il; mais nous ne pouvons nous dissimuler que nous avions mérité de plus accablantes afflictions. Qu'elles viennent, qu'elles s'appesantissent sur nous; il est de notre devoir de désirer même notre condamnation, si elle peut contribuer à la gloire de Celui qui a formé les cieux et la terre.

Meek passa ensuite à des considérations plus concluantes; il exprima l'espoir que ses ouailles seraient l'objet d'une grâce spéciale, et essaya de leur démontrer qu'elles étaient destinées par la Providence à quelque fin grande et glorieuse.

Un serviteur du temple aussi utile que Meek Wolfe ne pouvait manquer d'arriver à des combinaisons pratiques. Il désigna les sauvages comme les agents employés par Satan pour empêcher le désert de fleurir comme la rose et de se parfumer d'un pieux encens. Le roi Philippe et Conanchet furent dénoncés nominativement, et le prédicateur représenta le célèbre Wampanoag comme le sicaire favori de Moloch, et laissa à ses auditeurs le soin de choisir entre les mauvais esprits énumérés dans la Bible celui qu'ils jugeraient propre à servir d'inspirateur au chef des Narragansett. Tous les scrupules relatifs à la légitimité du combat et tous les doutes qui pouvaient assaillir des consciences délicates furent dissipés sans hésitation.

— Les Israélites, dit l'orateur, n'ont-ils pas dépossédé les habitants de la Judée? La cause des colons n'est-elle pas aussi juste, aussi légitime? Pourquoi donc employer des ménagements avec les Indiens? Ils se refusent opiniâtrement à reconnaître la vraie foi, eh bien! si les moyens de conciliation ne réussissent pas, poursuivons les anciens propriétaires du sol avec toute la fureur de la Divinité offensée ; c'est le devoir de tous, jeunes ou vieux, faibles ou forts, de combattre sans pitié les infidèles.

Meek Wolfe parla d'un affreux massacre dont les Anglais s'étaient rendus coupables durant l'hiver précédent comme d'un triomphe de la justice, comme d'une action héroïque dont les résultats devaient encourager les vainqueurs à persévérer; puis, par une transition qui n'était pas extraordinaire dans un siècle de subtilités religieuses, le pasteur revint aux vérités douces et consolantes qui abondent dans les enseignements de Celui dont il prétendait défendre la loi. Il recommanda aux assistants l'humanité, la paix et la charité, puis il les congédia.

Lorsque l'assemblée se sépara, tous les habitants du Crapaud-Volant se regardaient comme honorés de quelque révélation spéciale; ils étaient convaincus que, par une faveur spéciale, ils venaient de communiquer avec la Source de toutes vérités; et pourtant ces sectaires n'étaient guère moins aveugles que les soldats de Mahomet. Il y avait quelque chose d'agréable à la faiblesse humaine dans la pensée que leurs ressentiments et leurs intérêts temporels se conciliaient avec leurs devoirs religieux; aussi croira-t-on sans peine qu'ils auraient été disposés à devenir des ministres de vengeance sous la conduite d'un chef entreprenant.

Tandis que les colons étaient sous l'empire de passions contradictoires, les ombres du soir s'abattaient graduellement sur leur village, et les ténèbres suivaient le coucher du soleil avec la rapidité particulière aux basses latitudes.

CHAPITRE XXVII.

Les ombres des arbres prenaient les formes longues et fantastiques qu'elles ont avant la chute du jour, et la population prêtait encore l'oreille à la voix de son pasteur, quand un personnage isolé se plaça sur la cime d'un escarpement d'où il pouvait, sans être observé lui-même, suivre les mouvements des habitants du hameau.

Une étroite pointe de montagne s'avançait dans la vallée, du côté de la maison des Heathcote, et dans les rochers qui la composaient s'ouvrait un ravin profond creusé par un petit ruisseau que la fonte des neiges et les grandes pluies changeaient périodiquement en torrent. Le temps, l'action des eaux, celle des bourrasques de l'hiver et de l'automne, avaient donné aux différentes faces de ce ravin une vague ressemblance avec des constructions dues à la main des hommes. Si même on avait eu les éléments d'une comparaison que l'éloignement des maisons du village ne permettait pas d'établir, on aurait pu remarquer, dans un endroit déterminé, des indices positifs d'un travail humain. On avait évidemment complété l'analogie qu'offraient des angles bizarres et des combinaisons accidentelles

Au point du versant d'où l'on pouvait le mieux apercevoir la vallée, les rochers étaient entassés dans le plus sauvage désordre; leur conformation permettait d'y établir une résidence sans s'exposer aux regards curieux des colons, et avec la facilité d'observer toutes leurs démarches. Un ermite aurait choisi ce site pour observer de loin le monde en se livrant en même temps à la réflexion solitaire et à la dévotion ascétique.

Tous ceux qui ont vu les prairies et les vignobles baignés par le Rhône avant que ce fleuve verse son tribut dans le lac Leman ont pu remarquer une retraite de ce genre occupée par un homme qui s'est voué à l'isolement et au culte des autels; elle domine le village de Saint-Maurice, dans le canton du Valais. Mais l'ermitage suisse a une certaine ostentation : il est perché sur une étroite cime, à une hauteur immense, comme pour montrer dans quelle position resserrée et périlleuse on peut adorer Dieu. La demeure dont nous avons parlé évitait au contraire les regards avec les précautions les plus jalouses, et cherchait en même temps à s'affranchir de la solitude absolue. On avait pris soin de la disposer de manière à la confondre avec les objets environnants. Une petite hutte, appuyée contre les flancs du rocher, était bâtie de pierres et de troncs d'arbre; elle avait un toit d'écorce et une cheminée d'argile. Sa porte s'ouvrait du côté de la vallée, et son unique fenêtre donnait sur le ravin. On ne pouvait guère s'apercevoir de l'existence de ce séjour humble et primitif sans arriver sur le plateau de roche escarpée qu'on avait choisi pour l'établir.

L'homme qui demeurait là semblait, par son air sombre et sévère, bien digne de son habitation. A l'heure que nous avons indiquée, il était assis sur une pierre, à l'angle le plus saillant de la montagne et à la place d'où l'on embrassait des yeux, dans leur plus grand développement, les chaumières des villageois. Des pierres avaient été entassées devant lui comme pour former un ouvrage avancé, et si quelques regards errants s'étaient portés sur la face perpendiculaire de la hauteur, ils n'auraient probablement pas découvert la présence d'un homme dont le corps était caché, à l'exception de la tête et des épaules.

Il eût été difficile de dire si ce personnage s'était ainsi placé pour faire sentinelle ou pour entrer en communication spirituelle avec la population de la vallée. Son extérieur indiquait à la fois ces deux occupations ; parfois sa physionomie exprimait une rêverie douce et mélancolique, il semblait qu'il s'abandonnait avec plaisir à un attendrissement naturel ; parfois aussi il serrait les lèvres et ses sourcils se contractaient sévèrement.

La solitude du lieu, le repos universel qui régnait alentour, l'immense tapis de verdure qu'on apercevait de ce point élevé, les murmures vagues qui s'échappaient des bois silencieux, contribuaient à donner de la grandeur au paysage. La figure de l'habitant du ravin était complètement immobile. Il avait la tête sur la main, le coude sur le petit rempart qui l'abritait. On aurait pu le prendre pour une de ces statues accidentelles que taille dans les rochers la main transformatrice des âges. Une heure entière s'écoula sans qu'il se dérangeât de sa position. Ses fonctions vitales paraissaient suspendues, soit qu'il se plongeât dans la comtemplation, soit qu'il attendit patiemment quelque événement déjà prévu.

Enfin cette inaction ordinaire fut interrompue. On entendit dans les broussailles, au-dessus du ravin, un frôlement pareil à celui qu'aurait pu faire le passage d'un écureuil. Un craquement de branches y succéda, puis un fragment de roche, tombant par-dessus la tête de l'ermite encore immobile, roula jusqu'au fond du précipice avec un bruit qui réveilla tous les échos des cavernes.

Malgré la brusquerie de cette irruption et le fracas extraordinaire qui l'avait accompagnée, celui qu'elle aurait pu troubler ne manifesta aucune surprise. Il écouta attentivement, et lorsque tous les bruits eurent cessé, il se leva et se dirigea à pas précipités vers sa hutte en suivant un étroit rebord qui dominait l'abîme. Une minute après il revint à son poste, et plaça entre ses genoux une courte carabine du genre de celles dont se servent les cavaliers. L'approche d'un incident qui menaçait de troubler sa solitude pouvait inquiéter l'hôte du désert, mais elle n'était pas capable de troubler le calme de sa physionomie.

Les branches craquèrent une seconde fois, et dans une partie plus basse de l'escarpement. La cause de ce bruit n'était pas visible ; mais il était hors de doute qu'un homme s'aventurait à descendre, car aucun animal ne pouvait se risquer sur une pente où le secours des mains était presque aussi nécessaire que celui des jambes.

— Avance, dit celui qu'on aurait pu qualifier d'ermite sans les détails militaires de son costume et son attitude martiale.

Ces paroles ne furent pas prononcées en vain ; un étranger se présenta à vingt pieds de la hutte, et parut non moins étonné que celui qui se considérait comme le maître de ces lieux sauvages. Le fusil du premier, la carabine du second s'abattirent tous deux à la fois, et se relevèrent presque au même instant par une commune impulsion. Le propriétaire du logis fit signe à l'autre d'approcher, et la familiarité d'une confiance réciproque remplaça toute intention hostile.

— Comment se fait-il, dit l'ermite à son hôte, que tu aies aperçu ce lieu secret? Il vient peu d'étrangers sur ces rochers, et jamais ils ne descendent le précipice.

— Les mocassins sont sûrs, répondit laconiquement l'étranger; tu sais que les hommes de ma couleur parlent souvent de leur grand Esprit, et qu'ils n'aiment pas à implorer ses faveurs sur les grandes routes. C'est à son saint nom que ce lieu est consacré.

L'intrus était le jeune sachem des Narragansett, et celui qui, malgré l'explication qu'il venait de donner, cherchait évidemment moins à s'isoler qu'à se cacher, était le proscrit connu sous le nom de Soumission. L'un et l'autre s'étaient déjà vus; cependant l'ermite ne put se défendre d'un certain embarras, et l'Indien d'une surprise qu'il sut admirablement dissimuler. Conanchet observa le décorum qui convenait à son rang supérieur, et s'abstenant de témoigner la moindre curiosité vulgaire, il eut l'air de croire qu'une semblable rencontre n'avait rien d'extraordinaire.

— Le manitou des Visages-Pâles, dit-il, doit être content de mon père. Ses paroles retentissent souvent aux oreilles du grand Esprit! les rochers et les arbres le connaissent.

— Comme tous ceux d'une race pécheresse et déchue, répondit l'étranger d'un air sévère, j'ai besoin de prier souvent. Mais pourquoi penses-tu que ma voix soit fréquemment entendue dans ce lieu désert?

Conanchet indiqua du doigt le rocher usé sur lequel il marchait, et regarda furtivement le sentier battu qui conduisait à la porte de la cabane.

— Un Anglais a le talon dur, dit-il, mais plus tendre cependant que la pierre. Le sabot d'un daim devrait passer bien des fois sur la roche pour y laisser de pareilles traces.

— Tu as l'œil vif, Narrangasett, mais tu peux t'abuser : ma langue n'est pas la seule qui parle au Dieu de mon peuple.

Le sachem inclina légèrement la tête en signe d'adhésion, comme s'il se fût peu soucié d'insister; mais son compagnon ne s'en tint pas là, et essaya de persuader à l'Indien que ce n'était pas là sa retraite habituelle.

— Ce peut être par hasard ou par plaisir que je me trouve seul ici, dit-il. Tu sais que la journée a été sanglante pour les Visages-Pâles, et qu'il y a des morts et des mourants dans leurs cabanes. Un homme qui n'a pas de wigwam à lui doit se retirer pour prier.

— L'esprit est très-fin, répondit Conanchet. Il peut entendre quand l'oreille est sourde; il peut voir quand l'œil est fermé. Mon père a parlé au grand Esprit avec le reste de sa tribu.

En disant ces mots, il montra l'église, d'où sortait en ce moment l'assemblée que nous avons décrite. Soumission parut comprendre ce qu'il voulait dire, et prit le parti de renoncer à tromper un homme qui pénétrait le secret de son genre de vie.

— Indien, tu dis vrai, reprit-il : l'esprit voit de loin, et il voit souvent avec l'amertume du chagrin. Mon esprit communiait avec ceux des fidèles qui sont là-bas lorsque tes pas se sont fait entendre. Avant toi, personne n'était venu jusqu'ici, à l'exception de celui qui pourvoit à mes besoins corporels. Tu dis vrai; l'âme traverse l'espace, et la mienne m'emporte souvent bien au delà des collines lointaines qui resplendissent maintenant des derniers rayons du soleil couchant. Tu as jadis habité sous le même toit que moi; je prenais plaisir, dans le blockhaus isolé où nous avions tous deux un asile, à t'enseigner la langue des chrétiens, et à ouvrir ta jeune âme aux vérités de notre religion; mais il y a de cela bien des années... Ecoute! on gravit le sentier; as-tu peur d'un Anglais?

Conanchet se contenta de sourire froidement; il avait posé la main sur la platine de son fusil, quelque temps avant que son compagnon s'aperçût qu'on approchait; mais avant d'être interrogé, il était resté calme et impassible.

— Mon père a-t-il peur pour son ami? demanda-t-il : est-ce un guerrier armé?

— Non, il vient m'aider à soutenir un fardeau qu'il faut supporter jusqu'à ce qu'il plaise de m'en délivrer à Celui qui sait ce qui convient à sa créature. C'est le père ou le frère de celle que tu as rendue aujourd'hui à ses amis, car je reçois tour à tour les visites de différents membres de cette respectable famille.

Les traits basanés du chef s'animèrent, et par une brusque résolution il laissa son arme aux pieds de Soumission, comme pour aller à la rencontre du nouveau venu. Il courut rapidement le long du ravin, et rapporta bientôt un paquet enveloppé de riches chapelets de coquillages taillés en forme de perles. Il le plaça doucement auprès du vieillard, et lui dit à voix basse et avec précipitation : Le messager ne s'en ira pas les mains vides : mon père est sage ; il dira ce qu'il faut dire.

On n'avait pas le temps de s'expliquer. Conanchet entra dans la cabane au moment où le jeune Marc Heathcote se montrait au détour d'un rocher.

— Tu sais ce qui s'est passé, et tu ne voudras pas me retenir, dit le jeune homme en plaçant des vivres aux pieds de l'ermite. Ah! qu'est-ce que cela? As-tu gagné ce butin dans le combat d'aujourd'hui?

— Non, c'est un paquet qu'on m'a laissé pour le remettre chez ton père, et je te l'abandonne volontiers. Dis-moi maintenant quelle est l'étendue de nos pertes ; tu sais qu'obligé de me cacher, j'ai quitté le village dès que ma présence a cessé d'y être utile.

Marc était disposé à entrer dans des explications. Il regardait le paquet de Conanchet, et des émotions diverses agitaient sa physionomie, rarement aussi tranquille que l'exigeaient les habitudes du temps et du pays.

— Je ferai ta commission, Narragansett! murmura-t-il entre ses dents.

Puis il tourna le dos au solitaire, et suivit la route qui longeait le précipice, avec une rapidité dont le solitaire fut effrayé.

Après le départ de Marc, Soumission alla chercher l'Indien au fond de son humble séjour. Avance, dit-il ; le jeune homme s'est en allé avec ton paquet, et tu es maintenant seul auprès de ton ancien compagnon.

Conanchet reparut, mais il avait l'air moins animé que lorsqu'il était entré dans la cabane. Avant de reprendre la place qu'il avait quittée à l'arrivée de Marc, il jeta un regard plein de mélancolie sur le rocher où le paquet avait été déposé. Cependant, il avait, comme tous ses compatriotes, un empire prodigieux sur lui-même, aussi parvint-il à conserver son calme et sa gravité extérieure.

Narrah-Mattah se tenait dans l'attitude d'une sybille qui écoute les ordres secrets de l'oracle (page 165)

Les deux amis demeurèrent longtemps silencieux, et ce fut l'ermite qui entama de nouveau la conversation.

— Nous nous sommes fait un ami du chef des Narragansett, dit-il, et sa ligue avec Philippe est brisée.

— Anglais, répondit Conanchet, le sang des sachems coule dans mes veines.

— Pourquoi les Indiens et les blancs chercheraient-ils à se faire du mal? la terre est grande, et il y a sur sa surface immense place pour les hommes de toutes les couleurs, de toutes les nations.

— Mon père en a trouvé bien peu, dit l'Indien en promenant les yeux autour de l'étroit domaine de son hôte.

— Chef, c'est un prince frivole et mondain qui est assis sur le trône d'un peuple que protégeait autrefois le Seigneur! Les ténèbres couvrent la terre qu'avait éclairée un moment la lumière la plus éblouissante et la plus pure. Les justes sont forcés de fuir l'habitation de leur enfance et les temples des élus sont abandonnés aux abominations de l'idolâtrie. O Angleterre! Angleterre! quand donc auras-tu vidé la coupe d'amertume, quand donc auras-tu achevé de subir la condamnation qui t'a frappée? Mon cœur gémit de ta décadence, et ce n'est qu'avec une tristesse profonde que je contemple ta misère, que je songe à ton abaissement!

Conanchet avait trop de délicatesse pour ne pas faire attention à l'animation extraordinaire de l'orateur. Néanmoins, le sens des paroles lui échappait complètement. Il en avait entendu sans doute de semblables dans son adolescence, mais il les avait oubliées, et elles n'étaient pas plus intelligibles pour lui, quoique l'âge eût développé ses facultés.

Tout à coup, posant l'index sur le genou de son compagnon, il lui dit :

— Le bras de mon père s'est levé aujourd'hui du côté des Anglais; pourquoi donc ne lui ont-ils pas donné place au feu du conseil?

— Le pécheur qui gouverne l'île d'où mon peuple est venu a le bras aussi long que son esprit est vain. Il me poursuit jusqu'ici, au-delà des mers; mais quoique je ne sois pas admis au conseil de cette vallée, il fut un temps où ma voix retentissait dans des conseils qui ont fortement ébranlé la puissance de la race royale. Mes yeux ont vu juger et condamner celui qui a donné le jour aux perfides agents de Bélial, sous lequel gémit aujourd'hui un riche et glorieux royaume.

— La main de mon père a donc pris la chevelure d'un grand chef?

— Non, j'ai contribué à faire tomber sa tête, reprit Soumission.

Et une expression de triomphe rayonna sur son visage habituellement austère.

Conanchet rêva un moment et dit :

— Viens, l'aigle vole au-dessus des nuages, afin d'étendre ses ailes librement; la panthère fait des bonds plus allongés dans les vastes plaines; les gros poissons cherchent pour nager les eaux les plus profondes. Mon père n'est pas à l'aise entre ces rochers; il est trop grand pour être couché dans un petit wigwam. Les bois sont larges; qu'il change la couleur de sa peau et qu'il siége au feu du conseil de ma nation. Les guerriers écouteront ce qu'il dit, car sa main a montré de la puissance.

— C'est impossible, Narragansett, c'est impossible. Quiconque a été engendré dans l'esprit doit y rester. Il serait plus difficile au léopard d'effacer les taches de sa robe, au merle de se blanchir, qu'à un chrétien de repousser les dons du Seigneur quand il en a senti le mérite. Toutefois je te remercie de tes offres; mais mon âme est avec mon peuple. Il reste pourtant place en elle pour d'autres amitiés. Romps la ligue que tu as formée avec le méchant et turbulent Philippe, et que la hache de guerre soit à jamais enterrée dans le sentier qui mène de ton village aux villes des Anglais.

— Où est mon village? Auprès des îles, sur les bords du grand lac, est un lieu désert, noirci par le feu, mais je n'y vois pas de cabanes.

— Nous rebâtirons ta résidence, et nous la peuplerons de nouveau. Que la paix soit entre nous.

— Mon âme est avec mon peuple, répondit l'Indien en employant les paroles de son interlocuteur.

Un long et triste silence suivit la conversation; et quand elle recommença, elle roula sur les événements qui avaient eu lieu depuis le temps où tous deux avaient habité ensemble la maison des Heathcote; chacun semblait trop bien comprendre le caractère de l'autre, pour essayer de nouveau de le faire changer de résolution.

La nuit était close quand ils se levèrent pour entrer dans la hutte.

CHAPITRE XXVIII.

Les dernières teintes du crépuscule avaient disparu lorsque le vieux Marc Heathcote eut achevé la prière du soir. Les événements variés et remarquables de la journée avaient fait naître en lui une sensation pénible que le zèle, la confiance et l'exaltation de son esprit pouvaient seuls lui donner la force de supporter. Il s'était élevé à cette occasion à l'apogée de la résignation par une surabondance de prières et d'actions de grâces. Congédiant les inférieurs de l'établissement, il se retira, soutenu par les bras de son fils, dans une chambre intérieure où, entouré des objets de son affection, le vieillard éleva de nouveau la voix vers le Créateur, qui, au milieu de la douleur générale, avait daigné laisser tomber un regard de souvenir et de grâce sur les individus de sa race.

Il rappela les incidents de la perte de sa petite-fille, sa captivité dans les montagnes et son retour au pied des autels avec toute la ferveur de l'homme confiant dans les décrets de la Providence, et avec une vive sensibilité que l'âge semblait avoir conservé dans toute sa vigueur. C'est à la suite de ces témoignages religieux que nous nous retrouvons en présence de la famille.

L'esprit de réforme avait entraîné ceux qui en subissaient si violemment l'influence à des actes aussi absurdes que l'étaient à leurs yeux les coutumes qu'ils appelaient idolâtres. Les premiers protestants avaient tant retranché du service de l'autel, qu'ils couraient le risque d'en dépouiller le culte de toute dignité en y introduisant de nouvelles réformes.

Par une étrange substitution de la ruse à l'humilité, fléchir le genou en public était réputé pharisien, et travestir l'essence spirituelle du culte au simple mérite de la forme; et tandis que l'on observait avec la rigidité de nouveaux convertis des allures d'un caractère tout différent, on condamnait sans pitié les anciennes et les plus simples coutumes, tant l'esprit d'innovation semble le régulateur inévitable de tous les projets d'amélioration bons ou mauvais. Mais quoique les puritains refusassent de s'humilier en public, ils s'abaissaient dans lo particulier à des actes d'humilité que toute saine religion réprouve si l'âme n'entre pour rien dans la ferveur de l'invocation.

Dans cette occasion, ceux qui pratiquaient en secret courbèrent leurs corps dans les plus humbles postures de la dévotion. Ruth Heathcote se releva pressant dans sa main celle de l'enfant, qui, à ses yeux, échappait à une condition plus terrible que la tombe. Elle avait mis une douce violence à contraindre la créature étonnée de se joindre, du moins en apparence, à la prière ; et elle chercha sur sa physionomie l'impression qu'avait dû y produire cette scène de piété, ce qu'elle fit avec la sollicitude chrétienne rehaussée par l'amour le plus tendre d'une mère.

Narrah-Mattah, comme nous continuerons à l'appeler, semblait par son air, son attitude et l'expression de sa physionomie, avoir imaginé une existence dans les illusions mensongères d'un séduisant rêve. Son oreille se rappelait ces sons qui avaient bercé son enfance, et sa mémoire se rouvrait aux vagues souvenirs des objets et des usages qui se reproduisaient tout à coup à sa vue. Mais la première en traduisait le sens à un esprit qui s'était développé sous un tout autre système religieux, et la seconde revenait trop tard pour substituer les règlements étroits de la vie sociale à des habitudes enracinées dans son cœur par l'aspect à la fois sauvage et sublime de la nature. Elle se tenait donc au centre de sa famille, comme un de ces esprits aériens, à peine apprivoisés et prêts à reprendre leur vol pour échapper aux entraves du monde sublunaire.

Quels que fussent la force de ses affections et son dévouement à tous les devoirs naturels de sa position, Ruth Heathcote n'en était pas à apprendre que toute violence devait être soigneusement écartée dans leur application. Aux premiers élans de joie et de reconnaissance succédaient la sollicitude active, croissante, incessante pour les événements qui allaient surgir. Néanmoins les doutes et les inquiétudes qui l'assiégeaient étaient soigneusement refoulés au fond de son cœur, sous l'apparence du bonheur, et quelques rayons de pure félicité vinrent éclairer ce front si longtemps obscurci par les soucis rongeurs.

— Tu te souviens de ton enfance, Ruth? demanda la mère lorsqu'un silence convenable eut succédé à la prière. Tes pensées ne nous ont pas été tout à fait étrangères, et j'aime à croire que la nature a conservé sa place dans ton cœur. Dis-nous, enfant, tes courses vagabondes dans nos forêts, les souffrances qu'une frêle créature comme toi a dû endurer au milieu d'un peuple barbare. Il y a du plaisir à écouter le récit de ce que tu as vu et ressenti, maintenant que nous savons que la fin de tes souffrances est arrivée.

Elle parlait à une oreille sourde à un tel langage. Narrah-Mattah certainement entendait ses paroles, mais leur sens échappait à sa compréhension et à sa curiosité. Contemplant avec un mélange de plaisir et d'étonnement les regards affectueux de sa mère, elle fouilla tout à coup les plis de sa tunique, et en tirant une ceinture galement ornée des dessins ingénieux de son peuple adoptif, elle se rapprocha de sa mère inquiète, et de ses mains tremblantes de timidité et de plaisir elle la lui passa autour de la ceinture, la disposant de manière à en faire ressortir la richesse du travail. Satisfaite de son action, l'innocente créature cherchait ardemment des signes d'approbation dans des yeux qui n'exprimaient guère autre chose que du regret. Inquiète d'une expression qu'elle ne pouvait interpréter, ses regards errèrent autour d'elle, comme pour chercher un refuge contre un sentiment qui lui était étranger ; Withal Ring s'était glissé furtivement dans la chambre, et la pauvre effarée ne trouvant plus autour d'elle les objets habituels de sa demeure chérie, arrêta sa vue sur le visage de l'idiot vagabond. Elle lui montra d'un geste éloquent l'ouvrage de ses mains, en appelant au goût de celui qui devait savoir si elle avait bien travaillé.

— Superbe ! répondit Withal s'approchant de l'objet de son admiration. C'est une belle ceinture ; nulle que la femme d'un sachem n'aurait pu faire un don aussi rare.

La jeune femme croisa paisiblement ses bras sur sa poitrine et parut satisfaite d'elle-même et de tout le monde.

— Voilà bien la main de celui qui trafique du mal, dit le puritain. Corrompre le cœur par la vanité, détourner le cours des affections pour les porter sur les futilités de la vie, sont choses dans lesquelles il se complaît. Une nature déchue ne s'y prête que trop aisément. Il nous faudra veiller incessamment sur cette enfant, ou mieux vaudrait qu'elle fût couchée dans la tombe près de ceux de nos enfants qui sont déjà partis pour la terre promise.

Le respect contint Ruth dans le silence, mais tout en déplorant l'ignorance de son enfant, l'affection naturelle parlait plus chaleureusement à son cœur. Avec le tact de la femme et la tendresse de sa mère, elle comprenait que la sévérité n'était pas le moyen à employer pour produire le changement désirable. Prenant un siége, elle attira près d'elle son enfant, et implorant du regard le silence autour d'elle, elle se laissa guider par l'influence mystérieuse de la nature pour approfondir les ténèbres de l'esprit de sa fille.

— Viens plus près, Narrah-Mattah, dit-elle l'interpellant du nom auquel seul elle répondait. Tu es encore dans l'adolescence, mon enfant, mais il a plu à Celui dont toute volonté est une loi, de t'avoir déjà éprouvée par de nombreuses vicissitudes dans la vie de ce monde.

Dis-moi si tu te rappelles les jours de ton enfance, si tes pensées se sont jamais reportées au séjour paternel, pendant ces longues années que tu as été éloignée de notre vue.

Ruth avait attiré sa fille plus près d'elle pendant qu'elle lui parlait, et celle-ci était retombée dans cette posture qu'elle venait de quitter, s'agenouillant aux pieds de sa mère, comme elle l'avait si souvent fait dans son enfance. Cette attitude rappelait trop de tendres souvenirs pour ne pas y laisser l'enfant des forêts pendant le dialogue qui va suivre. Mais tandis qu'elle obéissait dans sa personne à cette douce pression, et que son œil brillait des émotions qu'elle comprenait, Narrah-Mattah laissait voir que son intelligence n'allait pas au-delà des témoignages d'affection de sa mère. Ruth comprit le motif de ce silence, et maîtrisant la douleur qu'il lui causait, elle s'efforça d'adapter ses paroles aux habitudes d'un être si naïf.

— Les têtes grises de ton peuple ont été jeunes, reprit-elle, elles n'ont pas oublié les huttes de leurs pères. Ma fille ne pense-t-elle pas quelquefois au temps où elle jouait avec les enfants des Visages-Pâles?

La jeune femme écoutait attentivement. Le langage de ses jeunes années avait été suffisamment enraciné avant sa captivité, et trop souvent exercé dans les rapports de la tribu avec les blancs, et plus particulièrement avec Withal Ring, pour lui faire douter du sens des paroles qu'elle entendait. Dérobant un regard timide derrière elle, elle fixa un moment le visage de Marthe comme pour en étudier les traits, puis elle partit d'un éclat de rire avec toute la franche gaieté d'une fille indienne.

— Tu ne nous as pas oubliés? Ce regard pour celle qui fut la compagne de ton enfance me rassure, et nous aurons bientôt regagné l'affection de notre chère Ruth, comme nous avons actuellement retrouvé sa personne. Je ne te parlerai pas de cette terrible nuit où la violence des sauvages t'arracha de nos bras, ni de l'amère douleur qui nous affligea lorsque nous t'eûmes perdue; mais il est un être que tu n'as pas oublié, Celui qui trône au-dessus des nuages, qui tient la terre dans sa main, et qui jette un regard de miséricorde sur tous ceux qui suivent le sentier que son doigt leur indique. A-t-il encore une place dans tes pensées? Te rappelles-tu son saint nom, et connais-tu encore sa puissance?

Narrah-Mattah pencha la tête, comme pour mieux saisir le sens de ce qu'elle entendait; ses traits, tout à l'heure souriants, devinrent graves et empreints d'un sentiment de profond respect. Après un moment de silence, elle murmura le mot :

— Manitou!

— Manitou ou Jehovah, Dieu ou le roi des rois, le seigneur des seigneurs! peu importe le terme usité pour exprimer sa puissance. Tu le connais donc, et tu n'as jamais cessé de l'invoquer?

— Narrah-Mattah est femme. Elle a peur de parler haut au Manitou. Il connaît la voix des chefs, et il les écoute lorsqu'ils implorent son aide.

Le puritain laissa échapper un sourd gémissement; mais Ruth réussit à cacher son angoisse, tant elle craignait de troubler la confiance renaissante de sa fille.

— Celui-là est peut-être le Manitou d'un Indien, dit-elle, mais non le Dieu des chrétiens. Le culte de ta race est différent, et tu dois faire appel au Dieu de tes pères. Les Narragansett eux-mêmes enseignent cette vérité. Ta peau est blanche et tes oreilles doivent s'ouvrir aux traditions des hommes de ton sang.

La tête de la jeune femme s'inclina devant cette allusion à sa couleur, comme si elle eût voulu cacher à tous les yeux cette triste vérité, mais elle n'eut pas le temps de répondre, car Withal Ring se rapprochant et montrant du doigt la teinte brûlée de sa joue, presque autant brunie par la honte que par l'ardeur du soleil d'Amérique, s'écria avec emphase :

— La femme du sachem a déjà changé; elle sera bientôt rouge comme Nipset. Voyez, ajouta-t-il montrant du doigt un endroit de son bras dont le soleil et le hâle n'avaient pas encore détruit la couleur primitive, le méchant esprit a versé de l'eau dans ce sang, mais on l'en fera sortir. Dès qu'il sera assez foncé pour que le méchant esprit ne le reconnaisse plus, il marchera sur le sentier de la guerre, et alors les menteurs Visages-Pâles devront déterrer les os de leurs pères et se diriger vers le soleil levant, où mon wigwam sera garni des chevelures de la couleur du daim.

— Et toi, ma fille, penses-tu entendre sans frémir cette horrible menace contre le peuple de ton pays, de ton sang, de ton Dieu !

L'œil de Narrah-Mattah exprimait le doute, mais restait fixé sur Whital avec la même expression de bonté. L'idiot plein de sa gloire imaginaire éleva le bras dans son exaltation, et d'un geste facile à comprendre, il indiqua comment il entendait enlever à ses victimes les trophées habituels. Pendant cette pantomime repoussante, mais expressive, Ruth épiait avec angoisse les traits de son enfant. Le plus léger éclair de désapprobation, le plus faible mouvement d'un muscle rebelle, le moindre signe de répulsion contre cette évidence des pratiques barbares de son peuple adoptif eussent soulagé le cœur de la pauvre mère.

Mais une impératrice de Rome n'eût pas assisté au râle d'agonie du gladiateur, l'épouse d'un roi plus moderne n'eût pas lu la liste sanglante des victimes de son mari, avec moins d'indifférence pour les souffrances humaines, que n'en témoigna la femme du sachem des Narragansett pour la pantomime expressive de ces exploits qui avaient acquis à son époux une si haute renommée. Il n'était que trop évident que ce geste brutal et sauvage ne représentait à son esprit que des images dans lesquelles la compagne choisie d'un guerrier devait se complaire. L'expression mobile de ses traits et son coup d'œil approbateur dénotèrent trop pleinement la sympathie que donnait l'exaltation dans le succès du guerrier, et quand Whital, excité par sa propre démonstration, redoubla ses gestes de violence, il en fut récompensé par un second éclat de rire. Les notes douces et féminines de ce témoignage involontaire de joie résonnèrent aux oreilles de Ruth comme un glas de mort sur les qualités morales de son enfant. Toujours maîtresse de ses émotions, elle passa la main sur son front, et parut longtemps réfléchir sur l'abîme profond d'un esprit qui jadis promettait d'être si pur.

Les colons n'avaient pas encore rompu tous les liens qui les rattachaient à l'hémisphère oriental. Leurs légendes, leur orgueil et dans bien des circonstances leur mémoire, les aidaient à conserver un sentiment d'amitié, et nous pouvons ajouter de foi, pour la terre de leurs ancêtres. Jusqu'à cette heure, chez quelques-uns de leurs descendants, le *beau idéal* de la perfection, dans tout ce qui se rattache aux qualités ou au bonheur de l'homme, se reproduit sous les images et les souvenirs du pays dont ils sont issus. La distance, on le sait, jette un léger voile sur les visions physiques et morales. La ligne bleue de la montagne, qui se perd dans les profondeurs du ciel, n'est pas plus agréable à l'œil que ne le sont à l'imagination les peintures fantastiques des choses immatérielles ; mais à mesure qu'il se rapproche, le voyageur désappointé ne trouve trop souvent que stérilité et laideur là où il comptait trouver richesse et fertilité. Il n'est donc pas étonnant que les habitants des provinces de la Nouvelle-Angleterre eussent rattaché les souvenirs de leur pays originaire à la plupart de leurs peintures poétiques de la vie. Ils avaient retenu le langage, les livres, presque toutes les habitudes des Anglais, mais des circonstances diverses, des intérêts divisés et des opinions particulières commençaient graduellement à ouvrir les brèches que le temps a élargies depuis, et qui promettent de ne laisser bientôt entre les deux peuples rien de commun que l'origine et le langage, et nous l'espérons, quelques restes de charité qui les empêcheront d'oublier qu'ils sont frères.

Les habitudes sévères des religionnaires dans toutes les provinces étaient en opposition avec les plus simples récréations de la vie. Les arts n'étaient permis qu'autant qu'ils se rattachaient à un but d'utilité. La musique était consacrée au seul service du culte, et longtemps encore après les premières colonisations, la chanson n'avait pas détourné l'esprit du but sacré que l'on considérait comme l'objet essentiel de l'existence. Nulle stance n'était chantée, qui ne rattachât les idées saintes au plaisir de l'harmonie, et l'on n'entendait jamais les sons de la débauche dans les limites de leurs enceintes. Toutefois les mots adaptés à leur condition particulière furent introduits peu à peu, et quoique la poésie ne fût pas une propriété commune ni brillante de l'esprit chez un peuple ainsi formé aux pratiques ascétiques, elle se développa de bonne heure en une versification méthodique, destinée à donner plus de pompe à la glorification de la Divinité. Par une extension naturelle de cette pieuse coutume, on berçait les enfants avec ces chansons religieuses.

Lorsque Ruth Heathcote passa sa main sur son front, elle acquit la triste conviction que son empire sur l'esprit de sa fille était tristement affaibli, sinon tout à fait perdu ; mais l'amour maternel ne se laisse pas aisément décourager dans ses efforts ; une idée traversa son esprit, et elle résolut aussitôt d'en faire l'expérience.

La nature l'avait douée d'une voix mélodieuse et d'une oreille juste qui lui permettait de moduler les sons avec une précision de rhythme qui portait à l'âme. Elle possédait le génie de la musique, c'est-à-dire la mélodie, dégagée de ce brillant exagéré dont l'enveloppe trop souvent la prétendue science ; attirant sa fille plus près d'elle encore, elle commença une de ces chansons en usage dans la colonie, sa voix s'élevant à peine au début au-dessus du murmure de la brise du soir, puis s'élevant graduellement jusqu'à l'ampleur et à la richesse du son que réclamait la simplicité de l'air.

Les premières et faibles notes de cette chanson de l'enfance rendirent Narrah-Mattah immobile et comme transformée en une statue de marbre : à mesure que les versets se déroulaient, le plaisir brillait dans ses yeux ; et avant que le second couplet fût fini, tous les muscles de sa physionomie ingénue exprimaient le plus pur délice. Ruth ne risquait pas l'expérience sans trembler pour ses résultats ; sa propre émotion donnait du sentiment à la musique, et lorsque pour la troisième fois, dans le cours de sa chanson, elle regarda sa fille, elle aperçut l'azur bleu de ses yeux, qui la contemplaient ardemment, voilé par les larmes. Encouragée par cette évidence incontestable de succès, la nature acquit une nouvelle puissance dans ses efforts, et le dernier verset fut chanté à l'oreille de Narrah-Mattah, dont la tête s'était penchée sur son sein, comme elle l'avait fait si souvent dans ses premières années, lorsqu'elle écoutait cette mélodie mélancolique.

Content, calme en apparence, suivait avec anxiété ce retour d'intelligence entre sa femme et son enfant ; il comprit mieux le regard qui brillait dans les yeux de la première, lorsqu'elle pressa doucement sur son sein la tête de la jeune transfuge. Une minute s'écoula dans le plus profond silence. Withal Ring lui-même ne bougeait plus, et de longues et tristes années s'étaient écoulées depuis que Ruth avait joui d'un moment de bonheur aussi pur.

Le silence fut troublé par un pas lourd qui se fit entendre dans la pièce voisine ; une porte s'ouvrit avec violence, et le jeune Marc parut, le visage animé par la course, son front semblant avoir conservé l'expression terrible du combat, et ses pas précipités trahissent l'agitation d'un sentiment violent. Il portait dans ses bras le fardeau de Conanchet, il le déposa sur la table et le désigna du doigt pour appeler l'attention ; puis se détournant brusquement, il quitta la chambre.

Un cri de joie s'échappa des lèvres de Narrah-Mattah dès qu'elle aperçut les bandes enrichies de perles. Les bras de Ruth se relâchèrent, et avant que l'étonnement eût fait place à une suite plus régulière d'idées, la créature sauvage s'était élancée de ses genoux vers la table, et revenait prendre sa première posture, déroulant les plis de l'enveloppe, et présentant aux regards effarés de sa mère les traits pâlolds d'un enfant indien. Il faudrait une plume plus exercée que la nôtre, pour donner aux lecteurs une juste idée des sentiments opposés qui se disputaient le cœur de Ruth. Le sentiment inné et éternel de l'amour maternel était combattu par l'orgueil que le préjugé avait inculqué dans le sein même de cette douce créature de Dieu.

— Vois! dit Narrah-Mattah élevant l'enfant sous les regards ternes de Ruth ; c'est un sachem des hommes rouges, le petit aigle a trop tôt déserté son nid.

Ruth ne put résister à l'appel de sa fille bien-aimée ; courbant sa tête pour cacher sa rougeur, elle déposa un baiser sur le front de l'enfant indien ; mais l'œil jaloux de la jeune mère ne s'y trompa pas ; Narrah-Mattah reconnut la différence entre cette froide caresse et les tendres embrassements qu'elle-même avait reçus, et le désappointement vint glacer son cœur. Replaçant les plis du lange avec une dignité calme, elle quitta sa posture agenouillée, et se retira tristement dans un coin éloigné de la chambre, où elle s'assit ; et jetant un regard de reproche à sa mère, elle entonna à voix basse une chanson indienne pour son enfant.

— La sagesse de la Providence se montre ici, comme dans tous ses œuvres, murmura Content à l'oreille de sa compagne presque insensible, nous n'avions pas mérité de la retrouver telle que nous l'avions perdue ; notre fille est triste parce que tu as regardé froidement son enfant.

Cet appel suffit pour réveiller des affections qui n'étaient qu'engourdies, et rappelant Ruth à elle-même, il dissipa les nuages de regret qui ombrageaient son front. Le déplaisir de la jeune mère fut facile à apaiser. Un sourire de son enfant fit refluer rapidement le sang vers le cœur; et Ruth elle-même oublia bientôt ses regrets, dans la joie innocente que montra sa fille à faire admirer la force de l'enfant. Content fut arraché à cette scène touchante d'affection par l'avis que quelqu'un du dehors le demandait pour affaires urgentes concernant la colonie.

CHAPITRE XXIX.

Content trouva assis dans une pièce voisine le docteur Ergot, le révérend Meek Wolfe, l'enseigne Dudley et Reuben Ring. Ils avaient tous un maintien grave et compassé qui eût fait honneur à un conseil indien. Il fut accueilli avec cet air roide et guindé que conservent encore aujourd'hui les habitants de la partie orientale des États-Unis, et qui leur a valu une réputation d'insensibilité. On était dans un siècle de doctrines transcendantes, de mortifications, de sévère discipline, et la plupart des hommes croyaient devoir montrer en toute circonstance l'empire de l'esprit sur les mouvements qui dépendaient uniquement de la partie animale. Les habitudes qui ont pris naissance dans ces idées exaltées de perfection spirituelle ont été affaiblies par l'influence du temps, mais elles existaient encore assez complètement pour tromper l'observateur sur le véritable caractère des populations.

A l'entrée du maître de la maison, on observa un silence pareil à celui qui précède les entrevues des aborigènes. Enfin l'enseigne Dudley, chez lequel, en raison de sa taille gigantesque, la partie intellectuelle se trouvait sans doute hors de proportion avec la matière, donna quelques signes d'impatience et demanda que le ministre commençât. Mis en demeure de développer ses idées, Meek s'exprima en ces termes :

— Capitaine Content Heathcote, cette journée a été remarquable par des visitations terribles et par des dons temporels qui prouvent que le Seigneur ne nous a pas encore abandonnés. Les païens ont été cruellement frappés par la main des fidèles, et les fidèles ont expié leur manque de foi par l'irruption subite des sauvages. Azazel a été lâché dans notre village; les légions de l'enfer ont pu se déployer dans nos champs; pourtant le Seigneur s'est souvenu de son peuple, et il l'a soutenu dans une épreuve de sang, dans une épreuve aussi périlleuse que le passage de sa nation bien-aimée à travers les flots de la mer Rouge. Cette manifestation de sa volonté doit nous causer à la fois de la joie et de la douleur : de la joie, parce qu'il a daigné s'employer à chasser Gomorrhe de nos cœurs; de la douleur, parce que nous avons mérité sa colère. Mais je parle à un homme exercé dans la discipline spirituelle et familiarisé avec les vicissitudes du monde. Il serait donc inutile d'entrer dans de plus longues considérations, et nous allons revenir aux soins temporels. Tous les membres de ta famille sont-ils sortis sains et saufs de la terrible lutte d'aujourd'hui?

— Tel a été le bon plaisir du Seigneur, répondit Content, et nous lui en rendons grâces. Nous voyons autour de nous des amis en deuil, et nous sympathisons avec leurs souffrances, mais nous-mêmes nous n'avons pas été atteints.

— Tu as eu déjà un temps d'épreuve; le père cesse de châtier quand on se rappelle ses premières punitions; mais voici le sergent Ring. Il a sans doute à te communiquer des affaires qui vont nécessiter l'emploi de ton courage et de ta sagesse.

Content tourna tranquillement les yeux sur Reuben Ring. Cet homme, doué de qualités solides et précieuses, aurait probablement obtenu le grade de son beau-frère, s'il avait eu comme lui l'élocution facile. Mais il savait mieux agir que parler, et son défaut d'éloquence avait nui à sa popularité. Quoi qu'il en fût, les circonstances exigeaient qu'il surmontât sa taciturnité naturelle : il se hâta de répondre à son commandant, qui l'interrogeait des yeux.

— Le capitaine sait la manière dont nous battîmes les sauvages à l'entrée sud de la vallée, et il n'est pas nécessaire de donner de nouveaux détails. Vingt-six hommes rouges ont été tués dans la prairie, et il y en a à peu près le même nombre de blessés. Quant à nous, nous avons çà et là quelques égratignures, mais nous sommes tous revenus sur nos jambes.

— C'est bien ce que l'on m'avait déjà rapporté.

— Ensuite, il y a eu un détachement envoyé dans les bois pour battre les buissons et suivre la piste des Indiens. Les éclaireurs se sont divisés par couple, et ont fini par agir isolément, j'en étais! Les deux hommes dont il est question...

— De quels hommes parles-tu ? demanda Content.

Reuben n'eut pas l'air d'apprécier la nécessité de coudre ensemble les différentes parties de son récit; et il reprit, sans tenir compte de l'interruption :

— Les deux hommes dont il est question, les hommes dont j'avais parlé au ministre et à l'enseigne...

— Continue, dit Content, qui comprit le sergent.

— Après que l'un de ces hommes fut abattu, je n'ai pas cru nécessaire de continuer inutilement nos sanglants exploits, surtout après que le Seigneur eut montré sa miséricorde en répandant ses bontés sur ma propre demeure. Sous l'impulsion de cette croyance, l'autre fut lié et conduit dans les défrichements.

— Tu as fait un prisonnier !

Les lèvres de Reuben s'ouvrirent à peine pour laisser échapper un murmure affirmatif, mais l'enseigne Dudley prit sur lui d'entrer dans de plus longs détails; reprenant donc le point où son parent en était resté, il continua :

— Comme le sergent vous l'a raconté, dit-il, l'un des sauvages tomba, et l'autre est actuellement en dehors, attendant que l'on ait décidé de son sort.

— J'espère qu'on n'a pas le projet de lui faire du mal, dit Content jetant un coup d'œil inquiet sur ses compagnons. Il y a eu assez de sang répandu aujourd'hui autour de nos établissements. Le sergent a le droit de réclamer la prime de la chevelure de l'homme qui a été tué; mais je réclame le pardon de celui qui est vivant.

— Le pardon est d'essence divine, riposta Meek Wolfe; nous ne devons pas en faire abus, de peur de détruire les décrets de la sagesse céleste. Il ne faut pas qu'Azazel triomphe, quand même la tribu des Narragansett devrait en être anéantie. Nous sommes, il est vrai, une race errante et faillible, capitaine Heathcote; mais c'est pour cette raison que nous devons davantage nous soumettre sans murmurer aux décrets que la grâce nous transmet pour nous tracer la route de nos devoirs.

— Je ne consentirai pas à répandre de nouveau le sang, maintenant que le conflit est arrêté. Que la Providence soit louée pour notre victoire ! Il est temps de prêter l'oreille aux conseils de la charité.

— Telles sont les déceptions d'une aveugle sagesse, reprit le ministre dévoyé, dont l'œil sombre s'éclaira d'une inspiration fanatique.

La fin de toutes choses est bonne, et nous ne saurions sans danger mettre en doute les desseins cachés du ciel. Mais il n'est pas ici question de la mort d'un prisonnier, puisque, au contraire, il s'offre à nous rendre de plus grands services que ne pourraient nous en attirer sa grâce ou sa mort. Le sauvage s'est rendu sans effort, et veut nous faire des propositions qui pourraient amener à bonne fin les épreuves de ce jour.

— S'il peut en effet diminuer les dangers de cette guerre inutile, il ne trouvera personne mieux disposé que moi à l'écouter.

— Il affirme pouvoir nous rendre ce service.

— Alors, pour l'amour du ciel, qu'on l'amène, afin que nous tenions conseil sur ses propositions.

Meek fit un signe au sergent Ring, qui quitta un moment la chambre et revint presque aussitôt suivi de son prisonnier. L'Indien était un de ces sauvages sombres et farouches doués des propriétés les plus sinistres de sa condition, sans en posséder les qualités compensatrices. D'une stature moyenne, qui ne laissait rien à admirer ni à critiquer dans la forme, son regard était vif et sournois, trahissant à la fois la crainte et la vengeance; par les ornements simples de son costume, il semblait appartenir à la seconde classe des guerriers. Néanmoins il conservait la gravité du maintien, la fermeté de la marche et l'empire sur tous ses mouvements qui caractérisaient ces peuplades avant que leurs fréquents rapports avec les blancs eussent commencé à en effacer les traits distinctifs.

— Voici le Narragansett, dit Reuben Ring conduisant son prisonnier au centre de l'appartement : on devine à l'incertitude de son regard que ce n'est pas un chef.

— Peu importe son rang s'il effectue ce dont il a été question. Nous cherchons à arrêter les flots de sang qui sillonnent ces colonies dévouées comme les torrents d'eau descendus des montagnes.

— C'est ce qu'il fera, répondit le fanatique, ou sa tête répondra de son manque de foi.

— Comment et par quels moyens entend-il arrêter l'œuvre de destruction?

— En livrant entre nos mains le féroce Philippe et son farouche allié Conanchet. Ces deux chefs détruits, nous pourrons rentrer en paix dans notre temple, et nos actions de grâces s'élèveront de nouveau dans notre Bethel sans qu'elles soient interrompues par les cris profanes des sauvages.

Content recula de surprise et de stupéfaction en entendant développer cet étrange système de conclure la paix.

— Quand cet homme dirait vrai, quelle garantie nous donne-t-il du succès? demanda-t-il d'un son de voix qui trahissait son peu de confiance dans la proposition.

— La loi de la nécessité et la gloire de Dieu pour notre justification, répondit sèchement le ministre.

— Ceci dépasse l'extension limitée d'une autorité par délégation. Je n'aime pas assumer un tel pouvoir sans un mandat signé pour en couvrir la responsabilité.

— L'objet a soulevé quelques doutes dans mon esprit, fit observer l'enseigne Dudley, et j'en ai tiré quelques observations qui rencontreront peut-être l'approbation du capitaine.

Content connaissait son ancien serviteur pour un homme d'écorce rude mais recouvrant un cœur humain. D'un autre côté, quoiqu'il ne se l'avouât pas à lui-même, il redoutait l'exagération des sentiments de son mentor spirituel, et il accueillit en conséquence avec une satisfaction qu'il ne put dissimuler l'interruption d'Eben.

— Parle ouvertement, dit-il; lorsque les hommes tiennent conseil sur des matières de cette importance, l'opinion de chacun concourt au salut de tous.

— Alors cette affaire pourra s'exécuter sans la crainte des embarras que le capitaine semble redouter. L'Indien offre de conduire un détachement à travers la forêt jusqu'au refuge des chefs sanguinaires, à l'effet de livrer l'issue à notre discrétion.

— Et qui vous porte à admettre une expédition sur les simples données qui vous ont été suggérées?

L'enseigne Dudley ne s'était pas élevé au rang qu'il occupait sans avoir acquis un peu de cette réserve qui rehausse la dignité des grades. Ayant exposé devant ses auditeurs l'opinion déjà émise, il en attendait patiemment l'effet sur l'esprit de son supérieur, lorsque ce dernier prouva par son air de doute et par la question qu'il posa qu'il ne comprenait pas l'expédient proposé par son subordonné.

— Je crois qu'il n'est pas nécessaire de faire davantage de prisonniers, reprit Eben, puisque le seul que nous ayons cause déjà des dissensions dans le conseil. S'il existe dans la colonie une loi qui commande de frapper doucement en pleine bataille, c'est une loi dont on tient peu de compte ; et quoique je ne veuille pas prétendre à la sagesse de nos législateurs, j'ajouterai que cette loi doit rester dans l'oubli jusqu'à ce que l'invasion des sauvages soit tout à fait comprimée.

— Nous sommes en présence d'un ennemi dont le bras ne s'arrête pas au cri de miséricorde ; et quoique la charité soit le fruit des pratiques chrétiennes, il existe un devoir plus impérieux qui ressort des intérêts terrestres. Nous ne sommes que de faibles instruments dans les mains de la Providence, et comme tels, nous ne devons pas céder à nos propres impulsions. Si la preuve de sentiments meilleurs se trouvait parmi les sauvages, nous pourrions espérer d'arriver paisiblement à un arrangement ; mais les puissances ténébreuses bouillonnent dans leurs cœurs, et nous avons appris à reconnaître l'arbre par les fruits qu'il porte.

Content quitta la pièce en faisant signe qu'il allait revenir. Un moment après, il amena sa fille au centre de la réunion. La jeune femme alarmée pressait contre son sein son enfant emmaillotté, lorsqu'elle contempla les graves figures des lizerains ; mais elle recula effrayée sous le regard fauve du révérend M. Wolfe.

— Tu disais que les sauvages n'ouvrent jamais leur cœur aux cris de la miséricorde, reprit Content ; voici la preuve vivante que tu t'es trompé. Tout le monde a su dans l'établissement le malheur qui frappa ma famille ; reconnais dans cette créature tremblante l'enfant de notre amour, celle que nous avons si longtemps pleurée. L'enfant chérie est revenue. Nos cœurs longtemps affligés s'ouvrent à la joie. Dieu nous a rendu notre fille.

Le père prononça ces mots avec sentiment, et produisit une profonde impression sur les auditeurs, quoique chacun d'eux manifestât sa sensibilité de différentes manières. La nature du faux pasteur fut ébranlée, et il eut besoin de toute l'énergie de ses principes pour cacher une faiblesse qu'il considérait comme une dérogation à l'exaltation spirituelle de son caractère. Il demeura muet, les mains croisées sur ses genoux, trahissant la lutte d'une émotion nouvelle pour lui par un jeu involontaire des muscles de son visage. Un sourire de satisfaction éclaira le large visage de Dudley, et le médecin, qui s'était borné jusque-là au rôle d'écouteur, laissa échapper quelques paroles d'admiration pour les perfections physiques de Narrah-Mattah.

Reuben Ring fut le seul qui laissa voir ouvertement l'intérêt qu'il prenait au retour inattendu de la jeune femme. Le robuste planteur se leva, et marchant au-devant de Narrah-Mattah, il prit l'enfant dans ses bras et le contempla pendant un moment d'un œil humide et plein de sollicitude ; puis élevant le visage de l'enfant vers ses lèvres charnues, il y imprima un gros baiser et le rendit à la mère, qui avait suivi ses mouvements avec une certaine inquiétude.

— Tu vois que la main du Narragansett s'est arrêtée, dit Content rompant le silence et donnant à ses paroles un accent victorieux.

— Les voies de la Providence sont mystérieuses ! répliqua Meek. Lorsqu'elles apportent au cœur la consolation, il est juste que nous montrions de la reconnaissance ; s'il lui plaît, au contraire, de nous envoyer l'affliction, nous devons nous incliner avec humilité sous ses commandements. Mais les événements qui ne touchent que les familles ne sont, après tout...

Il s'arrêta ; car dans le moment une porte s'ouvrit, et plusieurs hommes entrèrent, portant un fardeau qu'ils déposèrent gravement et respectueusement sur le parquet, au milieu même de l'appartement. Cette manière peu cérémonieuse d'entrer disait assez que les villageois considéraient leur mission comme assez importante pour faire excuser leur intrusion. Les événements de la veille et la gravité de ceux qui déposèrent le fardeau à terre donnèrent à penser qu'ils apportaient un cadavre.

— J'avais cru qu'il n'était tombé dans la lutte de ce jour que quelques hommes autour de ma propre porte, dit Content après une pause longue et solennelle ; découvrez le visage, afin que nous sachions sur qui le coup fatal a été porté.

L'un des jeunes gens obéit. Le visage était difficile à reconnaître tant la barbarie des sauvages l'avait défiguré. Mais un second regard plus approfondi fit reconnaître à tous les traits sanglants et défigurés de l'individu qui avait quitté le matin même le Crapaud-Volant pour porter le message aux autorités de la colonie. Les hommes rassemblés, malgré leur habitude des raffinements de la cruauté indienne détournèrent la vue d'un spectacle fait pour glacer le sang de ceux qui avaient conservé un peu d'humanité au fond du cœur. Content fit signe de couvrir les tristes dépouilles et se cacha le visage en frissonnant.

Il n'est pas nécessaire de nous arrêter sur la scène qui suivit. Meek Wolfe se prévalut de cet événement inattendu pour faire adopter son plan par l'officier supérieur de l'établissement, qui parut mieux disposé à se rendre à ses observations depuis que l'on avait mis sous ses yeux la preuve incontestable de la férocité de leurs ennemis; cependant Content cédait avec répugnance, et ce ne fut qu'avec l'intention d'agir avec prudence qu'il se décida à donner des ordres pour le départ d'un détachement à la pointe du jour suivant. Comme tout cet entretien fut entremêlé d'allusions à demi indiquées suivant la coutume, il est probable que chaque individu présent conservait intérieurement ses vues particulières sur le sujet, quoiqu'il fût certain que tous croyaient sincèrement ne céder qu'à la juste considération que l'on doit aux intérêts temporels, et d'autant plus digne de louanges qu'elle se rattachait au service de leur divin maître.

Lorsque le détachement partit, Dudley resta seul un moment avec son ancien maître. La physionomie franche de l'honnête enseigne avait plus d'expression qu'à l'ordinaire, et même après que tous ceux qui étaient partis ne pouvaient plus l'entendre, il fut quelque temps avant de trouver le courage d'émettre la proposition qui oppressait son esprit.

— Capitaine Content Heathcote, commença-t-il enfin, le bien ou le mal ne viennent pas seuls dans cette vie. Tu as retrouvé celle que nous avons cherchée avec tant de peine et de danger, mais elle t'a rapporté plus que ne l'eût désiré un chrétien. Je suis homme d'humble condition, mais j'ai le courage d'apprécier les sentiments d'un père dont l'enfant lui est rendu avec une telle surabondance de félicité.

— Parle plus clairement, dit Content avec fermeté.

— Je voulais dire qu'il pourrait ne pas être agréable à un homme qui tient l'un des meilleurs rangs dans la colonie d'avoir dans sa famille un rejeton croisé du sang indien, et dont la naissance n'a pas été précédée par les rites d'un mariage chrétien. Vous savez qu'Abondance, femme d'une grande utilité dans un nouvel établissement, vient de doter Reuben ce matin même de trois beaux garçons. Le fait est encore peu connu, et passera presque inaperçu, attendu que la brave femme est connue pour de semblables libéralités; en outre, les événements du jour occupent tous les esprits. Donc, un enfant de plus ou de moins à cette femme ne soulèvera pas de contestation dans le voisinage, et ne produira pas une augmentation sensible dans le ménage. Mon frère King serait heureux de joindre cet enfant aux siens, et si plus tard on faisait quelques observations sur la couleur douteuse de sa peau, on y répondrait victorieusement en rappelant que les quatre enfants sont nés le jour d'un conflit, rouge comme Métacom lui-même.

Content écouta jusqu'à la fin son compagnon sans l'interrompre un seul instant; ses joues se couvrirent de rougeur, lorsqu'il eut deviné l'intention de l'enseigne : ce sentiment d'orgueil mondain qui l'avait abandonné depuis si longtemps disparut presque aussitôt pour faire place à la soumission placide aux décrets de la Providence qui le caractérisait d'ordinaire.

— Je ne nierai pas que cette vaine pensée ne soit venue me troubler, répliqua-t-il; mais le Seigneur m'a donné la force nécessaire pour y résister. C'est sa volonté qu'un rejeton de la race indienne vienne chercher un abri sous le toit de ma maison; que sa volonté soit faite; mon enfant, et tous ceux qui lui appartiennent sont les bienvenus.

L'enseigne Dudley n'insista pas davantage, et ils se séparèrent.

CHAPITRE XXX.

Nous changerons la scène et nous transporterons le lecteur de la vallée du Crapaud-Volant aux profondeurs d'un bois épais et sombre.

Des peintures du même genre ont été trop souvent décrites pour qu'il soit nécessaire de les reproduire ici. Néanmoins, comme il serait possible que ces passages tombassent entre les mains de personnes qui n'ont jamais quitté les anciens États de l'Union, nous allons essayer de leur donner un léger aperçu de l'aspect des lieux où il est de notre devoir d'historien de transporter l'action de notre récit.

Quoiqu'il soit évident que la nature végétale comme la nature animale ait ses limites, l'existence des arbres demeure indéterminée. Le chêne, l'orme, le tilleul, le sycomore, qui croît si rapidement, et le pin gigantesque ont leurs lois particulières qui gouvernent leur croissance, leur grandeur et leur durée. Grâce à cette prévoyance de la nature, le désordre sauvage des forêts vierges conserve, au milieu de tant de changements progressifs, un ensemble admirable de perfection, attendu que les pousses nouvelles, lentes et graduées, suivent dans leur progression les mêmes lignes et les mêmes courbes.

Les forêts américaines déploient au plus haut degré la sublime grandeur de la solitude. Comme la nature ne déroge jamais à ses propres lois, le sol produit les plantes qui lui sont propres, et l'œil est rarement attristé par une végétation souffrante. Il s'établit entre les arbres une émulation généreuse que l'on rencontre rarement dans les différentes classes de végétaux qui croissent dans la solitude des champs. Chaque arbre cherche à s'élever vers la lumière, produisant ainsi une égalité de force et de hauteur que l'on ne retrouve pas dans les sujets isolés. On comprend aisément l'effet que produit cette tendance uniforme. Les arches voûtées forment de la base au sommet des milliers de colonnes hautes et droites supportant un immense toit de feuilles vertes et tremblantes. Une douce obscurité et un majestueux silence règnent constamment sous ces dômes naturels, tandis qu'une température différente appesantit l'atmosphère au-dessus du feuillage. Pendant que la lumière circule sur la surface mobile de la cime des arbres, une teinte sombre couvre la terre. Des troncs morts tapissés de mousse, des monticules de substances végétales décomposées, tombeaux d'antiques générations d'arbres, des cavités formées par la chute de quelque vieux géant déraciné, de noirs *fungi* qui rampent sur les muscles découverts des racines mortes et prêtes à tomber, et quelques plantes frêles et délicates qui s'abritent dans l'ombre, complètent les principaux traits des profondeurs des forêts. Le tout est tempéré et agréable l'été par une fraîcheur douce comme celle des voûtes souterraines, mais dégagée de l'humidité glaciale qui les rend insalubres. On entend rarement les pas de l'homme résonner dans ces sombres solitudes. Parfois un chevreuil bondissant ou un daim majestueux agitent les feuilles en glissant dans les profondeurs du fourré. On rencontre quelquefois aussi l'ours pesant assis gravement sur le squelette tombé de quelque vénérable chêne, ou la panthère rampante qui guette sa proie sur une branche isolée. Parfois des bandes de loups affamés suivent la piste du chevreuil, mais ils font plutôt diversion à la solitude du lieu qu'ils n'en forment les nécessaires habituels. Les oiseaux sont ordinairement silencieux; ou s'ils font entendre quelques chants, ils s'élèvent en sons discordants et sauvages comme le lieu qu'ils habitent.

Deux hommes traversaient cette partie de la forêt que nous venons de décrire, le lendemain du jour du combat. Ils marchaient forcément l'un derrière l'autre, le plus jeune et le plus actif traçant le chemin à travers la monotonie du bois avec autant de sécurité et de précision que l'eût fait le marin avec sa boussole sur le vaste Océan. Il était léger, agile et dispos; celui qui le suivait était lourd, et son pas dénotait l'inexpérience de l'exercice des forêts et la fatigue.

— Ton œil, Narragansett, est un compas invariable et tes jambes sont celles d'un coursier infatigable, dit le plus âgé laissant tomber la crosse de son fusil sur un tronc d'arbre et s'appuyant sur le canon. Si tu marches sur le sentier de la guerre avec autant de rapidité que tu en mets dans un message de paix, les colons ont raison de craindre ton inimitié.

Le plus jeune se retourna sans changer de place le fusil qu'il portait sur l'épaule; et, montrant les divers objets qu'il nommait, il répondit :

— Mon père est comme ce vieux sycomore qui s'appuie sur le jeune chêne; Conanchet est un pin droit et élancé. Il y a beaucoup de ruse sous les cheveux gris, ajouta le chef s'avançant un peu pour poser le doigt sur le bras de Soumission. Peuvent-ils lui dire l'époque où nous reposerons sous la mousse comme un arbre desséché?

— Ceci surpasse la sagesse de l'homme. C'est assez, sachem, de pouvoir dire quand nous tombons que la terre sous laquelle nous reposerons n'en sera pas plus pauvre. Tes os reposeront dans la terre que tes pères ont foulée, tandis que les miens pourront blanchir sous la voûte de quelque sombre forêt.

Le calme parut disparoître des traits de l'Indien. Les pupilles de ses yeux noirs se contractèrent, ses narines se gonflèrent et sa poitrine se souleva; puis tout redevint calme, comme s'apaise l'immense Océan après un vain effort pour soulever la vague pendant un calme plat.

— Le feu a consumé et effacé de la terre l'empreinte des mocassins de mon père, dit-il avec un sourire amer, et mes yeux la cherchent en vain. Je mourrai sous cet abri, ajouta-t-il montrant la voûte céleste à travers une éclaircie du feuillage, les feuilles tombantes recouvriront mon corps.

— Alors le Seigneur nous a donné un nouveau lien d'amitié. Il existe dans une contrée lointaine un if et un paisible cimetière, où les générations de ma race dorment sous la tombe. Ce lieu est couvert de pierres qui portent le nom de...

Soumission cessa tout à coup de parler, et lorsque son regard rencontra celui de son compagnon, ce fut juste assez pour surprendre la transformation d'une avide curiosité en une froide réserve et pour remarquer avec quelle courtoisie l'Indien changea le cours de la conversation.

— Il y a de l'eau au-delà de cette colline, dit-il; que mon père boive pour prendre des forces, afin qu'il vive assez pour reposer dans les défrichements.

Le vieillard fit un signe d'approbation, et ils se dirigèrent en silence vers la source. Le temps qu'ils mirent à se rafraîchir et à se reposer indiquait qu'ils venaient de faire une longue route. Le Narragansett néanmoins mangea plus sobrement que son compagnon, son esprit paraissant plus préoccupé par une douleur secrète qu'accablé de fatigue. Toutefois il maintenait à l'extérieur la dignité d'un guerrier, et dissimulait ses sombres pensées sous un aspect affecté d'insouciance. Lorsqu'ils eurent satisfait aux exigences de la nature, ils se levèrent et continuèrent leur route à travers les sinuosités de la forêt.

Pendant une heure, après avoir quitté la source d'eau, la marche de nos aventuriers fut rapide et non interrompue par l'un ou par l'autre. Alors seulement le pas de Conanchet se ralentit un peu, et son regard erra autour de lui avec quelques marques d'indécision.

— Tu as perdu ces signes particuliers qui nous ont guidés jusqu'ici à travers les bois, dit le vieillard, les arbres se ressemblent, et je ne vois aucune différence dans leur sauvage uniformité; si tu es en défaut, il nous faudra désespérer de notre projet.

— Voilà le nid de l'aigle, répondit Conanchet montrant du doigt l'objet qu'il nommait perché sur le sommet blanchi d'un pin desséché, et mon père doit reconnaître dans ce chêne l'arbre du conseil. Mais les Wampanoag n'y sont pas!

— Les aigles ne manquent pas dans la forêt, et beaucoup de chênes ressemblent à celui-ci. Ton œil s'est laissé tromper, sachem, et quelque fausse piste nous a donné le change.

Conanchet fixa attentivement son compagnon, et lui demanda ensuite avec calme :

— Mon père s'est-il jamais trompé de chemin en allant de son wigwam à la maison où il converse avec le grand Esprit?

— La nature de ce sentier, que j'ai souvent suivi, était autre que celui-ci, Narragansett. Mon pied a usé le rocher par ses fréquents frottements, et la distance n'était qu'un jeu. Mais ici nous avons parcouru des lieues innombrables de forêts, notre route a traversé des ruisseaux, des montagnes, des bruyères et des marais où l'œil humain n'a pu découvrir la moindre trace de pas humain.

— Mon père est vieux, dit respectueusement l'Indien. Son œil n'est plus aussi prompt que lorsqu'il enleva la chevelure du grand chef, car il eût reconnu l'empreinte des mocassins. Vois, ajouta-t-il indiquant la trace d'un pas humain à peine visible sur les feuilles mortes qu'il avait foulées. Son rocher est nu, mais la terre est plus légère. Il ne peut pas reconnaître par des signes qui a passé et à quel moment.

— Voici en effet ce que l'on pourrait appeler l'empreinte du pied d'un homme; mais elle est seule, et peut provenir d'un simple accident de la brise.

— Que mon père regarde de chaque côté, il verra qu'une tribu entière a passé.

— C'est peut-être vrai; mais ma vue est impuissante à découvrir ce que tu voudrais me faire voir.

Conanchet hocha la tête, et développa les doigts de ses deux mains en forme de cercle.

— Hugh! dit-il en tressaillant tout à coup à la suite de ce geste significatif. Un mocassin approche!

Soumission, qui s'était si souvent et si récemment encore rencontré avec les sauvages, chercha involontairement le chien de sa carabine. Ce geste était accompagné d'un regard menaçant, quoiqu'il ne distinguât aucun sujet d'alarme.

Il n'en fut pas de même de Conanchet. Son regard vif et exercé distingua bientôt un guerrier qui s'avançait avec précaution, caché parfois par les arbres, et dont le bruit des pas sur les feuilles avait trahi l'approche. Croisant ses bras sur sa poitrine nue, le Narragansett l'attendit dans une attitude pleine de dignité. Pas un mot ne s'échappa de ses lèvres, pas un muscle de son visage ne s'agita, lorsqu'une main se posa sur son bras, et que celui qui s'était rapproché de lui dit d'un ton amical et respectueux : Le jeune sachem est venu au-devant de son père.

— Wampanoag, j'ai suivi la trace afin que vos oreilles écoutent les paroles d'un Visage-Pâle.

Le troisième personnage dans cette entrevue n'était autre que Métacom. Il toisa l'étranger d'un regard hautain et farouche, puis se retourna tranquillement vers son compagnon.

— Conanchet a-t-il récemment compté ses jeunes guerriers? dit-il s'exprimant dans l'idiome des aborigènes. J'en ai vu un grand nombre sur le champ de bataille; ils ne sont jamais revenus. L'homme blanc doit mourir.

— Wampanoag, répondit Conanchet, il est conduit par le wampum d'un sachem. Je n'ai pas compté mes jeunes guerriers; mais je sais qu'ils ont le courage de dire que ce que leur chef promet, ils l'exécutent.

— Si le Yankee est un ami de mon frère, qu'il soit le bienvenu. Le wigwam de Métacom est ouvert; il peut y entrer.

Philippe fit signe aux autres de le suivre, et les conduisit à l'endroit désigné. Le lieu choisi pour ce campement provisoire était approprié à la circonstance. Un buisson très-épais l'encaissait d'un côté, tandis qu'à l'arrière il était abrité par un roc escarpé; sur le devant un large ruisseau serpentant au milieu de fragments de roche détachés du faîte, défendait l'entrée, et du côté du couchant une récente tempête avait creusé un désert au milieu de la forêt. Quelques huttes de broussailles s'appuyaient contre la base de la colline, et de chétifs ustensiles de ménage étaient répartis entre les habitations. Toute la bande ne comptait pas vingt hommes; car, ainsi que nous l'avons dit, le chef wampanoag avait agi récemment avec les forces de ses alliés plutôt qu'avec les siennes propres.

Les trois personnages s'assirent sur un rocher, dont le pied était baigné par l'eau jaillissante. Sur le second plan, quelque farouche Indien surveillait d'un air sombre la conférence.

Après avoir laissé s'écouler assez de temps pour échapper à l'accusation de curiosité, Métacom commença en ces termes :

— Mon frère a suivi ma trace, afin que mes oreilles puissent entendre la parole d'un Anglais. Qu'il parle.

— Chef implacable et sans remords, répondit l'audacieux proscrit, je suis venu me jeter entre les griffes du lion pour t'apporter les paroles de paix. Pourquoi le fils n'imite-t-il pas son père dans sa conduite à l'égard des Anglais? Ton père Massasoit était l'ami des pèlerins patients et persécutés qui avaient cherché un asile et du repos dans ce Béthel des fidèles, mais tu as endurci ton cœur à leurs prières, et cherché le sang de ceux qui ne te voulaient pas de mal. Tu as sans doute, comme tous tes compatriotes, une nature orgueilleuse, avide d'une vaine gloire, et tu as cru que ton nom et ta nation t'imposaient le devoir de te battre contre des hommes d'une origine différente. Mais apprends qu'il y a un Dieu qui est maître sur la terre, comme il est roi dans les cieux ! Sa volonté est que les doux parfums de son culte s'élèvent à lui du milieu du désert ! et c'est une loi contre laquelle il est inutile de se révolter. Écoute donc mes conseils pacifiques : que la terre soit partagée équitablement de manière à pourvoir aux besoins de tous, et que le pays soit disposé pour y recevoir l'autel du Très-Haut.

Cette exhortation fut prononcée d'une voix presque surnaturelle, et avec une animation qu'augmentaient sans doute les récentes méditations de l'ermite et les scènes terribles où il avait joué un rôle important.

Philippe écouta avec la haute courtoisie d'un prince indien, il ne donna aucune marque d'impatience, aucun sourire moqueur ne contracta ses lèvres, quoiqu'il ne comprît nullement les intentions de son interlocuteur. Au contraire, une gravité noble et élevée régnait sur tous ses traits ; ses yeux exprimaient une attention complète ; sa tête était inclinée ; et l'on voyait qu'il avait un désir sincère de saisir le sens de l'apostrophe qui lui était adressée.

— Mon ami pâle a parlé très-sagement, répliqua-t-il. Mais il ne voit pas clair dans ces forêts ; il s'assied trop à l'ombre, ses yeux sont plus sûrs dans un défrichement. Métacom n'est pas une bête féroce ; ses griffes sont usées ; ses jambes sont fatiguées de voyager ; il ne peut sauter très-loin. Mon ami pâle a besoin de partager la terre ? Pourquoi donner au grand Esprit la peine de refaire deux fois cet ouvrage ? Il a placé les Wampanoag sur des terres où le gibier abonde, au bord du lac salé où ils pêchent des poissons et des huîtres. Il n'a pas oublié ses enfants les Narragansett, qu'il a mis au milieu de l'eau ; car il a vu qu'ils savaient nager. A-t-il oublié les Anglais ? les a-t-il jetés négligemment dans un marécage où ils sont exposés à devenir des grenouilles et des lézards ?

— Païen, ma voix ne niera jamais les bienfaits de mon Dieu ! Sa main a placé nos pères sur une terre fertile, riche de toutes les bonnes choses de ce monde, heureusement située, imprenable, car elle a la mer pour ceinture. Heureux ceux qui peuvent faire leur salut sans sortir de son enceinte !

Une gourde vide était posée sur le roc à côté de Métacom. Se penchant vers le ruisseau, le chef indien la remplit d'eau jusqu'au bord, et la mit sous les yeux de son compagnon.

— Vois, dit-il en montrant la surface unie du liquide, le grand Esprit a ordonné que ce vase ne contiendrait pas davantage.

Il prit ensuite au ruisseau quelques gouttes d'eau dans le creux de sa main et les versa dans la gourde.

— Regarde, reprit-il, le vase déborde, il n'y a point de place pour ce que je viens d'y ajouter; ton pays déborde de même et t'a rejeté de son sein.

— Hélas! je ne suis pas seul, nous sommes nombreux; mais je chargerais mon âme d'un mensonge si je disais qu'il n'y a plus de place pour tous, que tous ne peuvent pas retourner mourir au pays où ils sont nés.

— La terre des Anglais est donc bonne, très-bonne, reprit Philippe; mais leurs jeunes gens en cherchent une qui vaut mieux encore.

— Avec tes idées, avec tes habitudes, Wampanong, il t'est impossible de comprendre les motifs qui m'ont amené ici, et notre entretien devient oiseux.

— Mon frère Conanchet est un sachem. Les feuilles qui tombent des arbres de son pays dans la saison des neiges sont emportées par le vent sur mes territoires de chasse; nous sommes voisins et amis.

En disant ces mots il inclina légèrement la tête pour saluer le Narragansett.

— Oui, reprit-il, quand un méchant Indien sort des îles et se réfugie dans les wigwams de mon peuple, on le fouette et on le renvoie. Nous ne tenons entre nous le chemin libre que pour les hommes rouges honnêtes.

Philippe avait un ton d'ironie que la hauteur habituelle de ses manières ne put dérober à son auxiliaire, mais qui pouvait difficilement être saisi par l'homme blanc, contre lequel était dirigé le sarcasme.

Le jeune chef, qui s'était jusqu'alors abstenu de prendre part à la conversation, crut devoir prendre la parole en faveur de l'ermite.

— Mon frère pâle est un brave guerrier, dit d'un ton de reproche le jeune chef des Narragansett; sa main a pris la chevelure du grand sagamore de son peuple.

La physionomie de Métacom changea instantanément. Une expression de respect et d'admiration remplaça l'air de dédain et de raillerie qu'on avait pu y remarquer. Il regarda fixement la figure rude et fatiguée de son hôte ascétique, et il est probable qu'il allait lui adresser des compliments, si dans ce moment un jeune Indien placé en sentinelle au sommet du rocher n'avait annoncé que quelqu'un approchait.

Métacom et Conanchet parurent entendre ce cri avec inquiétude; mais ils ne se levèrent pas, et ne parurent pas attribuer à l'interruption une importance exceptionnelle.

Bientôt un guerrier entra dans le camp, du côté de la forêt qui conduisait à la vallée du Crapaud-Volant.

Dès que Conanchet eut vu la personne du nouveau venu, il reprit son attitude calme, tandis que Métacom était sombre et plein de défiance. La différence de manières des chefs n'était pas cependant assez forte pour être remarquée par Soumission, qui se disposait à reprendre l'entretien, quand le nouveau venu traversa le groupe des guerriers et vint s'asseoir auprès des chefs sur une pierre si basse que l'eau lui lavait les pieds.

Comme de coutume, il n'y eut aucune parole échangée entre les Indiens pendant quelques minutes. Tous les trois paraissaient regarder l'arrivée du guerrier comme une chose parfaitement ordinaire; mais l'inquiétude de Métacom hâta les communications qu'ils avaient à se faire.

— Mohtucket, dit-il dans le langage de sa tribu, tu avais perdu la trace de tes amis, et nous pensions que les corbeaux des hommes pâles becquetaient tes os.

— Il n'y avait pas de chevelure à ma ceinture, et j'étais honteux de paraître plus longtemps les mains vides au milieu des jeunes gens.

— En effet, reprit Métacom, tu étais trop souvent revenu sans frapper un ennemi. As-tu maintenant atteint quelque guerrier?

L'Indien, qui était un homme de la classe inférieure, soumit à l'examen de son chef le sanglant trophée qui pendait à sa ceinture. Métacom regarda ce dégoûtant objet avec calme, et comme un antiquatre aurait étudié un précieux souvenir des combats des premiers âges. Il passa le doigt dans un trou de la peau, puis il se rassit en disant :

— C'est une balle qui a frappé la tête. La flèche de Mohtucket a fait peu de mal.

— Métacom n'a jamais regardé son jeune homme comme un ami depuis que le frère de Mohtucket a été tué.

Philippe contemplait son subalterne avec la dédaigneuse hauteur d'un prince sauvage. Leur auditeur blanc n'avait pas compris l'entretien ; mais il était facile de s'apercevoir que les deux interlocuteurs étaient loin d'être amis.

— Le sachem est mécontent de son jeune homme, dit Soumission ; il est donc à même de comprendre que des dissentiments avec notre chef nous ont forcés à quitter la terre de nos pères, située du côté du soleil levant. Si vous voulez m'écouter, j'achèverai de traiter un sujet ébauché, et j'entrerai dans de plus amples explications sur le but de ma mission.

Philippe sourit gracieusement à son hôte, et s'inclina même pour témoigner qu'il adhérait à sa proposition ; cependant ses yeux perçants semblaient lire dans l'âme du guerrier qui reparaissait après une absence prolongée, et il étendait les doigts de la main droite comme pour saisir le manche de corne de son coutelas.

L'homme blanc allait parler quand les arceaux de la forêt retentirent tout à coup de la détonation d'un fusil. Tous ceux qui étaient dans le camp se levèrent à ce son bien connu ; néanmoins ils demeurèrent aussi immobiles qu'autant de statues vivantes. Les feuilles s'écartèrent avec bruit, et le corps de la jeune sentinelle indienne roula au bord du précipice, d'où il tomba sur le toit d'une cabane, qu'il défonça.

Un cri retentit dans la forêt ; une décharge éclata sous les arbres, et les balles qui sifflèrent de toutes parts coupèrent les branches des taillis.

Deux Wampanoags roulèrent encore sur la terre dans les dernières convulsions de l'agonie. On entendit dans le camp la voix d'Annawon, et l'instant d'après la place était déserte.

Dans ce moment terrible, les quatre individus placés près du ruisseau étaient immobiles. Conanchet et son ami chrétien avaient pris les armes, mais c'était moins pour entamer les hostilités que pour se défendre. Métacom avait l'air irrésolu. Accoutumé aux surprises et aux escarmouches, un guerrier tel que lui ne pouvait être déconcerté ; il hésitait cependant sur le parti qu'il devait prendre. Mais quand Annawon eut donné le signal de la retraite, le chef des Wampanoags se jeta avec fureur sur Mohtucket et lui fendit la tête d'un seul coup de tomahawk. La vengeance féroce se peignit sur les traits du chef ; la haine inextinguible, quoique désappointée, sur les traits de sa victime. Le traître demeura étendu sans vie sur la roche, et son meurtrier leva l'arme ensanglantée sur la tête de l'homme blanc.

— Non, Wampanoag, non! dit Conanchet d'une voix de tonnerre, nos deux vies n'en font qu'une.

Philippe s'arrêta. Son cœur était dévoré de passions funestes et indomptables ; mais l'astucieux politique de ces bois sut se contenir comme il en avait l'habitude. Au milieu de cette scène d'alarme et de carnage, il sourit à son jeune et puissant allié ; puis, se dirigeant vers les plus épais ombrages de la forêt, il s'éloigna avec la rapidité d'un daim.

CHAPITRE XXXI.

Le courage est une vertu qui peut s'acquérir et se développer. Si la crainte de la mort est une faiblesse commune à tous les hommes, elle diminue graduellement et finit même par s'éteindre lorsqu'on est exposé à de fréquents dangers. Ce fut donc avec des sentiments supérieurs à la nature que les deux individus laissés seuls par la retraite de Philippe virent l'approche du danger qui les entourait. Leur position près du ruisseau les avait jusqu'alors protégés des balles des assaillants ; mais il était évident que ceux-ci ne tarderaient pas à entrer dans un camp qui était déjà abandonné. Chacun, en conséquence, agit suivant les idées qu'il devait à son genre de vie.

Conanchet n'était pas occupé de vengeances de la nature de celle que Métacom venait d'assouvir devant lui. A la première alerte, il avait employé toutes ses facultés à comprendre la nature de l'attaque ; il y était parvenu, et il avait pris une résolution.

Il montra à son compagnon le ruisseau rapide qui murmurait à leurs pieds.

— Allons, dit-il précipitamment avec une parfaite présence d'esprit. Marchons dans l'eau afin qu'elle entraîne la trace de nos pas.

Soumission hésita.

Il y avait dans la froide détermination de son œil quelque chose de l'orgueil militaire qui lui faisait répugner à encourir le déshonneur d'une fuite si ouverte et si indigne de son caractère.

— Non, Narragansett, répondit-il, sauve ta vie et laisse-moi recueillir le grain que j'ai semé. Ils ne peuvent pas faire plus que de laisser blanchir mes os avec ceux de ce traître étendu à mes pieds.

L'attitude de Conanchet n'annonçait ni exaltation ni colère.

Il jeta paisiblement le coin de sa tunique par-dessus son épaule, et il allait se rasseoir sur la pierre d'où il s'était levé un instant auparavant, lorsque son compagnon le pressa de nouveau de s'enfuir.

— Les ennemis d'un chef ne doivent pas dire qu'il a conduit son ami dans un piége, et que le voyant pris par la jambe, il s'est sauvé lui-même comme un renard, plus heureux que son compagnon. Si mon frère reste pour mourir, Conanchet mourra avec lui.

— Sauvage, sauvage, répliqua Soumission ému jusqu'aux larmes de la loyauté de son guide, plus d'un chrétien devrait apprendre de toi la fidélité. Ouvre le chemin, je te suivrai aussi vite que mes forces me le permettent.

Le Narragansett s'élança dans le ruisseau, dont il suivit le cours dans la direction opposée à celle que Philippe avait prise. Cette mesure était sage, car bien que ceux qui les poursuivaient pussent voir l'agitation de l'eau, il n'y avait aucune certitude sur la direction prise par les fugitifs. Conanchet avait prévu ce léger avantage, et, avec la promptitude instinctive de sa race, il n'avait pas manqué d'en faire usage. Métacom avait été obligé de suivre la route qu'avaient prise ses guerriers, qui s'étaient retirés sous l'abri des rochers.

Avant que les fugitifs eussent parcouru une grande distance, ils entendirent les clameurs des ennemis dans leur camp, et peu après le bruit de la fusillade annonça que Philippe avait rallié ses gens et qu'il faisait résistance. Cette circonstance était pour eux un gage de sécurité qui leur permit de ralentir leur course.

— Mon pied n'est plus léger comme dans les temps passés, dit Soumission. Reprenons donc des forces tandis que nous le pouvons encore et dans la crainte d'être pris au dépourvu. Narragansett, tu as toujours été fidèle à ta parole avec moi ; quelle que soit ta race ou ta croyance, quelqu'un t'en tiendra compte.

— Mon père a jeté un regard de compassion et d'amitié sur le jeune Indien, qui, comme le jeune ours, était prisonnier dans une cage ; il lui a appris à parler le langage des Anglais.

— Nous avons passé ensemble de longs mois dans notre prison, chef, et il faut qu'Apollyon ait régné bien fort dans un cœur pour t'avoir fait résister aux sollicitations d'un ami dans une telle situation. Mais là encore ma confiance et mes soins ont été récompensés, car sans tes insinuations mystérieuses, provenant de signes que tu avais recueillis toi-même pendant la chasse, il n'eût pas été en mon pouvoir d'avertir mes amis que ton peuple préparait une attaque la nuit fatale de l'incendie. Narragansett, nous avons fait ensemble échange de services chacun à notre manière, et je suis prêt à convenir que cette dernière n'est pas la moindre de tes obligeances. Quoique blanc et chrétien d'origine, je puis presque dire que mon cœur est indien.

— Alors, meurs de la mort d'un Indien ! s'écria une voix à vingt pas environ du ruisseau au milieu duquel ils fuyaient.

Ces paroles menaçantes furent presque en même temps suivies d'un coup de feu, et Soumission tomba. Conanchet jeta son mousquet dans l'eau pour relever son compagnon.

— J'ai seulement glissé sur la pierre humide, dit le vieillard en reprenant pied, cette décharge a failli nous être fatale ! Mais Dieu, dans ses vues mystérieuses, a détourné le coup.

Conanchet ne répondit pas. Reprenant son fusil, tombé au fond de l'eau, il entraîna son ami vers la rive et s'enfonça avec lui dans les profondeurs de la forêt, où ils furent pendant quelque temps à l'abri de nouveaux accidents. Mais les cris qui suivirent la décharge des mousquets appartenaient aux Péquods et aux Mohicans, dont les tribus étaient en guerre ouverte avec la sienne. Il ne fallait pas espérer de cacher longtemps leur trace à leurs ennemis, et échapper par la fuite avec le vieillard était tout à fait impossible. Il n'y avait pas de temps à perdre. Dans de semblables éventualités les pensées d'un Indien prennent le caractère de l'instinct. Les fugitifs étaient arrêtés au pied d'un jeune arbre dont la cime était complètement cachée par des touffes de feuilles s'élançant des buissons qui croissaient à ses pieds. Conanchet aida Soumission à monter sur cet arbre, et sans autre explication, il s'éloigna, renversant les broussailles afin d'agrandir autant que possible la trace de ses pas.

L'expédient du fidèle Narragansett réussit complètement. Avant qu'il eût fait cent pas, il aperçut le gros des ennemis lancé sur sa piste comme des limiers en chasse. Sa course fut modérée jusqu'à ce qu'il fut assuré que ses ennemis, ayant dépassé l'arbre où s'était réfugié Soumission, ne s'occupaient que de lui seul. Alors la flèche partie de l'arc n'eût pas été plus rapide que sa fuite.

La poursuite prit alors le caractère ingénieux et stimulant d'une chasse indienne. Traqué hors du fourré, Conanchet fut contraint d'exposer sa personne dans les endroits plus découverts de la forêt. Il franchit des montagnes, des ravins, des rochers, des marais et des torrents, sans ralentir sa course et sans perdre courage. Dans de semblables occurrences, le mérite d'un sauvage consiste autant dans sa force morale que dans son agilité.

Les trois ou quatre colons envoyés avec le détachement des Indiens alliés pour intercepter la fuite de ceux qui descendaient le cours d'eau, furent bientôt hors d'haleine, et la lutte s'établit entre le fugitif et des hommes aussi agiles et fertiles en expédients que lui.

Les Péquods avaient un grand avantage dans leur nombre. Les fréquents détours du fugitif renfermaient la chasse dans un cercle d'un mille, et à mesure que ses ennemis s'arrêtaient fatigués, d'autres plus dispos reprenaient la poursuite. Le résultat ne pouvait pas être mis en doute. Après deux heures de course sans interruption, les pieds de Conanchet commencèrent à s'alourdir, et sa fuite se ralentit peu à peu. Épuisé par ces efforts, le guerrier essoufflé se coucha sur la terre et resta pendant quelques minutes dans l'immobilité de la mort. Pendant ce court instant de repos, ses artères et les battements de son cœur cessèrent peu à peu de battre avec autant de rapidité, et la circulation reprit son cours régulier. Au moment où il sentait renaître ses forces par ce faible repos, il entendit derrière lui les pas des mocassins. Se relevant aussitôt, il examina l'espace qu'il venait de franchir avec tant de peine. Un seul guerrier paraissait le poursuivre. L'espérance reprit un moment le dessus dans son âme, il leva son fusil pour abattre son adversaire qui l'approchait rapidement : il visa longtemps et avec calme, et le coup eût été fatal, si le bruit sec de la platine ne lui eût rappelé l'état du fusil, que l'eau du ruisseau avait rendu inutile. Il le jeta loin de lui et saisit son tomahawk ; mais une bande de Péquods sortit aussitôt du fourré et rendit toute résistance inutile. Reconnaissant sa situation désespérée, le sachem des Narragansett laissa tomber son tomahawk, détacha sa ceinture et s'avança sans armes, avec une noble résignation, au-devant de ses ennemis. Un instant après il était leur prisonnier.

— Conduisez-moi à votre chef, dit le captif avec hauteur au moment où le guerrier d'ordre inférieur qui l'avait fait prisonnier se préparait à le questionner, ma langue est habituée à parler à des sachems.

On lui obéit; une heure plus tard le célèbre Conanchet était en présence de son plus mortel ennemi.

Le lieu de l'entrevue était le camp déserté par la bande de Philippe. La plupart des agents actifs de la poursuite s'y trouvaient déjà rassemblés, ainsi que les colons que l'on avait enrôlés dans l'expédition. Les derniers étaient Meek Wolfe, l'enseigne Dudley, le sergent Ring, et une douzaine environ des habitants du village.

Le résultat de l'expédition était déjà répandu. Bien que Métacom, qui en était le but principal, eût échappé, lorsqu'ils apprirent que le sachem des Narragansett était tombé entre leurs mains, il n'y eut pas un individu faisant partie du détachement qui ne se crût largement récompensé de ses fatigues par cette importante capture. Les Mohicans et les Péquods dissimulaient leur exaltation, dans la crainte que l'orgueil de leur prisonnier ne fût flatté du haut prix qu'ils attachaient à sa personne; mais les Européens se groupaient autour du prisonnier, et ne cherchaient pas à déguiser leur satisfaction. Cependant, comme il s'était rendu à un Indien, ils affectèrent d'abandonner le chef à la clémence de ses vainqueurs. Peut-être cachaient-ils aussi quelque profond calcul de politique dans cet acte apparent de justice.

Lorsque Conanchet fut placé au centre de ce cercle de curieux, il se trouva aussitôt en présence du chef principal de la tribu des Mohicans; c'était Uncas, le fils de cet Uncas dont la fortune, secondée par les blancs, avait triomphé de celle de son propre père, l'infortuné mais noble Miantonimoh. Le destin venait de décréter que la même étoile fatale qui avait présidé aux infortunes de l'ancêtre étendrait sa funeste influence jusqu'à la seconde génération.

La race des Uncas, bien qu'affaiblie et dépouillée d'une partie de sa grandeur primitive par une fausse alliance avec les Anglais, conservait encore toutes les nobles qualités de l'héroïsme sauvage. Celui qui s'avançait pour recevoir le prisonnier était un guerrier d'âge moyen, de proportions régulières et d'un aspect grave et fier, doué d'un regard et d'une physionomie exprimant les traits contradictoires du caractère qui rendent le guerrier indien aussi admirable qu'effrayant. Les chefs rivaux ne s'étaient encore rencontrés que dans le tumulte du combat. Ils restèrent quelques instants silencieux, admirant chacun les belles proportions, le regard d'aigle, le port majestueux et la sévère gravité de l'autre avec une secrète admiration, mais avec un calme impassible qui cachait entièrement le travail de la pensée. Enfin ils commencèrent à prendre l'un et l'autre le maintien propre au rôle qu'ils allaient jouer dans la scène à venir. La physionomie d'Uncas prit une expression d'ironie triomphante, et celle de son captif plus froide et plus insouciante.

— Mes jeunes gens, dit le premier, ont pris un renard caché sous les buissons. Ses jambes sont longues, mais il n'a pas eu le courage de s'en servir.

Conanchet croisa ses bras sur sa poitrine, la limpidité de son regard semblant dire à son ennemi que ces lieux communs étaient indignes de tous deux. L'autre en comprit sans doute le sens où des sentiments plus nobles prévalurent, car il ajouta avec plus de dignité :

— Conanchet est-il las de la vie, qu'il la jette ainsi dans les mains des Péquods ?

— Mohican, dit le chef narragansett, on m'a vu déjà au milieu des tiens; qu'Uncas fasse le compte de ses guerriers, il trouvera qu'il en manque quelques-uns.

— Il n'en reste pas de tradition parmi les Indiens des îles, dit l'autre en adressant un regard d'ironie aux chefs qui l'entouraient. Ils n'ont jamais entendu parler de Miantonimoh; ils ne connaissent pas de champ de bataille qui porte le nom du sachem !

La physionomie du prisonnier s'altéra; elle parut un moment s'assombrir comme si un nuage passait sur son front, puis ses traits rentrèrent aussitôt dans leur dignité première. Son vainqueur épiait attentivement l'effet produit par ses paroles, lorsqu'il crut voir que la nature allait l'emporter. Une joie farouche éclaira son regard, mais aussitôt que le Narragansett eut recouvré son sang-froid il affecta de ne plus penser à cette tentative devenue infructueuse.

— Si les hommes des îles savent peu de chose, continua-t-il, il n'en est pas de même des Mohicans. Il y avait autrefois un grand sachem parmi les Narragansett ; il était plus sage que le castor, plus agile que le daim et plus rusé que le renard rouge ; mais il ne savait pas prévoir le lendemain. D'insensés conseillers lui dirent de marcher dans le sentier de la guerre contre les Péquods et les Mohicans. Il perdit sa chevelure. Elle est suspendue à la fumée de mon wigwam. Nous verrons si elle reconnaîtra la chevelure de son fils Narragansett. Voici les sages des Visages-Pâles ; ils te parleront. S'ils t'offrent une pipe, tu fumeras, car le tabac manque dans ta tribu.

Uncas s'en alla laissant son prisonnier entre les mains des alliés blancs pour en être interrogé.

— Voilà le regard de Miantonimoh, sergent Ring, fit observer l'enseigne Dudley à son beau-frère, après avoir étudié les traits du prisonnier. Je reconnais l'œil et la démarche du père dans le jeune sachem. Il y a plus, sergent Ring, ce sont les mêmes traits que ceux du jeune garçon que nous avons trouvé dans les champs il y a une douzaine d'années et que nous avons tenu assez longtemps en cage comme une jeune panthère. As-tu oublié, Reuben, cette terrible nuit, et le garçon, et la forteresse ? Une fournaise n'est pas plus ardente que ne l'était la pile derrière laquelle nous étions réfugiés avant de nous retirer sous terre.

Le silencieux milicien comprit les allusions décousues de son parent, et il reconnut bientôt lui-même l'identité de leur prisonnier avec le jeune Indien qu'il avait eu si longtemps devant les yeux. Son honnête visage exprimait tout à la fois la surprise, l'admiration et le regret. Cependant, comme ni l'un ni l'autre de ces deux individus n'était le principal personnage de la troupe, ils restèrent observateurs silencieux et attentifs de ce qui allait se passer.

— Adorateur de Baal ! commença la voix sépulcrale du ministre, il a plu au roi des cieux et de la terre de protéger son peuple. Le triomphe de ton mauvais génie a été court, et l'heure du jugement est arrivée.

Ces paroles solennelles parurent s'adresser aux oreilles d'un sourd. Conanchet, prisonnier et mis en présence de son mortel ennemi, n'était pas homme à laisser fléchir son courage. Il regarda froidement l'orateur, et l'œil le plus exercé n'eût pu découvrir qu'il comprît un mot de la langue anglaise. Trompé par le stoïcisme du prisonnier, Meek murmura quelques mots d'indignation sur la nature indomptable des païens et abandonna celui-ci à la discrétion de ceux qui avaient reçu la mission de décider de son sort.

Bien qu'Eben Dudley fût l'officier principal dans cette petite expédition de la vallée, il était accompagné par les autorités investies de a pouvoirs civils et prédominant dans tout ce qui n'appartenait pas exclusivement aux devoirs de sa charge. Des commissaires, choisis par le gouvernement de la colonie, avaient suivi le détachement avec pleins pouvoirs de disposer de Philippe, si, comme on l'espérait, ce chef redouté tombait dans les mains des Anglais. Ce fut à ces juges improvisés que le sort de Conanchet fut livré.

Nous n'interromprons pas notre récit pour nous arrêter sur les particularités du conseil. La question fut gravement examinée et résolue avec le sentiment profond et consciencieux d'hommes investis d'une haute responsabilité. La délibération dura plusieurs heures et fut ouverte et close par les prières solennelles de Meek, qui prononça lui-même le jugement à l'accusé.

— Les hommes sages de mon pays se sont consultés, dit-il, sur le sort de ce Narragansett, et leurs esprits ont mûrement réfléchi sur ce sujet. Si la conclusion porte le cachet de l'utilité du moment, tous ici présents devront se rappeler que les intérêts des hommes sont si intimement liés aux divines intentions de la Providence, qu'ils semblent extérieurement à l'œil humain être tout à fait inséparables. Mais nous avons suivi les impulsions de notre conscience et ses principes régulateurs, c'est-à-dire notre parole à ton égard et envers tous ceux qui sont les soutiens de l'autel dans ces régions sauvages. Et voici notre décision : Nous livrons le Narragansett à ta justice, puisqu'il est reconnu que tant qu'il restera libre, ni toi, qui es devenu un faible pilier de l'Église, ni nous, qui en sommes les humbles et indignes serviteurs, ne nous croirons en sûreté. Prends-le et traite-le selon que tu en décideras dans ta sagesse. Nous n'imposons de bornes à ton pouvoir que dans deux choses. Il n'est pas bien qu'un être né humain et doué de la sensibilité de l'homme, souffre dans sa chair plus qu'il n'est nécessaire à l'exécution d'un jugement. Nous décrétons en conséquence que ton prisonnier ne sera pas soumis à la torture; et pour assurer l'observation de ce décret charitable, deux des nôtres l'accompagneront jusqu'au lieu de l'exécution, toujours en admettant que ton intention soit de lui infliger la mort. La seconde condition de cette concession à une impérieuse nécessité est qu'un ministre soit présent afin que le patient quitte ce monde accompagné des prières d'un ministre de la religion et dont la voix est accueillie aux pieds du trône du Tout-Puissant.

Le chef mohican écouta la sentence avec une profonde attention. Lorsqu'il entendit qu'on lui enlevait la satisfaction d'éprouver ou même de vaincre le courage de son ennemi, un nuage épais obscurcit son brun visage. Mais la puissance de sa tribu était depuis longtemps éteinte, et la résistance n'eût produit aucun résultat, comme la plainte eût été trahir sa faiblesse. Les conditions furent donc acceptées, et les Indiens se préparèrent à l'exécution de la sentence.

Ces individus n'avaient que peu de principes contradictoires à apaiser et aucune subtilité à mettre en pratique pour retarder la décision. Droits, courageux et simples dans leurs habitudes, ils se contentèrent de recueillir les voix des chefs et de transmettre au captif leur décision. La fortune avait fait tomber dans leurs mains un ennemi implacable, et ils croyaient que leur propre conservation exigeait qu'il mourût. Peu leur importait qu'il eût été pris les armes à la main, ou qu'il se fût livré sans défense. Il n'ignorait pas le sort qui l'attendait en faisant sa soumission, et il avait sans doute consulté sa dignité plus que leur intérêt, en jetant ses armes. Ils prononcèrent donc la sentence de mort pour se conformer à la décision de leurs alliés, qui n'avaient défendu que la torture.

Dès que la décision fut communiquée aux commissaires, ils s'éloignèrent, cherchant à apaiser les cris de leur conscience par les subtilités confuses de leur doctrine. Ingénieux casuites, la plupart dans leur retour à l'établissement se convainquirent qu'ils avaient plutôt manifesté une généreuse intervention qu'exercé un acte direct de cruauté.

Pendant les deux ou trois heures que durèrent les préparatifs solennels en usage, Conanchet, assis sur un fragment de rocher, suivait tous les détails d'un regard attentif mais froid, troublé à de rares intervalles par une teinte mélancolique. La lecture de la sentence ne l'avait pas fait sourciller, et son calme ne se démentit pas lorsque les Visages-Pâles s'éloignèrent. Son esprit parut se réveiller lorsque Uncas, suivi de ses hommes et des deux contrôleurs chrétiens, se rapprocha de lui.

— Mon peuple a décidé qu'on ne laisserait plus de loups errer dans les bois, dit Uncas ; et il a ordonné à nos jeunes gens d'abattre le plus affamé de tous.

— C'est bien ! répondit froidement le captif.

Un éclair d'admiration et de pitié peut-être traversa la sombre physionomie d'Uncas en contemplant le calme de sa victime. Un moment son projet en fut ébranlé.

— Les Mohicans sont une grande tribu ! ajouta-t-il, et la race d'Uncas s'éclaircit. Nous peindrons notre frère de telle sorte que les Narragansett menteurs ne le reconnaîtront plus, il quittera les îles pour devenir un guerrier de la terre ferme.

Ce retour de son ennemi produisit un semblable effet sur le caractère généreux de Conanchet. La fierté de son regard l'abandonna, et son œil devint doux et humain. Une pensée profonde parut errer de son front à ses lèvres, qui s'agitèrent d'une manière presque imperceptible, puis il parla :

— Mohican, dit-il, tes jeunes gens sont-ils si pressés ? Ma chevelure sera celle d'un grand chef demain comme aujourd'hui. S'ils frappent leur prisonnier en ce moment, ils ne pourront pas prendre plus d'une chevelure.

— Conanchet a-t-il donc oublié quelque chose, qu'il n'est pas encore prêt ?

— Sachem, il est toujours prêt. Mais..... Il s'arrêta, sa voix trembla.....

— Un Mohican ne vit pas seul ?

— Combien le Narragansett demande-t-il de soleils ?

— Un seul : quand l'ombre de ce pin pointera sur le ruisseau, Conanchet sera prêt. Il étendra sur cette ombre ses mains désarmées.

— Va, dit Uncas avec noblesse ; j'ai la parole d'un sagamore.

Conanchet se détourna, et traversant la foule silencieuse, il se perdit bientôt dans les profondeurs de la forêt.

CHAPITRE XXXII.

La nuit qui suivit fut sombre et mélancolique. La lune, presque à son apogée, était sillonnée de lourdes vapeurs qui traversaient l'espace, s'ouvrant à intervalles et laissant glisser sur la scène de pâles et courts rayons. Le vent du sud gémissait à travers la forêt, et sa voix discordante soufflait parfois des cris d'angoisse sous les feuilles et les plantes. A l'exception de ces bruits imposants de la nature, un silence solennel régnait autour du village de Wish-ton-Wish. Au moment où nous reprenons l'action de notre légende, il y avait une heure que le soleil était descendu sous l'horizon touffu de la forêt voisine, et les habitants simples et laborieux du village étaient déjà ensevelis dans le sommeil.

Quelques lumières brillaient encore aux vitres de la maison d'Heathcote. L'activité ordinaire régnait dans les étages intérieurs, tandis que le calme du repos se faisait remarquer aux appartements supérieurs. Un promeneur solitaire était resté sur la place; Marc Heatcote arpentait la longue et étroite terrasse, comme impatienté par quelque obstacle à ses désirs.

L'inquiétude du jeune homme fut de courte durée, car au bout de quelques minutes de promenade une porte s'ouvrit, et deux ombres timides et légères glissèrent hors de la maison.

— Tu n'es pas venue seule, Marthe, dit le jeune homme d'un air contrarié, je t'ai prévenue que ce que j'avais à te dire n'était que pour tes oreilles.

— C'est notre Ruth. Tu sais, Marc, qu'il ne faut pas la laisser seule, parce qu'on craint qu'elle ne se sauve dans la forêt. Elle est comme la gazelle à moitié apprivoisée, prête à bondir et fuir au premier son familier de la forêt. J'ai même peur que nous ne nous éloignions trop.

— Ne crains rien; ma sœur berce son enfant, elle ne pense pas à fuir. Je suis là pour l'en empêcher si elle s'y hasardait. Parle-moi franchement, Marthe, et dis-moi si réellement les visites d'Hartfort te firent moins de plaisir que ne l'ont cru tes amis.

— Ce que j'ai dit ne peut se démentir.

— Mais on peut le regretter.

— Je n'évalue pas parmi mes défauts l'indifférence que je puis avoir pour le jeune homme. Je suis trop heureuse au sein de cette famille pour désirer la quitter. Et maintenant que notre sœur..... Marc, j'entends quelqu'un lui parler...

— Ce n'est que l'idiot, répondit le jeune homme regardant à l'extré-tréminité de la terrasse. Ils causent souvent ensemble. Whital revient.

des bois, où il va volontiers se promener une heure tous les soirs. Tu disais que maintenant que nous avons notre sœur...

— Je désire moins changer de demeure...

— Alors pourquoi ne pas rester pour toujours avec nous, Marthe ?

— Écoute, interrompit sa compagne, qui, bien que comprenant ce qu'il lui disait, reculait avec la timidité d'une nature féminine devant une déclaration qu'elle attendait depuis longtemps : écoute, j'entends du bruit. Ah ! Ruth et Withal sont en fuite.

— Ils cherchent à amuser l'enfant, et sont près des ouvrages extérieurs.

— Alors pourquoi ne pas accepter le droit de rester toujours?

— Cela ne se peut pas, Marc, s'écria-t-elle retirant sa main de son étreinte. Ils se sauvent !

Marc quitta à regret la main qu'il avait prise et suivit la jeune fille à l'endroit où sa sœur s'était assise. Elle était réellement partie, quoique peu de minutes se fussent écoulées avant que Marthe crût sérieusement qu'elle voulût fuir. Leur trouble rendit la recherche incertaine et mal dirigée ; peut-être éprouvaient-ils un secret désir de prolonger l'entrevue, reculant ainsi le moment de donner l'alarme. Lorsqu'ils le firent enfin, il était trop tard. Les champs battus, les jardins, les vergers parcourus en tous sens ne donnèrent aucune trace des fugitifs. Il fallait renoncer à pénétrer dans la forêt pendant l'obscurité, et tout ce qui restait raisonnablement à faire fut d'établir une garde d'observation pendant la nuit, pour reprendre les recherches avec plus d'activité et de chances de succès le lendemain matin.

Mais longtemps avant le lever du soleil, la petite troupe traversait les bois à une telle distance de la vallée que les plans de la famille étaient devenus inutiles. Conanchet dirigeait la marche à travers d'innombrables détours, des cours d'eau et de profondes vallées qui eussent déjoué la poursuite la plus active. Sa compagne le suivait silencieusement, Whital fermait la marche, portant l'enfant sur son dos. Les heures s'écoulèrent sans qu'une seule parole s'échappât des lèvres de l'un ou de l'autre. Une fois ou deux ils s'arrêtèrent auprès d'une source où l'eau filtrait limpide des fissures d'un rocher; ils se désaltéraient dans le creux de leur main, et reprenaient leur marche silencieuse.

Enfin Conanchet s'arrêta. Il étudia gravement la position du soleil et les différents sites de la forêt. Pour un œil inexpérimenté les arcades voûtées des arbres, le sol jonché de feuilles et l'uniformité des arbres eussent semblé partout les mêmes. Mais il n'était pas aisé de tromper un habitué des bois. Satisfait de l'heure et du progrès qu'il avait fait, le chef fit signe à ses deux compagnons de prendre place à ses côtés sur un fragment de rocher qui sortait sa tête sur un des côtés de la montagne.

Ils restèrent longtemps ainsi silencieux. Le regard de Narrah-Mattah cherchait celui de son époux, comme la femme habituée à respecter les ordres qu'elle a l'habitude d'observer. Mais elle se taisait. L'idiot déposa l'enfant aux pieds de sa mère, et imita sa réserve.

— L'air des bois est-il agréable au Chèvrefeuille, après qu'elle a vécu dans le wigwam de son peuple? demanda Conanchet rompant enfin le silence. La fleur qui s'est éclose au soleil peut-elle aimer l'ombre?

— Une femme des Narragansettest plus heureuse dans la hutte de son époux.

L'œil du chef la contempla avec affection et retomba doux et plein de bienveillance sur les traits de l'enfant déposé à leurs pieds. Un instant un sentiment d'amère mélancolie plissa son front.

— L'Esprit qui créa la terre est très-fin, continua-t-il. Il a su où planter la ciguë et le chêne. Il a donné au chasseur indien le daim et le cerf, et au Visage-Pâle le bœuf et le cheval. Chaque tribu possède ses chasses et son gibier. Les Narragansett connaissent le goût de la patate, pendant que les Mohawks mangent les baies de la montagne. Tu as vu l'arc brillant qui couvre le ciel, Narrah-Mattah, et les nombreuses couleurs dont il se compose comme la peinture sur le visage d'un guerrier. La feuille de la ciguë ressemble à la feuille du sumac, le frêne au noisetier, le noisetier au tilleul, et le tilleul à l'arbre aux larges feuilles, qui porte le fruit rouge dans les défrichements des Anglais; mais l'arbre du fruit rouge ne ressemble pas à la ciguë. Conanchet est une tige haute et droite de la ciguë, et le père de Narrah-Mattah est un arbre de la plaine qui porte le fruit rouge. Le grand Esprit fut en colère lorsqu'ils grandirent ensemble.

La sensible femme ne comprit que trop la nature des allusions de son époux. Dissimulant néanmoins la douleur qu'elle éprouvait, elle répondit avec la vivacité d'une femme dont l'imagination est stimulée par l'affection :

— Conanchet a dit vrai. Mais les Anglais ont mis la pomme de leur propre terre sur l'aubépine de nos bois, et le fruit est bon !

— Il est comme cet enfant, dit le chef en désignant son fils, ni rouge ni blanc. Non, Narrah-Mattah, le sachem lui-même doit obéir aux ordres du grand Esprit.

— Conanchet prétendrait-il que ce fruit n'est pas bon? dit la femme élevant sous les yeux du père le souriant enfant.

Le cœur du guerrier était ému. Penchant sa tête, il imprima un baiser sur les lèvres de l'enfant comme l'eût fait le plus tendre des pères. Il parut un moment se complaire aux espérances que donnait l'enfant. Mais en levant la tête, son regard rencontra un rayon de soleil, et l'expression de sa physionomie changea tout à coup. Faisant signe à sa femme de poser l'enfant à terre, il se tourna vers elle et continua d'un ton solennel.

— Que la langue de Narrah-Mattah s'exprime sans crainte. Elle a habité les huttes de son père, elle a goûté de leurs richesses. Son cœur est-il content ?

La jeune femme réfléchit. Cette question réveillait en elle tous les souvenirs d'enfance, la tendre sollicitude et ces sympathies douces dont elle avait tout récemment encore été l'objet. Mais ces sentiments ne durèrent qu'un instant, et sans oser lever les yeux pour affronter le regard fixe et inquiet du chef, elle répondit d'une voix ferme et humble :

— Narrah-Mattah est épouse.

— Alors elle écoutera les paroles de son époux. Conanchet n'est plus un grand chef. Il est le prisonnier des Mohicans. Uncas l'attend dans les bois.

Malgré la déclaration qu'elle venait de faire, la jeune femme n'apprit pas ce malheur avec la fermeté d'une Indienne. Ses oreilles se refusèrent à croire à la signification des paroles. La surprise, le doute, l'horreur et l'affreuse certitude l'accablèrent tour à tour, car elle était trop bien formée aux idées et aux coutumes du peuple chez lequel elle avait vécu, pour ne pas comprendre la position dans laquelle se trouvait son époux.

— Le sachem des Narragansett prisonnier du Mohican Uncas ! répéta-t-elle à voix basse, comme si le son de sa voix eût été capable de faire évanouir l'horrible illusion. Non ! Uncas n'est pas un guerrier capable de frapper Conanchet.

— Écoute mes paroles, dit le chef touchant l'épaule de sa femme comme pour la rappeler à la situation présente. Il y a dans ces bois un Visage-Pâle qui est un vieux renard. Il cache sa tête des Anglais. Quand son peuple fut sur sa piste, hurlant comme des loups affamés, cet homme se confia à un sagamore. Ce fut une course rapide, et mon père se fait vieux. Il monta sur un jeune arbre comme un ours, et Conanchet détourna les limiers. Mais il n'est pas un daim. Ses jambes ne peuvent pas toujours courir comme l'eau du torrent !

— Et pourquoi le grand Narragansett a-t-il donné sa vie pour un étranger ?

— Cet homme est brave, répondit avec orgueil le sachem ; il prit une fois la chevelure d'un sagamore.

Narrah-Mattah se tut. Elle succombait sous un étonnement stupide de la vérité.

— Le grand Esprit voit que l'homme et la femme sont de différentes tribus, reprit-elle enfin. Il veut n'en faire qu'un seul peuple. Que Conanchet quitte les bois pour habiter la plaine avec la mère de son enfant. Son père blanc sera content, et le Mohican Uncas n'osera pas le suivre.

— Femme, je suis un sachem et un guerrier au milieu de son peuple.

Il y avait dans la voix de Conanchet une expression de sévère mécontentement qu'elle n'avait jamais encore entendue. Il parlait en chef plutôt qu'avec cette mâle douceur à laquelle il l'avait habituée. Ses paroles envahirent son cœur comme le froid d'un poignard, et la rendirent muette. Le chef resta assis un moment encore, conservant son attitude impérieuse, puis se levant, il montra du doigt le soleil, et fit signe à ses compagnons de le suivre. Au bout d'un temps qui parut très-court à l'épouse affligée, ils tournèrent une colline, et quelques instants plus tard ils étaient en présence d'un groupe d'hommes qui semblaient les attendre. Ce groupe était composé d'Uncas, de deux de ses guerriers les plus vigoureux et les plus farouches, du ministre et d'Eben Dudley.

Franchissant vivement l'espace qui le séparait de son ennemi Conanchet vint se placer au pied de l'arbre fatal. Il montra l'ombre du soleil qui n'avait pas encore tourné la direction de l'est, et croisant ses bras sur sa poitrine nue, il montra un visage insouciant et hautain. Ce mouvement s'accomplit au milieu du plus profond silence.

Le désappointement, une admiration involontaire et la méfiance luttaient sous le masque réservé du sombre visage d'Uncas. Il semblait chercher sur les traits de son terrible ennemi un signe caché de faiblesse. Il n'eût pas été facile de découvrir s'il éprouvait du respect ou du regret de la fidélité du Narragansett. Suivi de ses deux farouches guerriers, le chef examina la position de l'ombre avec la plus scrupuleuse attention, et lorsqu'il ne resta plus le plus léger prétexte de douter de l'exactitude de leur prisonnier, une sourde exclamation de plaisir partit de la poitrine de chacun. En juge prudent, dont l'équité est enchaînée par les précédents légaux, et qui ne trouve plus d'irrégularité dans les pièces de la procédure, le Mohican fit signe aux hommes blancs d'approcher.

— Homme d'une nature sauvage et indomptable, commença Meek Wolfe de sa voix ascétique et grondeuse, la dernière heure de ton existence touche à sa fin ! Le jugement a suivi son cours, la balance de la justice a décidé de ton sort, mais la charité chrétienne est infatigable. Nous ne pouvons résister aux commandements de la Providence, mais nous pouvons en adoucir les effets sur le coupable. Un mandat décerné en toute équité, et rendu imposant par le mystère, te condamne à la mort; mais la volonté de Dieu n'exige rien au-delà. Païen, tu as une âme qui est sur le point de quitter son enveloppe terrestre pour le monde inconnu.

Jusque-là le captif avait écouté avec la courtoisie d'un sauvage lorsqu'il n'est pas provoqué. Il avait même contemplé le paisible enthousiaste et les passions contradictoires et bizarres qu'il trahissait sur son visage avec un certain respect, tel qu'il en eût montré pour les prétendues révélations d'un prophète de sa tribu. Mais lorsque le ministre parla de l'état de l'âme après la mort, son esprit se reporta à la vérité de ses propres croyances. Posant tout à coup un doigt sur l'épaule de Meek, il l'interrompit et dit :

— Mon père oublie que la peau de son fils est rouge; le sentier qui conduit aux chasses éternelles des Indiens justes est là devant lui.

— Barbare! l'esprit des ténèbres et du mal blasphème par ta bouche.

— Ecoute! Mon père a-t-il vu ce qui vient d'agiter le buisson?

— C'est le vent invisible, enfant oisif et idolâtre sous la forme d'un homme!

— Et pourtant mon père lui parle, répondit l'Indien avec le ton grave mais sarcastique de son peuple. Vois, ajouta-t-il avec hauteur et férocité même, l'ombre a quitté la base de l'arbre. Que l'homme rusé des Visages-Pâles se range de côté, le sachem est prêt à mourir.

Meek gémit à haute voix et sincèrement; car, bien que les théories exaltées et les subtilités doctrinaires eussent jeté un voile sur sa raison, les sentiments charitables de l'homme étaient innés en lui. S'inclinant devant ce qu'il prit pour une mystérieuse dispensation de la volonté céleste, il se retira à peu de distance, et s'agenouillant sur un fragment de rocher, sa voix se fit entendre jusqu'à la fin de la triste mission, adressant au ciel de ferventes prières pour l'âme du condamné.

Il n'eut pas plus tôt quitté la place que Uncas fit signe à Dudley d'approcher. Bien que le lizerain fût de nature essentiellement honnête et bonne, ses opinions et ses préjugés appartenaient à son époque. S'il avait appuyé le jugement qui livrait le captif à la merci de ses implacables ennemis, il eut le mérite d'avoir suggéré l'expédient qui épargnait au patient ces raffinements de cruauté que les sauvages étaient toujours disposés à renouveler. Il s'était même offert comme l'un des agents chargés de surveiller le maintien de la proposition, bien que ce rôle convînt peu à ses dispositions naturelles. Le lecteur appréciera donc sa conduite dans cette occasion avec l'indulgence que réclamait la situation de la contrée et les usages du siècle. Il y avait même une répugnance visible sur les traits de ce témoin de la scène, et une disposition toute favorable à l'égard du captif, lorsqu'il s'avança, et s'adressant d'abord à Uncas :

— Une bonne fortune, Mohican, dit-il, favorisée par la protection des Visages-Pâles, a fait tomber entre tes mains ce Narragansett. Sans doute les commissaires de la colonie ont laissé à ta discrétion de disposer de sa vie; il y a une voix au fond du cœur de tout être humain qui devrait être plus forte que celle de la vengeance, et c'est la voix de la miséricorde. Il n'est pas trop tard pour l'écouter. Acceptez la promesse de fidélité du Narragansett; prenez plus encore : gardez en otage cet enfant et sa mère, qui resteront au milieu de nous, et donnez la liberté au prisonnier.

— Mon frère demande avec un esprit ambitieux, dit sèchement Uncas.

— J'ignore ce qui me pousse à vous faire cette demande avec tant d'instance, répondit Dudley; mais il y a de vieux souvenirs et d'anciens services entre moi et cet Indien. Il y a ici aussi une femme qui est liée avec quelques personnes de nos établissements par des liens plus étroits que la simple charité. Mohican, j'ajouterai un présent de poudre et de mousquets, si tu veux écouter la pitié et accepter la parole du Narragansett.

Uncas désigna du doigt le captif et répondit froidement et avec ironie :

— Que Conanchet réponde!

— Tu l'entends, Narragansett. Si tu es l'homme que je pense, tu connais quelques-uns des usages des blancs. Parle, veux-tu jurer de vivre en paix avec les Mohicans et d'enterrer la hache dans le sentier qui sépare vos deux villages?

— Le feu qui brûla les huttes de mon peuple a changé en pierre le cœur de Conanchet. Telle fut la réponse.

— En ce cas je n'ai plus rien à faire qu'à surveiller l'exécution du traité, ajouta Dudley désappointé. Tu as ton caractère, et il n'y a pas possibilité de le changer. Que le Seigneur ait pitié de toi, jeune Indien, et te juge comme il jugera les actes des sauvages.

Il indiqua par un signe à Uncas qu'il n'avait plus rien à dire, et s'éloigna de quelques pas de l'arbre, ses traits exprimant le regret, et son regard veillant strictement à ce que les Peaux-Rouges ne dérogeassent pas aux conventions du traité. En ce moment les farouches sicaires du chef mohican, sur un geste de lui, prirent leur place de chaque côté du patient, attendant le dernier signal pour compléter leur horrible tâche. Dans cet instant solennel il se fit un profond silence, chacun des principaux acteurs paraissant réfléchir une dernière fois sur la gravité de la situation.

— Le Narragansett n'a pas parlé à sa femme, dit Uncas espérant secrètement que son ennemi trahirait quelque faiblesse indigne d'un homme, dans un moment d'épreuve aussi sévère.

— Elle est proche.

— J'ai dit que mon cœur était de pierre, répliqua froidement le Narragansett.

— Vois, la femme rampe comme la poule effrayée qui se cache dans les buissons. Si mon frère Conanchet veut regarder, il verra sa bien-aimée.

La physionomie de Conanchet s'assombrit, mais resta ferme.

— Nous irons dans le fourré, si le sachem a peur de parler à sa femme quand les yeux des Mohicans sont fixés sur lui. Un guerrier n'est pas une fille curieuse; il ne peut pas voir la douleur d'un grand chef.

Conanchet cherchait vivement autour de lui une arme avec laquelle il pût terrasser son ennemi, lorsqu'un doux murmure vint résonner à son oreille, comme pour écarter la colère de son cœur.

— Le sachem veut-il contempler son enfant? C'est le fils d'un guerrier; pourquoi le visage de son père est-il sombre sur lui?

Narrah-Mattah s'était suffisamment rapprochée de son époux pour être à sa portée; elle lui tendit le gage de leur premier bonheur, implorant un dernier regard de reconnaissance et d'amour.

— Le grand Narragansett ne veut-il pas voir son fils? répéta-t-elle, les accents de sa voix adoucis comme les notes basses de quelque touchante mélodie. Pourquoi son visage est-il si sombre pour une femme de sa tribu?

Les traits durs du sagamore mohican se détendirent. Faisant signe à ses farouches sicaires de se retirer derrière l'arbre, il se rejeta en arrière et se promena à distance respectueuse avec la gravité noble d'un sauvage sous l'influence de bons sentiments. Alors un éclair brilla dans le regard de Conanchet; il chercha des yeux sa compagne éplorée, qui redoutait plus encore son mécontentement que le danger qu'il courait; et prenant dans ses bras l'enfant qu'elle lui tendait, il le contempla attentivement. Appelant à lui l'enseigne Dudley, qui seul assistait à cette scène de séparation, il lui remit l'enfant.

— Vois, dit-il, c'est une fleur de la plaine; elle ne croîtra pas à l'ombre.

Son regard se reporta ensuite sur sa compagne. Ce fut un regard d'amour.

— Fleur de la plaine, dit-il, le Manitou de ta race te placera dans les champs de tes pères; le soleil brillera sur toi et les vents d'au-delà du lac salé chasseront les nuages dans les bois. Un juste et grand chef ne doit pas fermer l'oreille au bon Esprit de son peuple. Le mien rappelle son fils pour chasser en compagnie des braves qui ont pris le long sentier; le tien prend une autre direction. Va!... entends sa voix... et obéis! Que ton esprit ressemble à une vaste plaine, dont les ombres restent autour de la forêt; qu'il oublie le rêve qu'il a fait au milieu de ses arbres. Telle est la volonté du Manitou.

— Conanchet demande beaucoup à son épouse; son âme n'est que l'âme d'une femme.

— Une femme des Visages-Pâles. Maintenant, qu'elle retourne à sa tribu. Narrah-Mattah, ton père cite d'étranges traditions. Elles disent qu'un homme juste est mort pour les hommes de toutes les couleurs. Je l'ignore : Conanchet n'est qu'un enfant parmi les savants, et un homme au milieu des guerriers. Si cela est vrai, il cherchera sa femme et son enfant dans le sentier des chasses heureuses, et ils reviendront à lui. Il n'y a pas un chasseur des Anglais qui puisse tuer autant de chevreuils que lui. Narrah-Mattah oubliera son chef jusque-là; et alors elle l'appellera fort par son nom, car il sera content d'entendre de nouveau sa voix. Va!... un sagamore est prêt à partir pour un long voyage. Il prend congé de sa femme avec un cœur oppressé. Elle mettra la petite fleur de deux couleurs sous ses yeux et se réjouira de la voir croître et grandir. Elle peut partir, un sagamore est prêt à mourir.

Sa femme attentive saisit avidement le son cadencé et lent de chaque syllabe, comme les stances d'une légende superstitieuse que chante un ménestrel. Mais, habituée à l'obéissance, et succombant sous la douleur, elle n'hésita plus. Sa tête se pencha sur sa poitrine en quittant son guerrier, et elle cacha sa tête dans les plis de sa robe. Elle passa devant Uncas d'un pied si léger qu'il ne put l'entendre; mais lorsqu'il aperçut sa forme svelte et légère s'éloigner, il étendit un bras. Les terribles muets se montrèrent de nouveau de chaque côté de l'arbre, puis disparurent. Conanchet tressaillit, et il parut vouloir s'élancer en avant, mais se remettant par un effort désespéré, son corps se rejeta en arrière adossé à l'arbre, et il tomba dans l'attitude d'un chef siégeant dans le conseil. Un sourire de triomphe farouche éclaira son visage et ses lèvres remuèrent. Uncas se pencha en avant, retenant sa respiration.

— Mohican! je meurs avant que mon cœur n'ait failli! furent les derniers mots prononcés d'une voix ferme, mais dans le râle de la mort. On entendit deux soupirs prolongés. L'un s'échappait de la poitrine d'Uncas, l'autre était le dernier soupir du dernier sachem de la tribu décimée et dispersée des Narragansett.

Une heure plus tard, les principaux acteurs de la scène qui précède avaient disparu. Il ne restait plus que la veuve Narrah-Mattah, l'enseigne Dudley, le ministre et Whital Ring.

Le corps de Conanchet était toujours à la même place où il avait cessé de vivre, et dans la même posture assise d'un chef dans le conseil. La fille de Ruth et de Content s'était glissée à ses côtés et assise près de lui dans cet état d'insensibilité triste des premiers moments d'une douleur inattendue et accablante, et restait immobile, sans parole, sans sanglots, sans une larme. L'esprit paraissait paralysé, bien que la force du coup qui l'avait frappée fût profondément gravée sur toutes les lignes de son visage. Les couleurs avaient disparu de ses joues, ses lèvres blanches s'agitaient parfois convulsivement, comme l'agitation fébrile de l'enfant pendant le sommeil; parfois son sein se soulevait comme si l'âme renfermée dans son enveloppe terrestre cherchait à la soulever pour s'échapper et prendre son essor. L'enfant abandonné était couché près d'elle, et Withal Ring était venu s'asseoir de l'autre côté du corps.

Les deux agents désignés par la colonie pour assister à la mort de Conanchet contemplaient avec tristesse ce douloureux spectacle. Dès que l'âme du condamné eut quitté le corps, les prières du ministre cessèrent. Mais il y avait dans ses traits plus de charité humaine, et moins de sévérité exagérée qu'il n'en montrait d'ordinaire. Maintenant que le fait était accompli et que l'excitation de ses théories exaltées avait cédé devant le résultat apparent, les doutes venaient de nouveau l'assaillir sur la légalité d'un acte qu'il avait considéré comme une exécution commandée par la nécessité et la justice. L'esprit de Dudley ne succombait pas sous les subtilités de la doctrine et de la loi. Comme il y avait eu moins d'exagération en lui sur la nécessité du jugement, il en envisageait l'accomplissement avec plus de fermeté. Des émotions d'une nature différente agitaient le cœur de ce hardi mais généreux habitant des frontières.

— Ceci a été une triste nécessité et une sévère manifestation de la volonté divine, dit-il, contemplant ce spectacle de mort. Le père et le fils sont morts tous deux en ma présence, et tous deux sont partis pour le séjour éternel d'une manière qui prouve les voies mystérieuses de la Providence. Mais ne vois-tu pas ici dans ces traits qui semblent changés en pierre, une ressemblance avec un visage de connaissance?

— Tu fais allusion à la femme du capitaine Content Heathcote.

— Sans doute. Il n'y a pas assez longtemps que tu habites le Crapaud-Volant pour te rappeler les traits de cette dame dans sa jeunesse. Mais pour moi, l'heure où le capitaine conduisait sa troupe dans le désert m'a semblé une matinée de la saison dernière. J'étais alors actif et vigoureux de corps, et un peu léger d'esprit; c'est le jour où je fis connaissance avec la femme qui est aujourd'hui la mère de mes enfants. J'ai bien vu des femmes charmantes dans ma vie, mais jamais d'aussi agréables que le fut celle du capitaine jusqu'au jour de l'incendie. Tu as souvent entendu parler de la perte qu'elle fit alors, et à partir de ce moment sa beauté n'a plus ressemblé qu'à la feuille d'automne. Maintenant regarde ce visage éploré, et dis-moi si ce n'est pas une image aussi exacte que celle qui se reproduit dans les eaux : j'aurais juré que c'était l'œil triste et désolé de la mère elle-même.

— La douleur est venue accabler lourdement cette innocente victime, murmura Meek avec douleur. La voix doit s'élever en prières pour elle...

— Ecoute... il y a du monde dans la forêt; j'entends le craquement des feuilles.

— La voix du Créateur fait murmurer les vents, et leur souffle anime la nature.

— Ce sont des êtres vivants! Heureusement ce sont des amis, et nous n'aurons plus de carnage. Le cœur d'un père dirige sa marche dans la bonne voie.

Dudley laissa tomber son mousquet à son côté et tous deux demeurèrent dans une attitude respectueuse, attendant l'arrivée de ceux qui s'avançaient. Ils s'arrêtèrent du côté opposé à l'arbre où Conanchet avait reçu la mort. L'énorme dimension du pin et ses racines noueuses cachaient le groupe accroupi à sa base; mais les fortes statures de Meek et de l'enseigne furent bientôt aperçues, et celui qui conduisait les nouveaux arrivants se dirigea de ce côté.

— Si comme tu le supposes le Narragansett a de nouveau conduit dans la forêt celle que tu as si longtemps pleurée, dit Soumission, qui servait de guide aux survenants, nous sommes à une courte distance du lieu où il se tient. Il avait donné rendez-vous au sanguinaire Philippe près de ce rocher, et l'endroit où il me sauva par sa tendre sollicitude une existence inutile et décolorée, est au cœur de ce bouquet d'arbres qui borde le ruisseau. Le ministre et notre robuste ami l'enseigne pourront nous donner d'autres renseignements sur son compte.

L'orateur s'arrêta à quelques pas de ceux qu'il venait de nommer, mais toujours du côté opposé à l'arbre au pied duquel gisait le cadavre. Il s'était adressé à Content, qui s'arrêta aussi pour attendre l'arrivée de Ruth, restée en arrière, soutenue par son fils et escortée par Foi et le médecin, tous équipés comme pour une excursion dans la forêt. Le cœur de la mère avait soutenu ses forces pendant de longues heures, mais sa marche commençait à devenir pénible, lorsque enfin ils aperçurent heureusement des vestiges humains un peu avant leur rencontre avec les deux colons.

Bien que les intérêts qui préoccupaient les deux partis fussent de la plus haute importance pour chacun, la rencontre ne causa pas d'abord un vif étonnement de part et d'autre. Une excursion dans la forêt n'avait rien de nouveau pour eux. La vue de Soumission ne causa même aucune surprise.

— Nous sommes à la piste d'une jeune gazelle qui a cherché de nouveau l'abri des bois, dit Content. Notre chasse était incertaine, et eût été inutile peut-être, car il y a tant de traces de pas dans la forêt, si la Providence ne nous avait pas conduits par la main de notre ami, qui connaît la situation probable du camp indien. N'as-tu pas rencontré le sachem des Narragansett, Dudley? et où sont ceux que tu conduisais contre le rusé Philippe? Nous avons entendu dire que tu l'avais surpris lui et sa bande, mais nous n'avons rien appris sur le succès de ton entreprise. Le Wampanoag t'a-t-il échappé? L'esprit des ténèbres qui l'inspire dans ses desseins l'a protégé jusqu'à la fin. Autrement son sort eût été celui qu'un esprit plus digne que lui a dû subir.

— De qui parles-tu?... Mais qu'importe. Nous cherchons notre enfant. Celle que tu as connue et que tout récemment encore tu as retrouvée parmi nous a disparu de nouveau; nous la cherchons au camp de celui qui a été son époux... N'as-tu pas, Dudley, rencontré le Narragansett?

L'enseigne regarda Ruth comme jadis il avait contemplé les traits pleins de tristesse de la femme; mais il ne répondit pas. Meek avait les bras croisés sur sa poitrine et paraissait prier intérieurement. Il y eut cependant une voix qui rompit le silence par ses accents bas et menaçants.

— Ce fut un acte sanguinaire! murmura l'idiot. Le menteur Mohican a frappé un grand chef par derrière. Qu'il arrache avec ses ongles les empreintes de ses mocassins, comme un renard qui se cache, car quelqu'un suivra sa trace avant qu'il ait caché sa tête. Nipset sera un guerrier aux neiges prochaines.

— Mon frère insensé a parlé, s'écria Foi s'avançant vers le groupe... Elle se recula aussitôt, cachant sa tête dans ses mains et fléchissant jusqu'à terre par la violence de la surprise.

Quoique le temps suivît sa marche régulière, il parut aux témoins de la scène qui eut lieu, comme si les émotions de nombreux jours se fussent rassemblées dans l'espace d'une minute. Nous ne nous arrêterons pas aux premiers élans de douleur que causa cette horrible découverte.

Une demi-heure suffit pour instruire chacun de ce qu'il lui importait de savoir. Nous reprendrons notre récit à la fin de cette reconnaissance.

Le corps de Conanchet était toujours adossé à l'arbre, ses yeux ouverts et glacés par la mort; mais le front plissé, la lèvre comprimée et les narines ouvertes respiraient encore la fermeté hautaine qu'il avait montrée dans les derniers moments de sa vie. Ses armes étaient déposées à ses côtés, mais une de ses mains crispées semblait encore tenir le tomahawk, tandis que l'autre avait perdu sa force en s'élevant vers la ceinture vide du poignard affilé. Ces deux mouvements avaient été sans doute involontaires; car, à tous égards, son attitude exprimait la dignité et le repos. A côté de lui, était assis le guerrier imaginaire qui conservait toujours sa place; la colère et le mécontentement paraissaient à travers la triste suffisance de ses traits.

Les autres personnes étaient rassemblées autour de la mère et de sa fille prosternée. Toutes les sensations semblaient détournées de tout autre objet pour se concentrer sur cette dernière. On avait quelque raison de craindre que ce dernier coup n'eût soudain dérangé quelque partie du mécanisme mystérieux qui rattache l'âme au corps. Cet effet redouté semblait plutôt devoir prendre son effet par un relâment complet du système que par un symptôme violent et compréhensible.

Le pouls battait encore, mais lourdement, et comme les évolutions irrégulières et lentes du moulin, lorsque la brise faiblit peu à peu. Son visage était pâle et pétrifié dans une expression de douleur muette, que rendait plus éloquente encore l'immobilité de ses lèvres et de tout son corps; parfois seulement un tic nerveux trahissait encore les convulsions secrètes et la conscience de son malheur.

— Ceci surpasse ma science, dit le docteur Ergot après avoir longtemps étudié les pulsations de l'artère; il y a un mystère dans la construction du corps, dont la science humaine n'a pas encore soulevé le voile. Le cours de la vie s'arrête quelquefois d'une manière incompréhensible, et voici un cas à confondre les plus savants dans notre art, même dans les pays les plus civilisés de la terre. Ma destinée m'a fait voir bien des êtres entrer dans ce monde et quelques-uns seulement en partir, et pourtant je crois pouvoir prédire qu'en voici une prête à quitter son enveloppe avant que le nombre naturel de ses jours ait été rempli.

— Implorons l'assistance de l'Être qui ne doit jamais mourir, de Celui qui a ordonné cet événement depuis le commencement des siècles, dit Meek faisant signe à ceux qui l'entouraient de se joindre à lui pour prier.

Le ministre éleva la voix, sous les arcades de la forêt, en une prière ardente, pieuse et éloquente. Ce devoir solennel accompli, l'attention se reporta sur l'infortunée. A leur grande surprise, le sang refluait vers son visage et ses yeux reluisaient d'une expression de calme et de félicité. Elle fit signe qu'on l'aidât à se lever, afin qu'elle pût mieux contempler tous ceux qui l'entouraient.

— Nous reconnais-tu? demanda Ruth tremblante; regarde tes amis, ma pauvre fille si longtemps regrettée! Celle qui t'implore s'est réjouie des plaisirs de ton jeune âge et a partagé tes premières afflictions d'enfance. Dans ce moment solennel souviens-toi des leçons de ton enfance. En vérité, en vérité, le Dieu qui t'a pris sous sa sauvegarde, bien qu'il t'ait guidée sur un sentier impénétrable et mystérieux, ne t'abandonnera pas! Pense à l'instruction de ton enfance fille de mon amour; bien que faible d'esprit, la tige peut encore revivre, quoiqu'elle ait longtemps souffert sur une terre inconnue au culte du Très-Haut.

— Mère! répondit une voix faible et tremblante. Le mot parvint à l'oreille de chacun et produisit un redoublement général d'attention. Le son était doux, presque enfantin, mais clair et intelligible.

Mère! pourquoi sommes-nous dans la forêt? continua-t-elle, nous a-t-on volé notre maison, que nous demeurons sous les arbres?

Ruth leva la main pour supplier que personne ne détruisît l'illusion.

— La nature a réveillé les souvenirs de sa jeunesse, dit-elle à voix basse; que son âme quitte la terre, si telle est la volonté du Très-Haut, dans toute la sainteté de sa jeune innocence!

— Pourquoi Marc et Marthe s'arrêtent-ils? continua la jeune femme. Il n'est pas prudent, tu le sais, mère, de s'aventurer loin dans la forêt. Les sauvages peuvent avoir quitté leurs villages, et l'on ne sait pas les malheurs qui pourraient arriver aux imprudents.

Un gémissement s'échappa de la poitrine de Content, et sa main musculeuse s'appesantit sur l'épaule de sa femme, qui n'en sentit pas la douleur, tant elle était absorbée dans la contemplation de cette scène.

— J'en ai dit autant à Marc, mère, car il ne se souvient pas toujours de tes conseils, et les enfants aiment tant à se promener ensemble! Mais Marc est habituellement bon; ne le gronde pas s'il s'éloigne trop parfois; n'est-ce pas, bonne mère, que tu ne le gronderas pas?

Le jeune homme détourna la tête, car, même en ce moment suprême, l'orgueil de son adolescence le portait à cacher sa faiblesse.

— As-tu prié aujourd'hui, ma fille? dit Ruth s'efforçant de paraître calme. Tu ne dois pas oublier tes devoirs envers Dieu, bien que nous soyons sans demeure au cœur des bois.

— Je vais prier, mère, dit la pauvre créature toujours en proie à cette mystérieuse hallucination et cherchant à cacher sa tête sur les genoux de Ruth. Son désir fut exaucé, et pendant un instant elle répéta dans ces mêmes accents bas et enfantins les paroles d'une prière appropriée aux premiers jours de son enfance. Les sons, bien que faibles, parvinrent distinctement aux oreilles des auditeurs et furent suivis d'un repos sanctifié. Ruth souleva le corps de son enfant, dont les traits respiraient un doux sommeil. La vie errait sur ses lèvres comme la dernière lueur sur la torche mourante. L'angoisse de la mère fut un moment apaisée par un sourire d'intelligence et d'amour. Les yeux doux de la jeune femme errèrent de l'un à l'autre, donnant à chacun un signe de reconnaissance. Lorsqu'ils s'arrêtèrent sur Wital, ils prirent une expression de doute; mais ils devinrent tout à coup fixes et immobiles en face de l'air morne, mais imposant et fier encore, du chef. La crainte, le doute et les souvenirs semblèrent lutter ensemble. Ses mains tremblèrent convulsivement et elle se cramponna à la robe de Ruth.

— Mère! mère! murmura la triste victime de tant d'émotions diverses, je veux encore prier; un malin esprit m'obsède.

Ruth comprit le sens de cette étreinte et entendit quelques paroles inintelligibles de prière, puis la voix se tut et la main se détendit. Lorsque l'on eut éloigné la mère presque insensible, les deux cadavres semblèrent se regarder l'un l'autre avec une mystérieuse et céleste intelligence. Le regard du Narragansett était toujours, comme dans ses heures de fierté, hautain et provocateur, tandis que celui de la douce créature qui avait si longtemps vécu de sa bonté était embarrassé et timide, mais empreint d'espérance. Un calme solennel succéda; et lorsque Meek éleva de nouveau la voix dans la forêt, ce fut pour prier le Tout-Puissant, régulateur du ciel et de la terre, de répandre sa grâce divine sur les survivants.

CONCLUSION.

Les changements opérés depuis un siècle et demi sur ce continent sont merveilleux. Des villes entières se sont élevées là où la nature n'était qu'un désert, et nous avons de bonnes raisons de croire qu'une cité florissante couvre l'endroit où Conanchet reçut le coup de la mort. Mais, bien que le pays ait subi une aussi rapide transformation, la vallée où s'est passée cette légende est très-peu changée. Le hameau est devenu village, les fermes sont mieux cultivées, les demeures agrandies et plus confortables; les forts, les garnisons et tous les signes de crainte d'invasion ont disparu depuis longtemps; mais le lieu reste toujours isolé, peu connu, et fortement empreint des marques distinctives de son origine champêtre.

Un descendant de Marc et de Marthe est actuellement possesseur de la propriété sur laquelle les nombreux incidents de notre simple histoire se passèrent. Le bâtiment qui fut la seconde habitation de son aïeul est en partie debout, bien que des changements et des agrandissements en aient notablement changé la forme. Les vergers, qui en 1675 étaient jeunes et productifs, sont actuellement vieux et sans rapport. Les arbres ont donné une renommée à ces variétés de fruits dont le sol et le climat ont doté en abondance les habitants de ce séjour. On les conserve en souvenir des scènes terribles qui eurent lieu sous leurs ombrages, et qui rattachent à leur existence un intérêt profond de curiosité. Les ruines de la forteresse sont encore visibles. A leur pied est la dernière demeure de tous les Heathcote qui ont vécu et qui sont morts depuis deux siècles dans le voisinage. Les tombes des derniers se distinguent par des tables de marbre, mais plus près des ruines il y en a de plus anciennes dont les pierres, à moitié enfouies sous l'herbe, furent taillées dans les flancs grossiers des collines de la contrée.

Une personne qui prenait intérêt aux souvenirs des temps passés eut l'occasion, il y a quelques années, de visiter ce lieu. Il lui fut facile de suivre les naissances et les morts de génération en génération par le rapprochement des dates et la comparaison entre les monuments prétentieux et ceux plus simples du siècle précédent. Au-delà de cette période les recherches étaient plus pénibles et plus incertaines, mais son zèle ne se rebuta pas.

Sur chaque monticule, un seul excepté, il y avait une pierre, et chaque pierre portait une inscription en caractères plus ou moins lisibles. La tombe qui ne portait pas de pierre devait, par sa position et par sa grandeur, recouvrir les ossements de ceux qui étaient morts la nuit de l'incendie. Une autre portait en caractères profondément incrustés le nom du puritain. Sa mort était survenue en 1680. A côté une pierre plus humble sur laquelle on voyait tracé, mais d'une manière presque illisible, le nom de Soumission. Il était impossible de reconnaître si la date portait 1680 ou 1690. La mort de cet homme restait enveloppée du mystère qui avait accompagné sa vie. On n'a jamais pu découvrir son véritable nom, sa famille, sa position, au-delà de ce que ces pages en ont révélé. On conserve néanmoins dans la famille des Heatcote un livre de compte d'une troupe de cavaliers que la tradition rattache à son existence. Joint à ce document imparfait et presque effacé, on trouve un fragment de journal qui mentionne la condamnation et l'exécution de Charles Ier sur l'échafaud.

Le corps de Content repose à côté de ses plus jeunes enfants ; il paraît avoir vécu jusqu'au commencement du dernier siècle. Un vieillard vivant il y a quelques années se rappelait l'avoir connu honoré pour sa tête blanche de patriarche et respecté pour ses vertus et sa douceur. Il vécut veuf près d'un demi-siècle. Ce fait regrettable est constaté par l'inscription du monticule voisin, reconnue pour celle de Ruth, fille de George Harding, de la colonie de Massachusetts Bay, et femme du capitaine Content Heathcote, morte dans l'automne de 1675, comme l'indique la pierre, l'âme brisée par les afflictions de famille sur la terre, mais pleine d'espérance dans les joies célestes de l'éternité.

Le ministre qui officiait dans le temple principal du village, et qui y remplit sans doute encore son devoir charitable, s'appelle le révérend Meek Lamb. Bien que descendant de celui qui dirigeait le temple à l'époque de notre récit, le temps et les alliances ont amené ce changement dans le nom, et heureusement encore quelques autres modifications dans les interprétations doctrinaires du devoir. Lorsque ce digne serviteur de l'Eglise connut l'objet qui amenait un habitant d'une autre colonie, un descendant d'une race de religionistes qui avaient quitté la mère patrie pour pratiquer d'une manière différente, et qu'il s'intéressait à l'histoire des premiers habitants de la vallée, il se fit un plaisir de l'aider dans ses recherches. Les demeures des Dudley et des Ring étaient nombreuses dans le village et dans les environs. Il indiqua une pierre entourée de beaucoup d'autres qui portait ces noms, et sur laquelle ces mots étaient grossièrement gravés :

« Je suis Nipset, un Narragansett ; aux neiges prochaines je serai un guerrier. »

La tradition dit que le frère de Foi retourna peu à peu à la vie civilisée, mais qu'il avait parfois des éclairs de souvenir des plaisirs séduisants dont il avait joui jadis dans la liberté des bois.

En parcourant ces débris mélancoliques des scènes d'autrefois, une question fut adressée au ministre sur le lieu où Conanchet avait dû être enterré. Il offrit aussitôt d'y conduire l'étranger. La tombe était sur la montagne et ne se distinguait que par une simple pierre que l'herbe avait longtemps cachée à tous les yeux ; elle ne portait que ces mots :

« Le Narragansett. »

— Et celle qui est à côté? demanda l'étranger, et que je n'avais pas encore aperçue.

Le ministre se pencha sur l'herbe, et écartant la mousse qui recouvrait l'humble tombe, il montra une ligne d'inscription gravée avec le plus grand soin.

Cette inscription ne portait que ces mots :

LES REGRETS DE VALLÉE

DU

CRAPAUD-VOLANT

FIN.

Limoges. — Imp. E. ARDANT et Cie.

Original en couleur
NF Z 43-120-8

CONTES

DE LA

FAMILLE

PAR LES FRÈRES GRIMM

TRADUCTION REVUE

PAR E. DU CHATENET.

LIMOGES
EUGÈNE ARDANT ET Cie,
ÉDITEURS.

www.ingramcontent.com/pod-product-compliance
Lightning Source LLC
Chambersburg PA
CBHW060133170426
43198CB00010B/1145